KB093883

검색의 시대, 사유의 회복

사랑, 연습하면 무르익는다

우리 사회의 평형수를 채워 주는, 법인

법인: "스님, 불교 수행의 목적이 무엇입니까?"
스님: "깨달음을 얻는 것입니다."
법인: "깨달음에만 머물지 말고 자비를 행하세요."

깨달음보다 중요한 것은 자비의 실천이다. 아니 자비의 실천 속에서 깨달음을 얻기를 법인은 요구한다. 산사에 살며 늘 공부하고 늘 실천하는 것, 그 지독한 고독 속에서 긴장의 끈을 늦추지 않는 것은 속인이 흉내 낼 수 없는 힘든 길이다. 법인은 진리를 찾고, 자비를 행하는 이 시대의 보살이다. 이 글은 자신의 외로움을 숨긴 채, 대중 속에서 자비의 삶을 실천하며 얻은 깨달음의 구슬들이다. ㅡ 황광우 (철학자)

"우리는 눈에 보이는 화려함과 성과를 쌓아가며, 눈에 보이지 않는 우리의 평형수 수위를 낮춰가고 있다. 욕심으로 내 삶을 가득 채운 후 높아져 버린 무게 중심으로 인해 뒤뚱거리며 위태하게 살아가고 있지 않은가. 어느새 위태하게 높아져 버린 내 삶의 무게 중심, 이 사회의 불안정해진 무게 중심을 다시 안전하게 낮추어야 한다."
어디선가 읽었다. 갑작스런 병환으로 우리 곁을 떠난 박준현 상계백병원 정신건강의학과 교수의 글. 법인 스님의 책을 접하며 삶의 평형수가 떠올랐다. 스님은 우리에게 묻는다. "우리는 왜 사유하지 않는가?" 내용은 준엄하고 목소리는 따뜻하다. ― 박웅현 (『책은 도끼다』 저자)

법인 스님은 늘 부지런히 두레박질을 한다. 공부를 통해 퍼올린 지혜들을 개인과 사회에 적절하게 나누어 부어 준다. '공부해서 남 주는' 기쁨이 오롯한, 스님이 건네주는 두레박 물을 차근차근 맞이하다 보면 "본래 우리들 속에 이런 맑은 우물이 있었지! 그래, 이런 지혜의 샘이 있었지!" 하는 마음이 든다. 우리들 속의 부처님이 잘 보인다. 읽는 이가 스스로를 귀하게 여기게 만드는 스님의 문장은 정직한 수행력에서 나온다. 담백하고 맑으며 강직하고 다정하다. 개인과 사회가 어찌 만나야 조화로운 것인지, 개인의 참 행복은 어떻게 존재하는지, 스님은 답을 미리 아는 자로서가 아니라 답을 함께 찾아보자고 손 내미는 도반으로 독자에게 찾아온다. 어디 먼 데 가서 특별히 시간을 내야 하는 참선이 아니라 '일상 화두'가 되어주는 시원한 두레박물 같은 글이다. ― 김선우 (시인, 소설가)

헛것에 사로잡히지 않기 위하여

1978년 새벽녘 광주 시외버스터미널이었다. 손이 시릴 정도로 싸늘한 기운이 감도는 역사 안에서, 열일곱 살 사미승은 출가 이후 큰 도시로 떠나는 첫 나들이가 두렵고 낯설기만 했다. 사람들은 호기심 가득 애잔한 눈길로 사미승을 바라보았고, 사미승은 그런 시선을 애써 외면하며 단아하고 의연한 표정으로 창 밖을 응시하고 있었다.

그때, 이 세상 우리 모두의 어머니 얼굴을 가진 한 여인이 내게로 왔다. 그 여인은 시골마을 장독 위에 한 사발 정화수를 떠놓고 비나리 하며 공들이는 그런 합장을 하며 내게 말을 건넸다.

"스님, 어디에 계시는 스님이신가요."

"네, 향림사에서 공부하고 있습니다. 지금 스승님 심부름으로 부산에 가려고 차를 기다리고 있습니다."

어린 사미승은 시린 손을 모아 무심하게 응답했다.

"스님, 여기 떠나지 말고 조금만 기다리세요."

잠시 후 간이매점에 들렀다 온 여인은 내게 무언가를 쥐어 주었다.

"스님, 가실 때 차 안에서 드세요."

아! '손에서 손으로' 내게 온 것은 귤 세 개, 카스텔라 한 봉지,

박카스 한 병, 그리고 꼬깃꼬깃한 백 원짜리 지폐 두 장. 나는 순간 가슴에 뜨거운 눈물이 솟구쳤고, 비로소 마음을 열어 그 여인의 얼굴을 보았다. 설움에 진 눈동자, 고랑진 얼굴, 가뭄에 갈라진 금 간 논배미와 같은 손등이 고단한 삶을 말해 주고 있었다.

"스님, 제 아들도 스님입니다."

나는 그만 눈앞이 아득하고 먹먹해졌다.

"부디, 공부 열심히 하셔서 이 죄 많은 중생을 건져 주세요. 도 많이 닦아 큰스님 되세요."

나는 얼굴을 들지 못하고 속울음을 삼켰다.

그 뒤 나는 그때의 그 어머니를 세상 속에서 매일 만났다. 그리고 내 마음이 헛것에 사로잡히거나 자칫 산중귀족이 되려 할 때 그 어머니의 간절한 기도를 떠올리며 내 심장에 죽비를 친다.

2015년 새봄, 땅끝마을 일지암에서
법인 두손 모음

목차

1장
검색의 시대, 사유의 회복

2장
쉽지 않지만 가야만 하는 길을 선택하라

3장
아름다운 만남은 어떻게 오는가

4장
스님의 반성문

삶의 큰 변화는 일상의 익숙함과 낯선 것에 대한 두려움에서 벗어나는 것에서 시작된다…… 아프고 괴로운 이들이여, 위로받기 전에 냉엄하게 스스로의 문제를 진단해 보라…… 세상이 혼란하고 힘든 것은 사람들이 못 배워서가 아니라 잘못 배워서다…… 나의 선택과 자유라고 해도, 가치 없는 것들에 몰두하는 삶은 인생을 낭비하는 것이다…… 공부해서 남 주자, 배워서 남에게 도움을 주는 상생의 공부를 하자…… 의미를 동반하지 않는 재미는 쉽게 싫증나고 더 자극적인 것을 원하게 한다. 싫증과 자극의 악순환은 변태를 낳고 병이 된다…… 정확하고 구체적으로 말하는 습관을 들여라. 모호한 문법으로 진실과 책임을 피하지 마라…… 깊은 사색으로 견디고 체험하고, 그 힘겨움이 여과되면 사는 참맛을 느낀다.

1

검색의 시대, 사유의 회복

낯선 것을 선택할 때
비로소 시작되는 변화

지난해 12월 땅끝마을 일지암에서 한 달 동안 단기 출가학교를 열었다. 20대 청년 일곱 명이 참가했다. 우리는 인터넷과 스마트폰, 육식과 인스턴트 음식을 끊고 새벽부터 한밤중까지 불교와 인문학 고전을 공부했다.

일지암 마당에는 전기의 힘을 빌린 외등이 없다. 처음에 청년들은 어두운 시야에 적응하지 못했다. 그러나 익숙한 것들을 멀리하고 낯선 것들과 함께하면서 차츰 다른 빛과 소리를 들을 수 있었다. 얼마 지나지 않아 그들은 전등 없는 완전한 어둠 속에서 편안하게 잘 수 있게 되있다. 그 어둠의 빛이 새롭고 좋다고도 했다. 출가학교를 마치는 날이었다. 소감을 발표하는 자리에서 중산이라는 법명을 가진 한 청년이 한 말은 지금까지 마음에 남아 있다. 그는 태어나서 처음 시를 써 보았다면서 한 달간의 수행 소감을 낭독했다.

"이곳에서는 그저 모든 것이 새롭고 기쁘구나. 눈 뜨며 보는 것 모두가 새롭네. 눈 뜨며 보는 것 모두가 기쁘네. 까만 하늘이 이렇게 기쁠 수가, 새벽 별이 이렇게 아름다울 수가 있는가. 늘 보던 나무와 구름이 이곳에서 왜 이리 다시 보이고 아름다운 것이냐. 귀로 듣는 모든 것이 새롭구나, 기쁘구나. 잠을 깨우는 목탁 소리가 기쁘구나. 새 소리 물소리를 듣는 일이 왜 이리 기쁜 것이냐. 이곳에서는 모든 일이 기쁜 일이 아닌 게 없구나. 잠자는 것도 먹는 것도, 벗들과 옹기종기 앉아서 고구마를 먹고 말을 나누는 것도 모두 다 즐겁구나. 장작을 패고 아궁이에 불 지피는 일도 기쁘기만 하네."

서툰 시이지만 진심이 그대로 느껴졌다. 가려지고 오염되고 막힌 감각이 회복되면서 늘 보던 하늘과 나무가 비로소 눈에 들어온 것이다. 그가 본 하늘과 나무와 구름은 새롭고, 크고, 미세하고, 온전하고, 소중하고, 의미 있고, 감동적인 얼굴이었다. 그것은 결코 돈으로 값을 매기거나 바꿀 수 없는 절대가치이다. 수행은 바로 이런 것이다. 부질없는 것을 쌓기보다는 내려놓는 것, 빨리 가기보다 가야 할 길을 꾸준히 가는 것, 막히고 가려진 것들을 걷어 내고 온전한 감각을 회복하여 세상을 새로 느끼고 교감하는 것이다. 세상 어디에서, 누구라도 할 수 있는 수행이다.

그러나 오늘날 우리는 어떤가. 감각이 너무 무뎌져 있고 오염되어 있다. 눈앞에서 보고 들어도 진정으로 보고 듣지 못하는 이들이 많다. 오래 보고 자세히 보고 애정으로 보면서 아름다움과 사랑을 가습 깊이 느끼지 못한다면 그것은 보아도 보는 것이 아니다. 그저 눈으로 객관적인 대상을 보는 '행위'이지 '감각'은 아니다.

　　암자에서 나와 함께 지내는 청년은 동백꽃, 매화, 진달래, 쑥이 봄기운 속에 피었는데도 별 관심이 없는 듯했다. 진달래가 핀 것을 보았느냐고 물으니 조금 생각하다가 피어 있는 것을 본 것 같다고 말한다. 그래서 오늘 아침은 억지로 매화나무 앞으로 끌고 가 향기를 맡아 보라고 했다. 꽃에 코를 가까이 대고 나서 나를 바라보는 그의 얼굴에 웃음이 묻어 있다.

　　감수성이 필요한 시대라고 여기저기서 말한다. 그렇다. 나를 깨우고 사회를 사랑으로 연결하는 힘의 원천이 바로 감수성이다. 자연에 대한 아름다움과 사람에 대한 사랑, 고통, 선함, 사랑, 이 모든 것들에게 편견 없는 공감이 필요한 시대이다.

　　감수성을 회복하고 키우기 위해서는 우리의 감각을 가로막고 있는 것들에 대한 성찰과 확인이 있어야 한다. 그리고 감각의 기를 살려 놓아야 한다. 감각의 회복은 일상에서 잘못된 습관을 바꾸는 일에서 시작한다. 사색의 시대는 가고 검색의 시대가 왔다고 걱정한다. 그만큼 우리의 눈은 많은 시간을 컴퓨터와 스마트폰 화면에 집중하고 있으며 손은 키보드를 두드리느라 바쁘다. 하늘, 구름, 별, 산, 꽃, 물소리, 바람소리, 흙을 멀리한 채 텔레비전과 인터넷, 스마트폰에 오감을 맡기고 있다. 이것들은 표정과 온기가 없다. 표정과 온기 없는 것들을 대하는 우리의 감각은 지극히 건조하다. 소통과 교감이 일어날 수 없다.

또 음식은 어떠한가. 지나친 육식과 과식, 가공식품에 길들여져 청신한 미각이 오염되고 죽어 있다. 샘물이 참으로 달고 맛있다는 것을 느껴야 할 아이들마저 청량음료 맛에 갇혀 있다. 감각이 속박되고 오염되어 있는 것이다.

우리는 이제 이런 것들과 용기 있게 이별해야 한다. 작지만 큰 삶의 변화와 혁명은 일상에서 '익숙함'과 '낯선 것'에 대한 두려움에서 벗어나는 일이다. 부디 익숙한 생각과 감각의 습관에서 탈출하라. 그리고 자연적이고 원초적인 것들에 눈을 돌리고 집중하라. 감각의 회복은 거기에서 시작한다. 흰 구름 걷히면 그대로가 청산이다. 오염된 생각과 습관의 힘을 걷어 내면 그대로가 생생한 감각의 꽃이 피어난다.

"벗들이여! 오늘 당장 집 안에서 냉장고, 텔레비전, 인터넷, 스마트폰에게 큰 '사고'를 쳐보지 않으렵니까? 그리고 기계에 의존하여 놀고 살아가는 일에서 책을 가까이 하고 몸을 많이 움직이는 일로 관심을 돌려 보지 않으렵니까?"

어설픈 위로보다
정직한 '진단'과 '처방'을

지금 대한민국은 온통 힐링 바람이다. 서점에서 가장 눈에 띄는 판매대를 차지하고 있는 것도 역시 힐링을 주제로 한 책이다. 그뿐만 아니라 온갖 법회와 강좌, 수련회도 힐링이란 주제를 달아야 관심을 끈다. 몇 해 전 휩쓸었던 웰빙 바람에 이어 이제 힐링은 돈이 되는 마음 산업의 영역까지 개척하고 있다. 머지않아 불교 사찰의 전각에는 '힐링 붓다'가 모셔질지도 모르겠다.

웰빙과 힐링이 나타난 배경은 같다. 살아가는 현실이 그리 행복하지 않다는 것, 끊임없이 아프고 힘들고 괴롭다는 것, 그래서 치유 받고 진짜 사는 것같이 살아 보고 싶다는 바람 때문이다. 그러나 생각해 보면 동서고금의 역사 속에서도 힐링과 웰빙을 희망하지 않은 때가 없었다. 석가모니 붓다의 사성제의 교리 또한 힐링과 웰빙의

16

염원에 부응한 것이다.

사람들이 소리 지르고 있다. 입시에 시달리는 학생들, 입학과 동시에 4년 동안 취업준비생이 된 대학생, 취업과 연애와 출산을 포기하고자 하는 젊은이들이 힘들다고 말한다. 고비용의 육아와 교육에 등이 휘는 중년, 은퇴한 고령의 세대도 힘들다고 외친다. 산업자본주의 시대에서 속도와 성장과 배타와 경쟁으로 자신의 삶을 내몰아가다가, 신자유주의의 링 위에 갇히고 미아가 된 모든 세대가 '힘들다'고 울부짖고 있다.

힘들고 상처받은 사람들은 자신들을 위로해 줄 무언가를 찾는다. 따듯한 말을 듣고 싶고 누군가의 손길과 눈길을 받고 싶다. 쉬고 싶고 위로받고 힘을 얻고자 한다. 그래서 산사를 찾거나 멘토의 강의에 열광하고 수행프로그램에 참가한다.

명상과 상담이 큰 호응을 받는 이유도 힐링의 방편으로 생각하기 때문이다. 사실, 붓다와 불교의 교리, 수행법은 힐링을 위한 최적의 길이다. 팔만대장경 전체가 바로 '고통의 치유학' 그 자체이기 때문이다. 응병여약應病與藥이라고 했다. 병이 나면 정확한 진단과 그에 따른 처방이 필요하다. 그런 관점에서 붓다는 철저한 맞춤형 힐링의 대가라고 할 수 있다.

붓다는 개인적으로 허약하고 사회적으로 소외당하는 사람을 품어 주고 위로하고 격려해 주었다. 오늘날 많은 멘토들이 그러하듯이 힘들고 아픈 소리에 정성껏 귀기울여주고 어깨를 토닥여 주었다. 불가촉천민 중에서도 제일 낮은 취급을 받는 똥 치우는 신분의 니디에게는 몸에 묻은 똥이 더러운 것이 아니라 마음의 탐욕이 더러운 것이라며 주눅 들지 말고 살아가도록 격려했다. 풋티갓사팃사라는 이름의 제자는 피부병에 걸려 피고름이 흘러내리고 몸에 악취가 났다. 사람들이 그를 멀리하고 관심조차 주지 않았다. 붓다는 아무 말 없이 찾아와 깨끗한 물로 그를 목욕시켜 주고 약도 발라 주고 더러운 옷을 빨아 주었다. 그러고는 그에게 몸과 마음의 무상함을 일러 주고 집착과 불안을 해소할 수 있도록 했다. 또 눈이 멀어 바늘을 잡을 수 없는 아니룻다의 가사를 꿰매 주며 마음의 동반자가 되어 주었다.

이렇듯 따뜻하고 자상한 붓다이지만 동시에 엄정하고 준엄한 멘토의 모습으로 대중에게 다가가기도 했다. 물질과 자본에 중독되어 향락에 빠진 젊은이들에게 붓다는 직설을 날리는 멘토였다. 인도 바라나시 부호의 아들 야사는 먹고 마시고 춤추며 노는 쾌락에 빠져 있었다. 그는 어느 날 술에 취해 널브러져 있는 아내와 여인들, 친구들의 추한 몰골에 환멸을 느끼며 괴로워했다. 붓다는 상심에 빠진 야사에게 인생의 진실이 무엇인지를 깨우쳐 주고 그가 새로운 길을 걷도록 했다. 또 바라나시 교외에서 쌍쌍파티 중에 귀금속을 훔쳐 달아난 여인을 찾는 젊은이들에게도 붓다는 준엄한 멘토로서 단 한마디의 말로 그들을 힐링해 주었다. "그대들이여, 달아난 여인을 찾는 것이 중요한가? 아니면 진실한 자신을 찾는 것이 중요한가?"라고.

붓다는 여기에서 그치지 않는다. 당대 최고의 부호이며 붓다의 든든한 후원자인 수닷타 장자의 며느리 옥야를 향한 대중법문은 직설화법의 절정이다. 옥야는 왕족이며 뛰어난 미모를 가졌다. 요즘 시대에 견주면 외모와 친정의 권세를 믿고 교만하고 불성실했던 모양이다. 그런 옥야를 향해 붓다는 가감 없이 말한다. "외모와 화려한 옷과 장신구로 치장하여도 그것은 아름다움이 아니다. 마음과 행실이 정직해야 한다. 너는 성질이 사납고 시부모에게 공손하지 못하다. 내 너에게 참다운 아내의 도리를 말해 주리라." 붓다는 옥야에게 좋고 나쁜 일곱 종류의 아내의 상을 말해 주었다. 지금으로 말하면 10대 대기업 총수의 며느리에게 날린 사자후다.

붓다는 사람의 생각과 행실을 근본적으로 바꾸어 주는 힐링의 고수였던 것이다. 붓다는 비유와 직설로써 계급 차별에 고통 받는 사람들과 고통을 주는 사람들에게 호되게 말했다. "상류계급도 살인과 도둑질을 하면 형벌을 받게 되오. 천한 행위를 하면 그는 천한 사람이 되고 고결한 행위를 하면 그는 고귀한 사람이 되오. 나는 출생을 묻지 않는다오. 다만 행위를 물을 뿐이오." 계급과 양성의 불평등으로 고통 받는 인류를 향한, 개인과 사회를 아우르는 힐링이다.

분쟁의 현장에서도 붓다는 사회적인 멘토였다. 가뭄이 들어 물싸움이 심해져 마침내 폭력의 상황에 이른 현장에 가서 붓다는 물이 중요한 것인가, 사람의 생명이 중요한가를 대중들에게 묻는다. 싸움은 모든 사람에게 공멸을 가져온다고 지적한 것이다.

자, 이제 인생의 멘토로서 붓다가 보여 준 힐링을 살펴보며 이 시대 진정한 힐링에 대해 따져 보자. 힐링은 무엇인가. 삶의 치유다. 치유는 일시적인 응급처방이 아닌 회복과 건강이 목적이다. 아프고 힘들어하는 소리를 들어 주고, 괜찮다고 위로하고 손잡아 주고, 지금까지도 너는 충분히 잘했으니 앞으로도 잘 할 수 있을 것이라고 격려해 주는 것이 힐링이다. 단, '나는 지금 위로가 필요해요'라는 사람에게는.

그러나 붓다가 설한 사성제는 힐링에 대해 정직한 '진단'과 정확한 '처방'을 요구한다. 즉 삶을 힘들고 괴롭게 하는 원인을 정확하고 정밀하게 찾아내어 이를 해결하라고 한다. 괴롭고 즐거운 삶의 현실은 바로 행위와 그 결과이기 때문이다. 상처는 일시적으로 은폐하거나 봉합하는 것으로는 치유되지 않는다. 아니 오히려 더 악화될 뿐이다.

붓다의 힐링은 적절한 비유와 자상한 설명을 곁들이지만 문제의 핵심을 찌르는 '직설'이었다. 외아들을 잃고 구원을 바라는 키사 코타미에게는 사람이 한 번도 죽지 않은 집에서 곡식을 얻어 오면 아들을 살려 주겠노라는 방편을 써서 누구나 영원히 살 수 없다는 이치를 깨닫게 했다. 직설적 처방이다. 마을 사람에게 따돌림을 받아 괴로워하는 촌장에게는 그대가 포악하고 심술궂기 때문이라며 그런 행위를 당장 그만두라고 했다. 여기서의 멘토 붓다의 화법을 보자. 인생의 참된 의미와 목적을 정확하게 말하고 그에 대한 원인을 소멸하라고 한다. 지혜와 자비를 바로 직설의 화법으로 말하는 것이다.

사람이 힘들어하고 괴로워하는 원인은 크게 세 가지다. 무지와 게으름, 그리고 비겁이다. 여기에 사회구조도 한몫한다. 그 사회는 속도와 성장을 목표로 개인을 도구화하고 소모품으로 취급하는 국가권력과 기업과 학교 등이다. 지금 진정한 힐링을 위해서는 개인과 사회에 돌직구를 날리는 직설이 곧 유일한 처방이다. 어설픈 위로는 개인을 나약하게 만들고 탐욕과 독점을 교묘하게 감추고 있는 사회구조에 면죄부를 준다. 그러므로 아프다고, 괴롭다고 말하는 이들이여, 위로받기 전에 냉엄하게 스스로를 진단해 보라. 내 삶은 방향을 제대로 잡았는가, 나는 지금 남의 삶을 눈치 보며 흉내 내고 있지는 않은가. 진정한 힐링은 나를 내 삶의 주체로 세우고 독창적으로 살아갈 때 가능하다. 이를 통해 자유와 행복은 성취된다. 스티브 잡스가 생전에 암 진단을 받고 이렇게 말했다.

"여러분에게 주어진 시간은 제한되어 있습니다. 그러니 다른 사람의 삶을 사느라 시간을 낭비하지 마십시오. 가장 중요한 것은 당신의 마음과 당신의 직관이 내는 소리에 따라 움직이는 것입니다. 여러분은 여러분이 진짜 하고 싶은 것을 이미 알고 있을 수 있습니다."

부처님오신날이다. 자기 존재를 천상천하 유아독존의 존엄으로 빛나게 하고 싶다면, 누구에게 위로받기보다 자신과 세상을 잘 분별하고, 단호하게 거부하고, 꿋꿋하게 저항하고, 주체적으로 자신의 삶을 만들어야 할 것이다.

하는 것보다
하지 않는 것을 살피다

"최고의 진리는 가장 단순한 곳에 있다." 마하트마 간디의 말이다. 사실 우리 모두가 염원하는, 서로가 살기 좋은 세상을 만드는 일은 매우 간명하다. 굳이 복잡하고 난해한 논리를 필요로 하지 않는다. 예를 들어 '콩 심은 데 콩 나고 팥 심은 데 팥 난다'는 말은 단순하기 그지없다. 그러나 세상을 지혜롭게 살아가는 인과의 법칙을 이처럼 잘 설명해 주는 말은 없다. '나는 출생을 묻지 않는다, 다만 행위를 물을 뿐이다'라는 『법구경』의 말은 어떤가. 계급 차별을 부정하고 인간의 평등과 존엄성을 일깨우는 죽비이다. 우리가 가야 할 길은 이처럼 분명한 사실과 이치를 깊이 생각하고 실천하는 데 있다.

얼마 전 시골마을에서 어느 할머니로부터 뼈 있는 한마디를 들었다. 그 말은 내 사유의 골짜기에 깊은 여운으로 남아 있다. 할머니는 말했다. "세상이 혼란하고 힘든 것은 사람들이 못 배워서가 아니라 잘못 배워서다." 비록 제도교육으로는 많이 못 배웠을지언정 참으로 잘 배운 할머니의 일침이 아닐 수 없다.

인류 역사는 학벌과 지식의 총량이 부족해서 갈등과 불화가 발생해 온 것은 아니다. 가야 할 길과 가지 말아야 할 길을 분명하게 알지 못하고 잘못된 선택을 하기 때문에 불행한 역사가 반복되어 왔다. 우리 일상에서도 사람이 차마 해서는 안 될 일을 버젓이 행하고 그것을 부당한 힘으로 누르고 교묘한 논리로 포장하는 일은 비일비재하다. 이는 분명 많이 배우지 못해서가 아니라 잘못 배운 사람들이 저지르는 부도덕한 행위이다.

새삼 우리 주변을 자세하게 살펴본다. 사람으로서, 지식인으로서, 종교인으로서, 공직자로서, 해야 할 일과 하지 말아야 할 일을 분명하게 구분하고 선택해야 한다는 지극히 단순한 진리에서 크게 벗어나 있는 듯하다.

보편적이고 타당한 진리를 상징하는 말로 '칠불통계七佛通戒'라는 가르침이 있다. 역대 일곱 부처님들이 깨닫고 실천한 가르침의 핵심이다. '모든 악을 짓지 말고 모든 선을 받들어 행하며 마음을 청정하게 가꾸라. 이것이 부처의 가르침이다.' 불교인이라면 익숙하게 알고 있는 말이다. 그런데 이 칠불통계는 너무도 상식적이고 쉽게 이해할 수 있어서인지 오늘날 삶의 나침반으로 염두에 두고 있는 불교인들은 많지 않다. 나는 이 단순하고 간명한 칠불통계야말로 수행의 처음이고 현재이며 영원이라고 생각한다. 나아가 인류사회가 지향해야 할 가장 보편적 윤리이다.

　모든 악을 짓지 않고 모든 선을 받들어 행하는 것, 이 진리를 삶의 방향과 신념으로 삼아 살아가는 이들이 바로 잘 배운 사람이다. 자칫 너무 상식적이고 쉬운 나머지 한줄 한줄에 실린 의미를 놓쳐 버릴 수 있다. 먼저 '모든 악을 짓지 말라'는 말에 마음을 다해 집중해 보자. 사실 선을 말하기 전에 악을 짓지 말라는 말을 먼저 꺼낸 것부터 예사롭지 않다. 우리 사회는 선행을 많이 하지 못해서 아름답고 행복하지 않은 것은 아니다. 우리 삶이 힘들고 혼란스러운 것은 개인과 집단이 서로에게 해서는 안 될 일을 하기 때문이다.

　『법구경』에는 이렇게 쓰여 있다. '모든 생명은 죽임을 두려워한다. 모든 생명은 채찍을 두려워한다. 이 일을 견주어 남을 죽이거나 때리지 말라.'『논어』에도 '나에게 싫은 것은 남에게도 하지 말라〔己所不欲 勿施於人〕'고 했다. 인과의 법칙에 따르면 잘못된 행위의 씨앗이 불행의 열매를 맺는다. '이것이 있으므로 저것이 있고, 이것이 없으므로 저것이 없다'는 연기의 법칙에 비추어 보더라도 잘못된 행위의 씨앗이 없으면 불행의 열매가 맺힐 수 없다. 악이 없으면 그 악을 수습하고 극복하려는 선도 굳이 필요하지 않는 것이다. '선도 생각하지 말고 악도 생각하지 말라〔不思善 不思惡〕'는 선가의 가르침이 바로 여기에 있다.

　칠불통계의 가르침을 어떻게 현실에서 실천해야 할까. 간단하다. 시민으로서의 상식과 교양에 충실한 것, 나아가 오계(五戒 : 살생, 도둑질, 음란함, 거짓말, 음주를 금하는 다섯 가지 계율)와 십선(十善 : 살생, 도둑질, 음란함, 망언, 기이한 언행, 악설, 이간질, 탐욕, 성질 부림, 잘못된 견해를 갖지 않음)을 지키는 것이다. 즉 '사람을 비롯한 모든 생명에게 폭력을 부리거나 억압하지 않으며, 부당한 착취와 정의롭지 못한 일에 동참하지 않으며, 다른 이의 마음을 아프게 하는 말을 하지 않겠다. 나아가 청정한 내 마음을 더럽히는 나쁜 생각을 하지 않겠다' 는 다짐과 실천으로 살아가는 것이다.

교묘한 치장이 득세하는 세상이다. 좋은 세상을 염원하는 우리는 결코 그것은 '해서는 안 된다' 라는 '불不'의 의미를 깊이 생각해 보아야 한다.

무엇이 되는 것보다
어떠한 사람이 될 것인가

여기 한 사람이 있다. 그의 학력은 화려하다. 특히 독서의 범위와 양이 놀라울 정도로 다양하고 많다. 그런데 많은 책을 탐독했음에도 불구하고 무언가 석연치 않다. 사물과 사건을 보는 깊이가 탁월하지 않고, 체계적이고 일관된 논리도 빈약하다. 어떤 상황 앞에서 올바른 판단력도 부족하다. 작은 이해관계에서도 말과 처신을 자주 바꾼다. 이상하지 않은가? 흔히 책에는 길이 있다고 하는데, 왜 공부한 사람에게서 풍겨야 하는 훌륭한 인격이 나타나지 않는 것일까?

여기에는 여러 가지 이유가 있을 수 있다. 이해와 사고의 수준이 부족할 수도 있고, 산만한 정신으로 책을 읽었을 수 있다. 또 자신의 눈높이에 맞지 않은 책만을 읽었을 수 있고, 단어의 개념을 이해하지 못하고 문맥을 바로 읽는 연습이 부족했을 수도 있다. 그리고 중요한 것은 '무엇 때문에 책을 읽고 어떻게 읽을 것인가'에 대한 목적과 방법이 빈약하거나 어긋났을 수도 있다. 공부에서 반드시 전제되어야 하는 '핵심'과 '필수'가 결여되었기 때문에 많은 시간 열심히 공부해도 상응한 결과를 맺지 못한 것이다.

육하원칙이라는 말은 누구나 알고 있다. 육하원칙은 기사문 작성의 필수적 요소이다. 여기서 왜 '원칙'이라는 말을 쓰는지 생각해 보자. 그것은 반드시 있어야 하는 것, 있지 않으면 사실을 증명하기 어려운 요소이기 때문이다. 학문과 수행에서도 원칙이 따르지 않으면 진리는 성취되거나 증명되기 어렵다. 원칙은 대개 명사 앞에 수식어 역할을 하면서 명사의 성격을 보다 분명히 하고 명사의 길을 제시한다. 예를 들어, '학자' 앞에 수식어가 없으면 우리는 나약하고 비겁한 학자를 상상할 수도 있다. 반면 학자 앞에 '진실하고 양심적인'이라는 수식어가 붙으면 학자의 정의와 그가 가야 하는 길이 분명해진다. 왜 명사 앞에 붙는 수식어가 중요한가? 그 '무엇'이 되는 것도 중요하지만 '어떠한 사람'이 될 것인지가 더 중요하기 때문이다.

목표가 곧 인생의 목적이고 꿈이라고 착각하는 세상이다. 진리도 우정도 죄다 죽이고, 죽어라고 공부하고 노력하면서 추구하는 인생의 목표는 수식어가 생략된 명사다. 대통령, 국회의원, 장관, 재벌, 9시 뉴스 앵커, 연예인, 검사, 판사, 의사, 교사, 공무원 등 우리 시대 젊은이들의 꿈은 오로지 명사로만 표현된다. 그렇다면 자격증을 따서 학교에 취업하여 교사가 되면 인생의 꿈은 이루어진 것인가? 안정된 정규직이 되면 행복한가? 직업으로서 교사는 있고 스승으로서 교사는 없어도 괜찮은 것인가? 가르치는 수업 시간만 있고, 무엇을 목적으로 어떻게 가르칠 것인가에 대한 고민과 모색의 시간 은 없어도 되는 것일까?

풍부한 삶의 가치와 의미를 이루기 위해서는 무엇보다 명사 와 동사 앞에 생기를 불어넣는 '형용사'와 '부사'가 필요하다. 문장에 는 명사와 동사가 필수이지만 우리 삶에는 형용사와 부사가 핵심이 고 필수다. 형용사는 곧 삶의 방향과 목적을 지시한다. 명사만 단독 으로 존재하면 명사가 가야 할 길을 잃는다. 동사만 단독으로 존재하 면 그 행위가 너무도 건조하고 맹목적일 수 있다. 그래서 형용사와 부사라는 수식어는 삶의 뿌리다. 그것들은 몸통을 튼실하게 세우고 잎새를 무성하게 피우며 열매를 풍성하게 맺게 한다. 수식어는 전제 와 원칙이다. 즉 '어떤 모습인가'와 '어떻게 할 것인가'로 집약된다. '나는 학교에서 교사 생활을 한다'와 '나는 지혜와 사랑이 충만한 스 승으로서 학생들의 눈높이에 맞추어 사랑과 자기희생을 감내하면서 가르친다'는 것은 다르다. 이런 두 가지 전제와 원칙이 확고하면 잘 못 든 길에서 인생을 낭비하지 않는다.

전제와 원칙이 삶의 이정표가 되는 지점에서 조선시대 청매 선사(1548~1623)의 「십무익송十無益頌」을 생각한다. 지금도 많은 수 행자들이 이 글을 마음에 새기고 정진하고 있다. 청매 선사의 열 가 지 공부 지침은 '~이 없다면 ~의 이익이 없다'는 형식으로 되어 있 다. 오늘 우리는 '~이 있다면 ~의 이익이 있다'는 뜻으로 읽을 수 있다. 「십무익송」은 다음과 같다.

1 마음을 돌이켜 보지 않고 경을 보는 것은 이익이 없다.

2 정법을 믿지 않으면서 고행을 하는 것은 이익이 없다.

3 원인을 가볍게 여기고 결과만을 추구하면 이익이 없다.

4 마음에 믿음이 없이 능란하게 말을 하는 것은 이익이 없다.

5 존재가 실체가 없음을 알지 못하고 좌선하는 것은
   이익이 없다.

6 아만을 꺾지 않고 공부하는 것은 이익이 없다.

7 덕이 없는 사람이 대중을 가르치는 것은 이익이 없다.

8 교만을 없애지 않으면 지식이 많아도 이익이 없다.

9 규칙에 어긋난 행위를 하는 사람은 대중과 함께 살아도
   이익이 없다.

10 안으로 덕이 없으면서 겉으로 위엄을 갖추어도
   이익이 없다.

당시 청매 선사는 성급하게 결과만을 바라고 형식에만 치중하는 수행 풍토를 보고 안타까운 마음이 들었을 것이다. 또 자신을 참답게 가꾸지 않고 단지 지식과 자리로 대중에게 존경받으려는 권위주의 자들에게 일침을 주고 싶었을 것이다. 그래서 자기 공부와 대중을 향한 활동에 반드시 있어야 하는 핵심을 전제한 것이다. 이렇듯 전제와 원칙이 분명해야 추구하는 바가 제자리를 찾을 수 있음을 선사는 갈파하고 있다.

회광반조廻光返照, 자신의 내면을 비춰 보라는 뜻이다. 조고각하照顧脚下, 자기의 발밑을 살피라는 뜻이다. 모두 자신의 마음 씀과 자신의 행실부터 살피라는 비유와 가르침이다. 종교인이 경전을 공부하는 목적이 단지 신도에게 말씀만을 전하는 수단과 도구로 한정

할 뿐, 말씀으로 자신의 마음을 비추어 보다 겸손하고, 보다 청빈하며, 보다 자애로운 덕성과 행실을 수행하지 않는다면, 그는 그저 좋은 말만 되풀이하는 녹음기와 다를 바가 없을 것이다.

선사는 말한다. 늘 마음을 성찰하고 덕을 길러 인격이 성숙되어야 한다고, 모든 일에 진실이 토대가 되어야 한다고, 결과에 앞서 과정이 중요한 것이라고 거듭 역설하고 있다. 그런데 우리 시대 학교 교육의 현주소는 청매 선사의 공부법에 비추어 보면 어떠한가? 청춘들은 오로지 성공하고 출세하기 위해 '앞'과 '위'만을 바라볼 뿐, 우정과 사랑과 진리를 나누기 위하여 '옆'과 '뒤'를 보지 않는다. 학생들의 봉사활동도 사람에 봉사하는 사랑의 실천이 아니다. 봉사조차도 입시와 취업을 위한 경력 쌓기의 수단이 되었다. 전제와 원칙, 방향과 과정이 바로 서지 못한 교육의 현실은 인간을 자본의 그물망에 희생시킨다. 또 자본의 대열에 끼어들기 위해 몸을 혹사시키고 감정을 빼앗아 버린다.

우리 시대 청춘들이 공부하고 일하는 목적이 오직 좋은 정규직을 얻기 위한 것이어야 하는가. 만약 평생 사람의 꿈을 직업의 이름에 묶어 두려 한다면, 그리고 명사로만 꿈을 묶어 버리는 자본의 음모에 대한 비판 없이 살게 된다면 상생하는 행복의 활로는 어디에서도 찾기 어려울 것이다.

꿈은 끊임없이 꾸는 것이다. 꾼다고 하는 것은 동사이고 형용사이고 부사이다. 그러므로 꿈을 포기하지 않는 이상, 우리의 공부와 일과 삶에 아름답고 굳세고 지혜로운 형용사와 부사를 달아 주자. 그래서 우리 삶에서 꿈이 형용사와 부사의 날개를 달고 인간의 성취에 다다를 수 있어야 한다.

원하는 것을 얻을 수 없다고 우는 게 아니라,
사람이 그리워서 울 수 있다는 것,
이 얼마나 아름다운 자기표현이고 성숙인가.

주체적인 생명은
남의 삶을 엿보지 않는다

"뭘 잘 하려고 하는 것도 욕망 아닌가요?"

가끔씩 듣는 질문이다. 이런 질문은 대개 종교나 수행 센터 등에서 '마음공부' 하는 사람들에게서 나온다. 그런데 진정으로 그리 생각해서 묻는 사람이 있고, 나의 경지를 가늠해 보고 싶어 그물을 놓는 이들도 있다. 나의 무게를 달아 보고 싶어 묻는 사람에게는 그다지 신경 쓰이지 않는다. 그는 이미 자기만의 답을 가지고 있고, 나의 대답에 대한 기대 또한 없다는 것을 알기 때문이다. 그런데 '선행도 결국 극복해야 하는 욕망이 아닐까'라는 의문을 품고 다가오는 사람에게는 조금 답답한 마음도 없지 않다. 그저 좋은 마음을 내어 행하면 그뿐인 것을, 왜 그리 불필요한 관념을 입히려는가 싶기 때문이다.

　　욕망이란 무엇인가. 욕망은 우리 앞에 놓여 있는 실존이다. 사람들은 욕망에 대해 여러 목소리로 말한다. 욕망은 존재를 탄생시킨 우주 최초의 힘이며 빅뱅과 같은 것이다, 욕망은 살아가는 동기이고 의미이며 목적이다, 등. 사람들은 그 무엇을 이루고자 하고, 이루기 위하여 노력하고, 이루면 기쁨과 행복을 느끼고 존재의 의미를 확인한다. 그런데 삶의 원천이요, 과정이며 목적이라는 그 욕망 때문에 사람들은 괴로워하기도 한다. 두 눈을 부릅뜨고 날 선 감정으로 대립하고 갈등하며 충돌하고 상처를 입는다. 역사 속에서 권력이라는 욕망을 차지하기 위해 아버지와 자식이 서로에게 총칼을 겨누는 일화는 숱하게 많다. 오늘날에는 기업의 지배권을 두고 일가족이 법정 다툼을 벌인다. 살인과 성폭행, 전쟁과 수탈……, 이 모든 불행이 욕망에서 비롯된다. 세계의 모든 종교와 동서고금의 도덕과 윤리가 죄악의 근원이자 불행의 원인으로 욕망을 지목하는 것도 이 때문이다. 그래서 욕망을 절제하고 금욕하고 초극할 것을 가르친다.

반면에 다른 한쪽에서는 욕망은 억압과 혐오의 대상이 아니라고 말한다. 오히려 욕망을 죄악시하는 것이 불행이고 여러 문제를 만들어 낸다고 한다. 욕망을 당당하게 표현해야 인간이 자유로워질 수 있다고까지 말한다.

욕망의 두 모습이 이러하므로, 그리고 욕망에 대한 해석이 이러하므로, 욕망은 모든 인간에게 주어진 실존적 화두다. 화두는 정면으로 마주하고 풀어야 하는 절실한 문제를 가리킨다. 묶이면 답답하고 풀리면 홀가분하다. 화두는 존재의 본래 모습을 바로 보는 눈을 얻는 것이다. 그 무엇에 가려져 있으면 본래의 모습을 바로 볼 수 없고 그 무엇을 걷어 내면 본래의 모습을 볼 수 있다. 그런데 이 '욕망'의 화두는 깊은 몰입의 정신 집중을 애써 필요로 하지 않는다. 논리적으로 이치를 궁구하고 이해하여 공감하면 풀리고 해결할 수 있는 것이다. 이제 욕망의 본래 얼굴을 들여다보자.

욕망을 무엇이라고 정의해야 할까. 욕망의 일반적 정의는 '얻고자 함'이다. 모든 생명은 생동과 창발의 에너지를 마음껏 발현할 때만이 비로소 살아 있는 생명체로서의 본래의 모습을 유지할 수 있다. 날마다 늘 새로운 만남과 기쁨의 세계를 만들어 내면서 내가 살아있다는 느낌과 감동으로 살기 위해서 우리는 가치가 있다고 생각하는 것들을 탐구하고 사색하고 만들어 낸다. 날마다 마음을 내어 살아가는 모든 것들이 바로 욕망이다. 그러므로 하고자 하는 행위, 혹은 얻고자 하는 그 자체는 선도 아니고 악도 아니지 않은가?

그런데 상상하고 그려 보고 이루고자 하는 몸과 마음의 움직임 하나하나는 삶의 동력일 터인데 왜 욕망에 부정적인 옷을 입히는가. 먼저 상식적으로 접근해 보자. 우리가 얻고자 한다면 거기에는 얻고자 하는 대상과 목표로서 '그 무엇'이 있다. 그것을 얻고자 하는 어떤 동기가 있을 것이다. 또 얻고자 하는 것에 다가가는 어떤 방법이 선택된다. 무엇을, 왜, 어떻게 할 것인가, 하는 이 지점에서 욕망은 선과 악, 그리고 선으로도 악으로도 규정할 수 없는 세 가지 얼굴로 드러난다.

이즈음에서 욕망에 대한 우리의 입장은 분명해진다. 하고자 하는, 얻고자 하는 그 마음과 행위는 선과 악의 윤리로 덧씌울 수 없는 모습이다. 생명이 가진 무한한 역동, 상상력, 독창적 삶을 만들어 내는 원동력인 욕망에 대해 오랜 세월 종교와 윤리, 지배 체제가 조작하고 세뇌한 관념에서 자유로워질 필요가 있는 것이다.

　이 세상 모든 명사는, 명사로 존재하면서 때로는 형용사의 옷을 입는다. 예를 들어 보자. '연구'와 '실험'은 연구와 실험으로 존재하면서 동시에 '좋은' 연구와 실험으로, 혹은 '위험한' 연구와 실험으로 존재한다. 환경을 살리고 생명의 상생을 위한 대체 에너지의 연구와 실험은 '좋은' 연구와 실험이 된다. 반면 대량 살상무기를 만들어 내기 위한 연구와 실험은 '위험한' 혹은 '반윤리적인'이라는 형용사가 붙는다. 욕망도 이와 같다. 그 자체로는 무죄인 욕망은 어떤 의도와 동기에 의하여 선과 악으로, 아름다움과 추함으로 정의된다. 그래서 모든 욕망에는 무엇 때문에 그것을 하고자 하는가, 라는 의도와 동기가 중요하게 된다. 의도와 동기의 가장 보편적인 기준은 '생명을 살리고자' 함인가, '생명을 죽이고자' 함인가, 라는 선택이 아니겠는가. 『법구경』에서는 이렇게 말한다. '모든 생명은 죽임을 두려워한다. 모든 생명은 채찍을 두려워한다. 이 일을 나에게 견주어 남을 죽이거나 때리지 말라.' 윤리가 옳고 그름의 선택을 말하고 있듯이 우리는 늘 욕망 앞에서 이 일을 왜 하고자 하는가, 내가 하고자 하는 행위의 결과는 어떠한 모습으로 나타날지 생각하고 결정해야 한다.

　이제 우리의 선택은 보다 분명해졌다. 그 무엇을 하는 데에 그름을 버리고 옳음을 선택해야 한다는 사실이, 왜 옳음을 선택을 해야 하는지도 상식에서 생각해 보면 분명해진다. 옳지 않는 의도로 행하면 생명을 괴롭히고 죽이는 결과가 오고, 옳은 의도로 행하면 생명을 기쁘게 하고 살리는 결과가 온다는 것은 인과의 분명한 법칙이다.

그리고 나쁜 의도를 버리고 선한 의도를 선택해야 하는, 선과 악이라는 욕망의 궤도와 다른 궤도가 우리 앞에 놓여 있음 또한 살펴야 한다. 그것은 선과 악으로 나눌 수 없는 것들이다. 이것을 가리켜 경전에서는 무기無記라고 한다. 가령 스마트폰을 가지고 사회관계망 서비스에 접속하여 다른 이를 모욕하고 거짓을 퍼뜨려서 자기 존재감을 확인받고자 하면 그것은 나쁜 의도와 욕망이 된다. 그러나 지나칠 정도로 많은 시간을 스마트폰으로 오락과 게임, 쇼핑에 몰두하는 것은 선도 아니고 악도 아니다. 적지 않은 사람들이 어떤 재미를 느끼기 위하여, 그저 심심하니 무료한 시간을 보내기 위하여, 연예인의 사생활을 엿보고 싶어서, 등 이런 의도와 욕구로 스마트폰에 집착한다. 이러한 의도와 욕구는 선도 아니고 악도 아닌 것은 분명하다. 그러나 생각해 보자. 스마트폰에 집착하는 이 의도와 욕구와 행위가, 옳고 그름이라는 윤리적 범주를 벗어났다고 해서 그냥 방치하고 평가하지 않고 애정 어린 간섭을 하지 않아야 하는 것일까. 다시 생명이 왜 생명인가를 생각해 보자. 생명은 살아 있는 유기체이다. 생명은 그 자체로 주체이다. 주체적인 생명은 남의 삶을 엿보거나 자기 삶을 헛되게 소비하지 않는다. 가치 있는 것, 의미 있는 것을 찾아 자기만의 느낌과 감동으로 살아가는 것이 진정한 생명이다.

오늘날 우리 모두가 성찰하고 숙고해야 할 대목은 모든 생명을 살리고자 하는가, 혹은 죽이고자 하는가, 라는 궤도와 함께 나의 의도와 욕망이 진정 생명이 생명다움일 수 있는 가치와 의미가 있는가, 라는 문제이다. 타자에게 피해를 주지 않는다고 해서, 나의 선택이고 자유라고 해서, 의미 없고 가치 없는 것들에 몰두하는 삶의 방식을 걸어 내지 않으려는 사람들에게 말하고 싶다. 그러한 의도와 행위는 또한 소중하고 엄숙한 자기 생명을 무익하게 만들기 때문에, 당신의 욕망은 유죄라고. 그 죄명은 '인생을 낭비한 죄' 라고 말하고 싶다.

공부해서 남 주자

"스님들도 휴가 가십니까?" 여름이면 사람들이 호기심 가득한 얼굴로 묻는다. 이런 물음에 가부로 답하면 재미없다. "날마다 마음을 쉬는 게 우리 일상인데 어디 가서 따로 쉬겠습니까?" 또 묻는다. "스님들은 더울 때 어떻게 견디십니까?" 옛 스님들은 이렇게 답했다. "더울 때는 더위와 한 몸이 되고 추울 때는 추위와 한 몸이 된다." '몸이 곧 자연'이라는 섭리를 거스르는 오늘날의 냉방 문화를 일깨우는 서늘한 죽비소리다.

　　사실 말은 이렇게 격조 있게 하지만, 산중에서도 폭염은 참기 어렵다. 그저 시원한 솔바람과 물소리 청량한 계곡을 찾아 산사를 찾아오는 사람들을 보며 위안을 삼을 뿐이다. 산을 찾는 사람 중에 내가 대단하다고 여기는 이들은 템플스테이와 수련회로 귀한 휴가를 보내는 이들이다. 톱니바퀴처럼 분주히 돌아가는 일상의 틀에서 벗어나 '멈추고 바라보는' 연습을 통해, 끝없는 속도 경쟁으로 인한 내면의 헐떡거림을 쉬는 사람이야말로 진정 삶의 화두를 챙기는 수행자일지 모른다.

이런 세속의 수행자들을 위해 산중 스님들은 시주의 은혜를 갚는 보람으로 폭염과 더불어 삼매에 젖는다. 땅끝마을 아름다운 절인 미황사 금강스님도 그중 한 사람이다. 올해도 어김없이 수련회 피로로 링거를 꽂았다는 소식을 들었는데, 며칠 전 내게 전화를 걸어왔다. 안부를 물었더니 완도 명사십리 해수욕장이란다. 어린이 한문학당 학동들과 함께 물놀이를 왔다는 것이다. 천진한 동심들과 물장난하는 모습을 떠올리자 더위가 싹 가시는 느낌이었다.

11년 전이다. 금강스님과 나는 산중에서 세상을 위해 할 일이 무엇인가를 논의하던 중 어린이 한문학당을 만들자고 의기투합했다. 아이들이 세상의 익숙한 것으로부터 멀어지게 하기 위해 비교적 긴 8일간의 일정을 잡았다. 부모에 대한 지나친 의존, 어려움과 기쁨을 나누지 못하는 개인주의 정서, 컴퓨터와 오락에 빠져 몸으로 살지 못하는 삶, '세상은 일등만을 기억한다'는 강박에 내몰려 달과 별을 보면서도 느끼지 못하는 메마름, 자극적 양념에 범벅이 된 육식과 질 낮은 인스턴트식품으로 상해 가는 몸, 그럼에도 이것을 편리요, 행복으로 알고 있는 아이들의 관념과 습관을 깨기 위해서는 '뒤집기'가 필요했다.

새벽 4시에 일어나고 채식을 하는 한문학당의 일과와 규칙은 아이들의 몸과 마음을 뒤집는 일이었다. 아이들은 세상과의 단절을 통해 세상을 다시 보기 시작했다. 자연이 아이들의 몸속으로 들어오는 것이다. 혜린이는 일기에 이렇게 썼다. "엄마, 미황사에서 벌써 5일째입니다. 처음에는 모든 게 낯설고 불편했는데 이제는 적응하고 있습니다. 산이 너무 아름답습니다. 마치 한 폭의 그림 속에 들어와 사는 것 같아요." 해질녘, 아이들은 진도 앞바다에 펼쳐지는 선홍빛 노을에 감동하며 자리를 뜰 줄 몰랐다.

사람에 대한 마음은 또 어떠한가. 한문학당 4일째, 잠자리에서 아이들 모두는 소리 죽여 훌쩍였다. 엄마, 아빠가 보고 싶다고. 아이들은 외로움 속에서 가족을 그리워하고 늘 가까이 있는 사람의 소중함을 뼛속 깊이 새긴다. 원하는 것을 얻을 수 없다고 우는 게 아니라, 사람이 그리워서 울 수 있다는 것, 이 얼마나 아름다운 자기표현이고 성숙인가.

콜라는 육식도 아닌데 왜 못 먹게 하느냐고 투정하듯 항의하는 것 또한 아이다운 발상이다. 한번은 아이들이 훈장인 내 눈치를 보면서 게으름을 피우기에 소리를 버럭 질렀다. "야, 이놈들아, 공부해서 남 주느냐!" 그때 한 아이가 손을 번쩍 들었다. "스님은 공부해서 지금 남 주고 있잖아요."

허걱! 어느 선사와의 선문답보다도 큰 울림. 나는 껄껄 웃을 수밖에 없었다. 그리고 아이들과 함께 한문학당의 구호를 정했다. '공부해서 남 주자.' 공부해서 경쟁하자는 것이 아니라 배워서 남에게 도움을 주자는 상생의 공부는 얼마나 큰 깨달음인가. 아이들에게는 이미 이런 깨달음이 자리하고 있다. 어른들이 그것을 길러 주지 못하고 방해하고 있을 뿐이다.

한문학당은 입학 전 부모에게서 아이 소개서를 받는다. 그런데 고맙고 신통한 것은 부모들이 한결같이 한문 공부나 예절교육 등을 기대하지 않고 그저 자연 속에서 감성을 키우고 친구들을 배려하는 마음을 갖길 바란다는 것이다. 지식과 교양마저 일등을 추구하는 경쟁력으로 삼으려는 세태에서 이런 부모가 바로 교육의 희망이 아닌가 싶다. 콩 심은 데 콩 나고 팥 심은 데 팥 나듯 결국 생각 있는 부모가 생각하는 아이를 길러 낸다는 것을 다시금 실감한다.

나의 말도 의심하고
헤아려 보라

"칭기즈 칸, 만약 그에게 열정이 없었다면 그는 한낱 양치기 목동에 불과했을 것이다."

연둣빛 새싹이 싱그러운 어느 봄날, 호남선 열차 차창 너머 부드러운 풍경에 무심의 평온을 마음껏 누리고 있던 나는, 어느 증권회사의 텔레비전 광고 한 줄에 모골이 오싹해졌다. 이토록 엄청난 선언이 젊은이들에게 희망의 메시지로 전해지고 있다는 사실이 당혹스러웠다. 주변을 둘러보니 승객들의 표정은 아무렇지도 않았다. 무관심일까. 아니면 무언의 공감과 동의일까. 나는 목적지에 이르는 내내 오늘날까지 인류역사가 예찬하고 있는 칭기즈 칸, 혹은 나폴레옹의 그 '열정'과 대다수 사람들이 그저 쉽게 동의하는 '한낱 양치기 목동'이라는 말에 대해 거듭 생각했다.

사람들은 그리 깊게 생각하며 살지 않는 듯하다. 법회와 강의실, 사적인 모임에서 이 광고의 구절을 말하며 소감과 판단을 구해 보았지만, 대체로 내 질문의 의도를 알아차리지 못하고 침묵했다. 몇 사람은 옳은 말이라고까지 했다.

"나는 그 광고의 한 구절에 동의하지 않습니다. 그 구절에 담긴 사고를 반성하고 수정하지 않는다면, 인류의 역사는 과거의 오류를 이어 미래에도 불행해질 수밖에 없는 악순환을 면하지 못할 것입니다."

나의 강한 문제제기에 비로소 몇 사람이 한참을 생각하고서 말했다.

"아하! 그렇군요. 그 열정이란 정복과 천하통일이라는 명분 아래 전쟁과 살상의 '욕망'일 수 있겠군요. 그리고 양치기 목동에게 '한낱'이라고 말하는 것은 결코 옳지가 않고요. 노동과 노동하는 사람을 아무렇지도 않게 폄하하고 있네요."

　　그 뒤 생각해 보았다. 거의 유전자와도 같은 이러한 집단인식의 전이에 대해. 그리고 얻은 결론은, '사람들은 그리 깊게 생각하며 살지 않는다'는 것이다. 당장의 어떤 사안에 대해 분석하고 비교하며 손익을 '계산'하고, 자신의 이해관계와 감정에 따라 불신하고 '의심'은 할지언정, 결코 근본의 이치를 헤아리고 삶의 방향을 세우는 '사유'는 하지 않고 살아가는 것이다. 즉, 정보의 분석은 있을지언정 존재의 진실과 사람의 바른 도리에 대해서는 깊게 생각하고 살지 않는다.

　　사유! 모든 종교를 통틀어 불교만큼 사유를 으뜸가는 실천 덕목으로 강조하는 곳도 없다. 부처님은 제자들에게 늘 많이 듣고[聞],

그에 대해 깊이 의미를 헤아려 보고〔思〕, 그것이 진리에 합당하다고 확신이 들면 실천하라〔修〕고 가르쳤다. 또한 열반에 이르는 성스러운 여덟 가지 실천 수행에서는 바른 안목〔正見〕과 바른 사유〔正思維〕와 바른 통찰〔正念〕을 말했다. 당시 제자들은 부처님의 가르침을 듣고 나무 밑에서, 혹은 탁발하는 여정에서, 거리에서 만나는 사람들 속에서 가르침의 의미를 깊이 사유하고 음미하며 진리 체험의 희열에 젖었으리라.

"나의 말도 의심하고 헤아려 보아라."

　　그렇다면, 부처님은 왜 그토록 곳곳에서 사유의 힘을 역설했을까. 그것은 사유가 곧 진리를 증명하는 첫걸음이기 때문이다. 그리고 참된 이치에 호흡하여 살 때 우리는 행복과 평화를 성취할 수 있는 것이다. 그래서 부처님은 늘 제자들에게 거듭 사유하고 사유하여, 가야 할 길과 가지 말아야 할 길을 확립하라고 가르쳤다. 사유의 필요성에 대한 하나의 예를 살펴보자. 부처님 당시 많은 종교와 사상가들이 백가쟁명하면서 저마다 자기들만이 최고의 진리이고 고통에서 구제될 수 있다고 주장했다. 사람들은 혼란스러웠다. 누군가 부처님께 찾아가서 여쭈었다.

"모두들 자기들만이 진리라고 주장합니다. 대체 누가 옳고 누가 옳지 않습니까?"

　　부처님은 누가 옳고 그르다고 답하지 않았다. 그러고는 대략 이런 뜻으로 말했다.

"절대적 권위를 가진 명망 있는 사람이 말했다고 해서, 옛날부터 전

승되어 왔다고 해서 진리라고 할 수 없다. 먼저 깊이 숙고하라. 그것이 이치에 맞는지를, 그리고 그들의 주장이 모든 사람들의 무지와 욕망을 제거하고 해탈열반을 성취할 수 있는 것인지를, 그러면 나는 그것을 진리라고 승인할 것이다. 설령 내가 말했다고 해서 진리라고 결정짓지 말라. 나의 말도 의심하고 헤아려 보아라."

그렇다. 믿음 이전에, 실행 이전에 전제되는 것이 바로 사유이다. 그렇기에 이치에 합당하기에 믿고 성찰하는 것이며, 행복과 평화에 이르게 하기 때문에 실천하는 것이다. 사유의 힘이야말로 모든 삶의 방향과 몸짓의 근간이다.

그런데 믿음과 명상을 통하여 수행하는 이들에게서 오히려 진정한 사유를 하지 않는, 혹은 왜곡된 사유를 하고 있는 모습을 보게 된다. 무사유와 왜곡된 판단이 비합리적이고 반생명적인 역사를 만들어 낸다. 중세시대 면죄부 판매가 그렇고, 죄 없는 여성을 무수히 화형으로 죽인 마녀사냥과 현대의 휴거 소동이 그렇다. 예수님이 최고의 선으로 전파한 가르침은 무엇인가. 모두를 평등하게 보듬는 사랑의 실천이다. 형제를 긍휼하게 여기는 나눔과 비움의 사랑을 실천할 때 천국의 문은 열린다고 했다. 지극한 상식으로 판단해 보아도 면죄부와 마녀사냥의 허구성은 명백하게 드러난다. 그런데도 왜 당시 많은 사람들은 사견에 동의하고 광신적인 만행에 침묵했을까.

성직자와 신자들의 '개념 없는' 신앙 형태는 오늘의 문명시대에도 아무렇지도 않게 재현되고 있으며 또한 아무런 비판 없이 수용되고 있다. 수만 명이 모인 집회에서 '사찰은 무너져라'라고 기도하는 목회자들의 발언을 문제 삼지 않는다. 쓰나미와 지진대참사가 하나님을 믿지 않아서 일어난 재앙이라고 말해도, 그것은 '아니다'라고 말하지 않고 분노하지 않는다. 그 말을 듣고 있는 많은 사람들이 고등 교육 이상을 받았을 테고, 정보화 사회에 매우 논리적이고 비판적 안목을 가지고 있을 터인데, 왜 어처구니없는 비상식에 정상적인 사고가 작동하지 않는 것인가.

아이히만은 유대인 대학살의 책임자였다. 철학자 한나 아렌트가 아이히만을 조사해 보니 그는 성장 과정도 지극히 평범했고 공무원 생활도 성실했고, 조직의 질서에 충실하며 준법정신이 투철한 사람이었다. 이웃에서 흔히 만나는 아저씨와 같은 사람이었다(물론 이 객관적 평가로 인해 유대인 사회에서 아렌트는 지탄과 비난의 대상이 되었다). 그런데 그는 왜 이런 엄청난 일을 저질렀을까. 아렌트는 그가 '사유하지 않았기' 때문에 악을 인식하지 못한 채 악을 자행한 경우라고 결론 내렸다. 자신에게 맡겨진 유대인 대학살이 어떤 의미와 결과를 불러오는지를 생각하고 판단하는 사유의 형식을 거치지 않았다는 것이다. 다만 그는 조직의 논리와 명령을 성실하게 따르는, 준법과 성실의 사명을 다했을 뿐이다. 아이히만은 세상에서 가장 근본적인 죄, '사유하지 않은 죄'를 범한 것이다.

믿음도 자칫 올바른 사유를 마비시키는 오류로 이어지게 된다. 정직하고 진지하게 묻고 의심하면 믿음이 부족하기 때문이라고 압박한다. 누가 말했기 때문에 믿어야 하는가, 아니면 헤아려 보니 이치에 합당하기 때문에 믿어야 하는가. 의심하고 탐구하면 믿음은 흔들리는 것인가.

　　요즘 많은 사람들의 관심을 받고 있는 명상 또한 자신과 사회에 대한 사유를 가로막을 위험이 있다. 명상은 고요한 곳에서, 세상의 번거로운 일 내려놓고서, 자신의 내면을 철저하게 응시하고 몰입하면서 잡념과 욕망에서 벗어나 마음의 평안함과 무욕의 자족에 머물면서 미묘한 희열을 경험하게 한다. 명상 수행은 매우 좋고 의미있는 일이다. 그러나 고요함과 편안함에 갇혀 자신과 이웃에 대한 관심을 외면하고 있지는 않는가. 혹은 그런 관심은 부질없고 세속적 망상이라고 판단하고 있지는 않은가. 나아가 옳고 그름을 판단하고, 세상 삶의 고통과 모순의 인과관계를 분석하고 통찰하는 일이 명상 수행에 방해가 되고 분별심을 조장하는 장애물이라고 생각하지는 않는가. 만약 그렇다면 부처님에게로 돌아가 생각해 보라. 세간에 대한 분석과 통찰, 그리고 해결방법을 제시하고 실천한 부처님의 삶을 자세하게 살펴보아야 한다.

　　올바른 사유, 우리를 행복에 이르게 하는 사유를 위해서는 어떻게 해야 하는가. 무엇보다도 헛된 욕망을 내려놓아야 한다. 욕망이 눈을 가리면 정직한 판단이 흐려지고 무지가 욕망을 충동질하여 또 다른 욕망을 낳게 만든다. 다음은 연민과 자애의 눈으로 세상을 정직하게 바라보라. 그 다음은 끊임없이 다양한 분야의 책을 읽고, 많은 사람들의 말과 삶에 편견 없이 귀 기울이는 성찰을 해야 한다. 이미 그대들도 알고 있다. '묻지 않으면 진리가 내게로 오지 않는다'는 것을.

만족과 감사의
기도가 나의 최선인가

"스님, 새해에는 부디 꼴값(아주 좋은 말인 거 아시죠!) 하시면서 안과 밖
모두 여여하고 날마다 기쁜 날 이루세요."

　　임진년 첫날 아침, 휴대 전화를 타고 온 어느 지인의 축복 메
시지는 이렇게 유쾌하고 의미심장하게 내게로 왔다. 새삼 나의 '꼴'
과 '값'을 헤아려 보았다. 내 마음가짐과 일상의 언행은 수행자의 본
분에 합당하고 명징하게 처신하고 있는가. 그리고 내 이웃에게 자비
를 실천하면서 하루하루를 환희롭게 살아가고 있는지를 살펴보게
되었다. 그날 한 줄의 글이 주는 성찰과 여운은 이렇듯 깊고도 넉넉
했다. 지난해 많은 연하장과 문자 인사를 받았다. 인쇄된 글에는 한
결같이 이런 내용을 담고 있다. "한 해 동안 보살펴 주신 성원에 감
사드리며 새해에도 건강하고 원하시는 일 이루십시오." 어떻게 그리

많은 사람이 같은 말을 쓰고 있는 것일까. '다수의 일치'가 신기할 뿐이다. 연하장과 문자메시지만이 아니다. 이른바 각계 저명인사와 종교계의 신년사, 여느 행사의 격려사와 축사에도 공감과 울림을 주는 말을 찾아보기 어렵다. 온갖 수사와 주장이 난무하는 세상에서 말이 말의 길을 잃고 있는 것이다. 가슴을 시리게 하는 말, 나를 돌아보게 하고 부끄러움에 눈 뜨게 하는 말, 메마른 가슴을 적시는 감동의 한마디, 그리고 우리 지구별 한가족이 가야 할 길을 열어 주는 말이 그리운 시대다.

그럼 우리 불교 집안의 말은 어떠한가. 많은 불교 신도들은 스님들의 법어와 법문에 적잖은 불만을 가지고 있다. 해독하기 어려운 한문 문장의 법어는 물론 이웃의 관심과 바람을 벗어난 '한가한' 주제가 많다. 아직도 중국 당송시대의 상징과 비유로 대중을 어리둥절하게 만들기도 한다. 그렇게 모호한 말을 아무렇지도 않게 쓰면서, 모호한 권위를 누리면서, 모호하게 살아간다.

말다운 말이 그리운 시절, 마음과 통하는 '말'이 절실한 때에 박노해 시인의 『그러니 그대 사라지지 말아라』라는 시집을 만났다. 하룻밤을 새우며 단숨에 읽었다. 내 경우 시는 아껴 가며 한 편씩 꺼내 소리 내어 읽으며 음미한다. 그런데 이 시집에 수록된 3백여 편의 시는 흥분과 감동으로 단숨에 읽지 않을 수 없었다. 박노해 시인은 현장 노동자로, 1984년 첫 시집 『노동의 새벽』을 낸 뒤 온갖 고난과 질곡의 삶을 살아왔다. 시인은 2000년 즈음부터 '생명, 평화, 나눔'을 기치로 한 '나눔문화'를 설립하고, 세계 분쟁의 지역을 찾아다니면서 그들의 삶을 흑백 필름과 언어에 담는 작업을 해오고 있다.

　　　이번 시집에 실린 시들은 분쟁과 고통의 현장에서 보고 듣고
손잡고 눈물 흘리며 가슴에서 '솟구쳐' 길어올린 말의 사리들이다.
그의 시는 현대문명의 교과서이며 아울러 대승경전이다. 대승경전
에 '선설善說이 불설佛說이다'라는 말이 있다. 이는 어느 시대, 어느
곳에서든지 이치에 합당하고 모든 생명들이 안락을 누리게 하는 말
은 설사 불경과 성경에 실려 있지 않더라도 곧 붓다와 예수의 말씀이
라는 뜻이다. 박노해 시인의 시 한 줄 한 줄 행간에서 대승보살의 정
신과 실천에 대해 생생하고 절실한 법문을 들었으니, 그의 시는 오늘
의 『법구경』이다.

　　　그가 밥을 구하러 가네
　　　빈 그릇 하나 들고
　　　한 집
　　　두 집
　　　세 집
　　　밥을 얻으러 가네

　　　일곱 집을 돌아도
　　　밥그릇이 절반도 차지 않을 때
　　　그 사람
　　　여덟 번째 집에 가지 않고
　　　발걸음을 돌리네

일곱 집이나 돌았어도
음식이 부족하다면
그만큼 인민들이 먹고살기 어렵기에

그 사람
더 이상 밥을 비는 일을 멈추고
나무 아래 홀로 앉아 반 그릇 밥을 꼭꼭
눈물로 씹으며 인민의 배고픔을 느끼네

_「구도자의 밥」전문

처음 이 시를 읽고 충격을 받았다. 내 인식의 오류를 발견했기 때문이다. 그동안 붓다와 그 제자들의 탁발은, 걸식을 통해 무소유 정신을 구현하고 적은 소유로 자족하며 겸손과 하심의 마음을 간직하고 인욕의 힘을 기르는 것으로 알고 있었다. 그런데 이 시에서 밥 한 그릇은 동시대를 같이 살아가는 민초의 배고픔과 핍박, 나아가 그들의 눈물과 염원까지 담아내고 있다. 시인은 문명의 이름으로 저질러지는 21세기 지구촌의 온갖 모순과 억압, 분쟁과 불평등의 절규에서, 가득 채워지지 않은 붓다의 밥 그릇 속에 서린 눈물을 본 것이다.

'한 알의 씨앗 속에 우주가 담겨 있다'며 화엄의 '일즉다一卽多'의 중중 무진한 법계연기를 운운하는 우리지만, 농부가 피와 땀으로 만들어 내는 밥 한 그릇에서 그들의 고단한 삶과 바람을 절실하게 읽어 내는지 자문해 본다. 온갖 이론과 학설을 끌어들여 연기법의 심오함을 말해도 어찌 이 시 한편이 주는 설득과 감동에 미치겠는가.

문풍지 우는 겨울밤이면
윗목 물그릇에 살얼음이 어는데
할머니는 이불 속에서
어린 나를 품어 안고
몇 번이고 혼잣말로 중얼거리네

오늘 밤 장터의 거지들은 괜찮을랑가
소금창고 옆 문둥이는 얼어 죽지 않을랑가
뒷산에 노루 토끼들은 굶어 죽지 않을랑가

아 나는 지상에서 가장 아름다운
시낭송을 들으며 잠이 들곤 했었네

_「그 겨울의 시」 부분

불가에서 익숙하게 듣는 말이 있다. "중생이 부처다.", "중생이 아프
니 보살이 아프다.", "세간이 곧 출세간이다.", "중생공양이 제불공
양이다." 대승경전을 능숙하게 인용하면서 인간의 위대함을 찬탄하
는 말이다. 그러나 머리로 이해하는 것과 가슴으로 느끼는 것은 다르
다. 생명에 대한 안쓰러움에 차마 그냥 보아 넘기지 못하고 잠을 이
루지 못하는 할머니에게서 모든 생명을 자신의 몸처럼 아끼고 사랑
하는 동체대비심이 무엇인지 느낄 수 있다. 복잡한 교리체계로 대승
과 보살을 이해하고 해석하는 우리가 부끄러울 뿐이다.

　「감사한 죄」라는 시에서도 또 한 분의 어머니를 만날 수 있다.
새벽녘, 시인의 팔순 어머니는 혼자 흐느낀다. 어머니는 젊어서 홑몸
이 되어 온갖 노동과 가난으로 살아왔지만, 어려움 속에서 도움을 주

는 이웃이 많았음에 감사하며 살아왔노라고, 그리고 자식들이 정의롭게 살아가고 파출부 일자리라도 끊이지 않았음에 늘 감사의 기도를 드리고 살아왔노라고 말한다. 그런데 착하고 착한 팔순의 노모가 새벽녘에 참회의 흐느낌을 토해 내는 까닭은 다름 아닌 자기보다 더 어려운 이웃을 생각하지 못하고 그저 만족과 감사의 기도만 드리고 산 것이 크고 큰 죄라고 한다.

> 다른 사람들이 단속반에 끌려가 벌금을 물고
> 일거리를 못 얻어 힘없이 돌아설 때도
> 민주화운동 하던 다른 어머니 아들딸들은
> 정권 교체가 돼서도 살아 돌아오지 못했어도
> 사형을 받고도 몸 성히 살아서 돌아온
> 불쌍하고 장한 내 새끼 내 새끼 하면서
> 나는 바보처럼 감사기도만 바치고 살았구나
> 나는 감사한 죄를 짓고 살았구나
>
> _「감사한 죄」 부분

시인의 어머니는 새벽녘 묵주를 손에 쥐고 이렇게 '감사한 죄'를 고백하고 있다. 아, 보살은 인욕과 자족을 넘어 자신의 곁과 자신의 아래를 살펴 같이 아파하고 위로하고 힘이 되어야 하는 것임을. 그렇다면 오늘 나는 어떤 죄를 고백해야 하는가. 삭발과 독신이라는 형색으로 권위를 누린 죄, 몇 가지 계율을 지키고 수행한다는 형식과 명분으로 존경을 받은 죄, 권력과 재물에 욕심 없이 살아간다고 청정함을 자부한 죄, 설법과 수련회 지도로 나름 밥값을 한다고 자위한 죄, 남보다 열린 정신으로 시대와 호흡한다고 자만한 죄. 시인 어머니의 새벽녘 흐느낌을 들으며, 공허한 관념에 묶이고 하심과 자족에 안주한 내 삶의 소승을 보았다.

박노해 시인의 시에서 붓다의 속울음을 들었으며 보살의 뜨거운 비원의 손길을 체감했다. 말이 울음이 되고 따뜻한 체온이 되어 사람에게 위로와 꿈을 주는 힘은 어디서 나오는가. 모두가 공감하고 감동하는 말은 복잡하고 정교한 이론에서 나오지 않는다. 그것은 그 사람 삶의 모든 과정에서 탄생한다. 울림을 주는 말은 짐짓 생각하고 꾸며낸 것이 아닐 터! 그래서 '모두가 행복한 길은 무엇인가?'라는 물음에서, 뭇 생명의 소리를 듣는 현장에서, 그들에게 응답하는 길을 모색할 때 말의 씨앗은 움튼다. 또한 그가 가고 있는 길 위에서 말은 탄생한다.

지금이야말로 우리 참삶이 터를 잡기 위해서 우리의 말이 혁명을 준비해야 할 때이다. 사회와 역사에 응답하는 말의 탄생! "목마르면 물마시고 졸리면 잠자는 것이 도道다."라는 옛 사람의 말을 이어 대승보살의 말을 출생시켜야 한다. "자유와 평화에 목마른 자에게 자유와 평화를 주고, 잠이 부족한 노동자에게 달콤한 잠을 주고, 일하고자 하는 자에게 일자리를 주는 것이 도다."라고.

타자에게 피해를 주지 않는다고 해서
나의 선택이고
자유라고 해서, 의미 없고
가치 없는 것들에 몰두하는 삶의 방식은
과연 옳은 것인가?

이미지와 감성에
속지 말라

먼저 내 자랑 하나 해야겠다. 나는 작명을 아주 잘한다. 아이가 자라 부귀와 권세를 누릴 수 있는 이름을 잘 짓는 것이 아니라 행사나 전시회, 강좌에서 사람의 호기심을 끄는 그런 이름을 좀 짓는다. 내가 사는 절 대흥사의 템플스테이는 '새벽 숲길'이라는 이름을 붙였다. 천연의 자연에서 인간의 원초적 정신을 깨어나게 하고 싶은 마음으로 지은 이름이다.

땅끝마을 아름다운 절 미황사의 음악회는 '달이랑 별이랑 사람이랑'이라고 지었다. 자연과 음악과 사람이 어울리는 풍경을 담아내려 한 것이다. 서울 한복판 조계사에게서 가을마다 열리는 국화축제 이름은 '시월국화는 시월에 핀다더라'이다. 이 문장은 어느 선시에서 빌려 온 것이다. 뜻은 애써 설명하지 않겠다. 그저 느낌 그대로 음미해 보시기를! 젊은이들을 대상으로 하는 청년출가학교의 주제는 '내려놓고 바라본다'였다. 자기 의지와 관계없이 세뇌 당한 관습적 사고와 태도를 내던지고 열린 눈으로 세상을 크게 보자는 염원에 대한 묵시적 표현이다.

내가 이렇게 화두를 들듯이 이름에 고심하는 건 이름이야말로 곧 의미 지향의 핵심을 말 한마디에 담아내는 선언이자 약속이기 때문이다. 이름에 대한 관심 때문인지 길거리의 상호나 단체의 명칭도 남다른 관심을 가지고 본다. 요즘은 예전과는 달리 톡톡 튀는 이름이 많다. 우리 밀을 재료로 하는 어느 국수가게 이름은 '우리면사무소'이다. 이름과 뜻을 알면 웃음이 저절로 나온다. 수원에서 작은 마을 운동을 하는 지인이 만든 골목잡지 이름은 '사이다'이다. 사람과 사람 사이를 연상시키면서 청량한 이미지도 떠올리게 하는 참신한 이름이다. 웃음과 희망을 주려는 작명가의 고심과 마음 씀이 전해져 흐뭇하다.

그러나 더러 눈살을 찌푸리게 만드는 이름도 있다. 서울시청 건너편 옥상 광고에서 보았던가. 대학 홍보 광고인데 '취업사관학교 ○○대학'이라고 자랑스럽게 선전하고 있었다. 대학이 진리를 탐구하는 학문의 전당임을 거두어들인 것을 한 치의 부끄러움 없이 선전하고 있는 셈이다. 또 겉이름을 그럴듯하게 포장하여 자신들의 거짓 속내를 감추려고 하는 이름도 있다. 법정 스님이 국토에 대한 무례라고 일갈했던 한반도 대운하 사업은 '친환경 물길 잇기'라고 포장했고, 4대강 사업은 '행복사강'이라고 속내를 감춘 이름을 달았다. 명실상부! 이름과 내용이 서로 맞아야만 사람이 사람을 믿게 된다. 특히 다양한 홍보기법을 통해 어떤 의도를 달성하려는 현대사회에서 이름과 구호는 이미지와 감성만을 자극할 뿐, 부실하고 불순한 의도를 감추고 그럴듯하게 포장하여 진실을 왜곡하는 경우가 많다.

　　얼마 전 공항 화장실에서 실소를 자아내는 표지를 보았다. 아마도 책임실명제를 위하여 직원 이름과 사진을 벽에 붙인 것으로 보이는데, 이렇게 설명되어 있었다. "저는 클린디자이너 ○○○입니다. 최선을 다하여 깨끗한 화장실 환경을 만들겠습니다." 청소원이 아닌 클린디자이너! 이를 어찌 해석해야 할까. 이러다가 물 따라 구름 따라 떠돌며 참선하는 선승을 '젠 마스터'라고 이름 붙일 날이 올지도 모르겠다.

　　청소노동자의 고용을 안정시켜 주고 따뜻한 눈길과 사랑이 오가는 문화를 만들어 주지 않으면서 영어로 이름을 바꾸어 노동자의 처우를 개선했다는 착시 효과를 노리는 어쭙잖은 속셈은 그만두었으면 한다. 참 안타까운 일이다. 우리 사회가 자꾸 이름과 이미지, 감성으로 대중을 속이고 자본과 권력을 독식하려는 교묘한 의도에 나는 거듭 분노한다.

　　다시 명실상부를 생각한다. 실이 실다우면 명이 명다울 것이고 실이 실답지 못하면 명이 명답지 못할 것이다.

진실을 피해 가는
모호한 문법을 버려라

초등학교 4학년 때 담임선생님은 아이들이 큰 잘못을 했을 때 체벌 대신 반성문을 쓰게 했다. 우리는 매를 맞거나 손을 들고 서 있는 벌을 받지 않아도 되니 처음에는 매우 좋아했다. 그런데 반성문이 그렇게 좋아할 벌칙이 아니라는 것을 아는 데는 그리 많은 시간이 걸리지 않았다. "친구를 때리고 괴롭혀서 잘못했습니다. 다시는 그런 짓 하지 않겠습니다." 이렇게 쓰면 용서받을 줄 알았던 우리의 순진한 생각을 선생님은 대충 넘기지 않았다. 진정한 부끄러움이 느껴지지 않는다는 이유로 반성문은 여러 번 퇴짜를 맞았다. 몇 차례 반성문을 고쳐 쓰는 동안 차라리 매를 맞았더라면 좋았을 거라는 생각이 들었다. 그러나 선생님의 마음에 들 때까지 반성문 고쳐 쓰기는 되풀이되었다.

너는 왜 친구를 괴롭혔는가. 친구에게 모욕과 고통을 주어야겠다는 너의 생각은 옳은 것인가. 친구에게 고통을 준 방법은 어떤가. 고통을 당한 친구의 아픔을 생각해 보았는가. 친구를 괴롭히고 나서 너의 마음은 어떠했는가. 그리고 너는 지금 얼마나 부끄러워하고 있는가. 선생님이 원했던 반성문의 내용은 이런 질문에 대한 답이었다.

이렇게 반성문을 고쳐 쓰는 동안 우리는 자신의 잘못을 저절로 깨닫게 되었다. 반성문이 완성되면 선생님은 그 내용 그대로 편지를 써서 나에게 고통을 당한 친구에게 전해 주고 사과하게 했다. 그러면 용서와 화해가 이루어지고 친구의 상처는 치유되었고 우리는 다시 우정을 되찾았다. 내 유년의 소중한 기억이다. 그때 우리는 반성문을 쓰면서 사과는 진심을 담아야 하고 매우 정직하고 구체적인 말로 해야 한다는 것을 배웠던 듯하다.

그러나 지금 우리 시대의 반성문은 어떤가. 우리 사회의 힘 있는 이들의 반성문에는 한 가지 공통점이 있다. 매우 모호하고 표정 없는 문법으로 사과한다는 것이다. "매우 유감으로 생각합니다. 본의는 아니었습니다만 고통을 당한 분들에게 심심한 위로를 전합니다. 다시는 재발하지 않도록 뼈를 깎는 노력을 하겠습니다." 이런 내용의 반성문은 사과라기보다는 일방적 선언문이라 해야 할 것이다.

1980년 광주민주화운동 당시 북한군 무장세력이 침투했다는 증언이 최근 종합편성채널을 통해 보도되었다. 이 보도에 대한 여론이 들끓자 해당 채널에서는 광주민주화운동에 대한 사과방송을 내

보냈다. 사실 그것은 사과문이 아니라 여론의 압력에 굴복한 항복문서에 불과했다. 그 문제를 다룬 방송통신심의위원회의 심의소위원회에서 해당 종편의 책임 있는 관계자는 이렇게 말했다고 한다. "광주민주화운동의 본질이나 희생자들의 명예를 훼손할 의도는 없었다. 충분히 검증하지 못한 점은 인정한다." 이 말이 낯설지 않은 이유는 무엇인가. 그들은 충분히 검증할 시간과 능력이 있는데도 그렇게 하지 않고 방송을 내보냈다. 당시 북한군 무장세력이 침투했다고 믿고 싶은 보수세력의 흥미를 돋우어 시청률을 올려 보고 싶었던 것이 '본의'가 아닐까. 어처구니없는 이 방송은 마치 사랑받지 못하는 아이가 튀는 행동으로 남의 관심을 받고자 하는 행동과 닮은꼴이다.

이스라엘 의회 연설에서 호르스트 쾰러 독일 대통령이 보여 준 홀로코스트에 대한 참회는 종편의 문법과는 사뭇 다르다. "독일인은 과거에 저지른 범죄를 잊어서도 안 되고 결코 떨쳐버리려 해서도 안 됩니다."

많이 배웠으나 잘못 배운 사람들은 대개 모호한 문법으로 사과한다. 왜 그렇게 말하는가. 진실의 핵심과 책임을 피해가고 싶기 때문이다. 사과문은 정확한 문법으로 내용을 구체적으로 전달해야 한다. 이제, 우리 시대의 진실한 화해를 위하여, 모호한 문법은 가라.

그 무엇으로부터의
자유를 허락하라

불교 신도를 대상으로 한 강의에서 '오온五蘊과 십이처十二處'를 설명하기 전에 꼭 묻는 말이 있다. "여러분은 일상생활에서 무엇을 보고 무엇을 듣습니까. 생각나는 대로 말해 보십시오." 사람들은 어리둥절해한다. 그저 눈이 대상을 보고 귀가 소리를 듣고 코로 향기를 맡고……, 그래서 감수 작용과 표상, 의지의 형성과 작용, 인식이 생긴다고 하면 될 것을, 그것이 십이처이고 오온이라고 하면 될 것을 뭐그리 뻔한 질문을 하느냐는 표정이다. 그럼에도 불구하고 나는 끈질기게 묻는다. 마지못한 그들의 대답이다.

'대상을 보고 소리를 듣습니다.' '사람을 보고 자연을 보고 바람 소리와 새 소리를 듣습니다.' '가족을 보고 텔레비전에서 나오는 소리를 듣습니다.' '건물을 보고 자동차 소리를 듣고 삽니다.'……

대답에 만족하지 않은 나는 계속 묻는다. 우리가 매일 평생 무엇을 보고 무엇을 듣고 살고 있는지를 집요하게 추궁한다. 그러나 누구도 구체적이고 다양한 답을 내놓지 못한다. 쉼 없이 보고 듣고 움직이는 일상에서 사람들은 고작 몇 개의 단어만을 염두에 두고 살고 있거나, 어쩌면 별다른 생각 없이 세상을 살고 있는 것인지도 모른다는 생각마저 든다.

그런데 어느 날 우연히 나눔 운동을 하고 있는 젊은이들과 차를 마시다가 그들에게 똑같은 질문을 던져 보았다. 그들은 잠시 생각하고 나서 이렇게 말했다. "우선 우리는 늘 여러 사람을 만나고 그들의 많은 사연을 듣습니다. 아이들만 해도 그렇습니다. 한부모나 조부모와 사는 아이들을 만납니다. 집단 따돌림을 당하는 청소년들의 하소연을 듣습니다. 부모의 과도한 기대에 짓눌려 늘 시험 성적 앞에서 긴장과 강박으로 웃음을 잃은 학생들의 얼굴을 봅니다. 또 학교 등록금을 벌기 위해 힘들게 일하는 부모에게 미안해하는 대학생, 진리 탐구와 우정을 나누지 못하고 오로지 취업에만 몰두하며 경쟁사회에서 밀려나지 않으려고 경주마로 길러지는 청년들을 만나게 됩니다."

나는 그들에게 다시 물었다. "그런 사람을 만나면 어떤 기분이 드나요?"
"많은 생각이 듭니다. 그들의 얼굴과 처지를 보고 듣고 생각하면 아프고 슬프고 우울하고, 심지어는 분노가 치밀기도 합니다. 도와주고 싶고 뭔가 작은 힘이라도 나누고 싶어집니다. 그러다가 왜 이렇게 우리 이웃들은 어렵고 힘들게 사는가에 대해 고민하게 됩니다. 그들의 게으름과 무능력 때문인지, 아니면 정치와 경제, 교육제도 같은 우리 사회의 모순 때문인지 살펴보게 됩니다. 그러면 우리가 어떻게 행동해야 하는지 그 방법을 알게 되고 실천하게 되는 거지요."

나는 그날 청년들의 이야기를 듣고 문득, 불교 교리에 대한 사전 지식이 없는 이들이지만 오히려 오온과 십이처, 사성제를 잘 이해할 수 있을지도 모른다는 생각이 들었다. 그래서 커피를 더 마시면서 설명했다. "우리의 오감과 생각의 작용이, 그에 상응하는 대상과 마주하고 부딪치면서(십이처) 갖가지 형태의 느낌, 관념, 의지, 인식을 만들어 낸다(오온). 이러한 과정이 곧 우리의 삶이고 세계다. 일련의 삶의 과정에서 우리는 갖가지 괴로움과 불안, 불만족에 살고 있다. 그러나 이 현실은 어떤 특정한 신神이나 숙명적인 것으로 말미암은 것이 아니다. 반드시 그에 맞는 원인이 있다. 본래부터 있는 것이 아니다. 여러 조건의 결합으로 고통이 발생한 것이다. 그래서 고통은 영원한 모습이 아니다. 조건으로 말미암아 발생한 것이므로 고통의 원인을 찾아내어 소멸할 수 있다. 그리하면 우리는 자유와 안락의 삶을 살 수 있고 그러한 세계를 불국정토라고 한다(사성제)."

그리 길지 않은 시간에 교리의 대강을 설명했더니 그들은 의외로 빨리 이해하고 공감했다. 그리고 한 청년이 말했다. "스님, 말씀을 듣고 보니 부처님의 가르침이 우리가 사는 세상을 떠나 있는 것이 아니네요."

'우리가 사는 세상', 그날 청년의 이 한마디는 바로 우리가 부처님의 가르침을 정확하게, 절실하게, 생생하게, 구체적으로, 이해하고 체득할 수 있는 핵심 열쇠였다. 부처님의 가르침이 어떻게 일어났는지 생각해 보자. 부처님은 우리가 살아가는 세상의 괴로움을 보았고, 괴로움에서 벗어나는 길을 묻고 또 물었고, 길을 찾고, 길을 찾았고, 길을 안내했고, 마침내 그 길 위에서 중생은 괴로움에서 벗어날 수 있었다. 부처님은 우리가 사는 세상에서 사유했고 우리가 사는 세상의 언어로 길을 안내했다. 우리가 사는 세상은 늘 지금 여기이다. 부처님은 당시 지식인이 사용하던 개념과 대중이 사용하던 언어를 빌려 법을 설명했다. 그래서 다른 사상과 대화하고 설득하고, 사람들에게 친근한 가르침으로 다가갈 수 있었다.

부처님의 가르침은 늘 지금 여기의 언어로 말해져야 한다. 지금의 문법으로 사유해야 한다. 그래야만 구체적인 삶의 해결로 다가온다. 어떤 사물과 사건을 여러 시선으로 구체적으로 파악하고 거기에 맞는 적절한 언어로 설명할 때 우리는 그 지점에서 진정성 있는 이해와 공감을 획득할 수 있다. 폭 넓고, 다양하고, 적절한 언어의 사용은 바로 자신의 삶과 다른 사람들을 향한 관심과 사랑에서 나온다. 시선과 관심이 갇혀 있는데 어떻게 언어가 확장되겠는가.

나눔 운동을 하는 청년들처럼 이웃에 대한 사랑과 관심은 우리의 시선을 확장시키고, 확장된 시선은 다양한 사례와 설명을 낳는다. 언어의 범위를 확장한다는 것은 우리의 시선과 관심을 넓히는 것이다. 관심과 언어는 늘 한 몸이다. 관심은 자비이고 언어는 지혜와 방편이다. 시대의 시선, 현장의 언어로 사유하고 소통할 때 부처님의 가르침은 생생하게 우리 곁으로 다가온다.

시대와 현장에 맞는 언어 사용을 어떻게 해야 할 것인가. 예를 하나 들어 보자. 먼저 용어의 다양한 사용과 재해석이다. '근기'라는 불교 용어가 있다. 근기라는 말을 대중에게 어떻게 쉽게 설명할 수 있을지 우리는 고민해야 한다. 만들어 내야 한다. 예를 들어 '자질과 능력'이라든가, '눈높이'라든가 하는 말로 근기를 대신하여 설명할 수 있을 것이다.

불교에서 말하는 여덟 가지 고통 중에서 구부득고求不得苦가 있다. 구하려고 하지만 마음대로 구할 수 없다는 뜻이다. 이를 노동자들에게 설명한다면, '노동과 생산, 분배의 관계 속에서 발생하는 갈등과 분쟁, 불평등과 소외'로 인한 고통이 구부득고에 해당된다'고 할 수 있다. 또 사랑하는 이들과 이별하는 '애별리고愛別離苦', 원수와 만나는 고통인 '원증회고怨憎會苦'는 다양한 인간관계 속에서 발생하는 모든 긴장과 억압, 분쟁과 투쟁이 여기에 해당한다고 설명할 수 있다. 또 우리가 자주 사용하는 '발심發心'이라는 말은 어떻게 풀어서 설명할까. 그냥 마음을 낸다, 라고 하면 의미에 적합하지 않다. 좀 더 삶에 밀착시킨다면, 일상의 문제를 깊이 인식하고 해결하고자 하는 의지와 결단이라고 설명할 수 있다. 즉 문제의식과 실천 의지가 발심의 정확한 의미라는 말이다.

다음은 서술 형식의 변화를 통해 시대와 현장에 맞는 접근을 이루어 내야 한다. 『금강경』의 유명한 구절인 '응무소주이생기심應無所住而生其心'은 보통 '응당 머무른 바 없이 그 마음을 내라'는 뜻으로 풀이할 수 있다. 물론 틀린 해석은 아니다. 그러나 이런 설명에만 그

친다면 대중은 서슴없이 삶의 지침으로 이해하고 적용하지 못할 것이다. 주위의 많은 사람들에게 이 경구의 의미를 물었지만 자신의 삶 터에서 문제 해결로 이해하려는 이들은 많지 않았다.

　나는 '응무소주이생기심'을 '그 무엇으로부터의 자유'로 정의하고, 삶의 지침으로 대입해 보고자 했다. '돈'으로부터 자유, '명망'으로부터 자유, '몸'으로부터 자유, '인정받고 싶은 욕구'로부터 자유, '비교'로부터 자유, '명품과 소비'로부터 자유, '열등감'으로부터 자유 등. 또 삶에서는 이렇게도 적용해 볼 수 있겠다. 권력자는, 내가 세상을 마음대로 주도한다는 생각으로부터 자유롭기, 그리고 겸허한 자세로 봉사하기. 학자는, 내가 남보다 월등한 지식을 가지고 있다는 생각으로부터 자유롭기, 그리고 지식인의 사회적 사명에 전념하기. 농민은, 농촌에서 살아간다는 것이 부끄럽다는 생각에서 자유롭기, 그리고 자연 속에서 몸으로 정직하게 살아가는 일이 숭고하다는 자부심으로 살아가기. 인권환경 빈민운동가들은, 나는 앞서가는 생각을 하는 사람이고 세상을 돕고 있다는 생각에서 자유롭기, 그리고 즐겁게 일하기.

　오늘 우리의 언어와 서술 형식은 너무나 굳어 있다. 표정이 없다. 옛 것과 불교의 울타리에 갇혀 있고 활기가 없다. 이제는 언어와 서술 형식도, 사유의 방법도, 교리의 해석도, 실천의 방법도 온고지신(溫故知新, 옛 것을 알면 새 것을 알 수 있음), 법고창신(法古創新, 옛것을 본받아 새로운 것을 창조함) 해야 한다. 언어는 끝없이 변화와 창조의 옷을 입고 세상에 나와야 한다. 우리의 사유와 실천도 다양한 언어, 진화하는 언어와 함께 진화해야 한다.

　　"그럼에도 불구하고 당신은 『금강경』을 읽을 때 아무 생각 없이 그저 '색성향미촉법에 머물지 말고 보시하라(不住色聲香味觸法布施)'고 입으로만 독송하겠습니까. 아니면 부자와 빈자, 나와 가까운 자와 멀리 있는 자, 혈연과 지연, 이념과 종교에 갇히지 않고 그로부터 자유로워지고 따뜻한 눈길과 손길을 나눌 것을 염원하면서 마음으로 독송하시겠습니까."

당신은 실감 나게
살고 있는가

흔히 가을을 독서의 계절이라고 하지만 나에게는 독서보다는 걷기와 성찰하기에 더없이 좋은 계절이다. 서울에 사는 수도승이 소음과 공해 속에서 건강과 감성을 잃지 않고, 그야말로 살아남기 위해서는 사회인과 마찬가지로 꾸준한 운동이 필요하다. 그래서 아침저녁으로 북촌 한옥마을을 거쳐 삼청공원을 즐겨 걷는다.

아침에는 주로 나이 드신 분들이 공원에서 산책과 운동을 한다. 그들의 얼굴과 몸에서는 생기가 넘친다. 즐겁게 사는 비법은 몸을 부지런히 놀리는 것이라는 말을 절감하게 된다. 저녁나절 북촌 한옥마을 골목길에는 젊은 남녀들이 느릿느릿한 걸음으로 담소하며 걷기를 즐긴다. 그들의 표정을 보면 낮 시간 동안 쫓겼던 속도와 경쟁을 내려놓고 마음산책을 하는 것이 틀림없다. 이런 젊은이들이 내 눈에는 그렇게 예뻐 보일 수가 없다.

나에게는 사람의 표정과 분위기를 읽는 별난 취미가 있다. 지하철을 타면 휴대전화와 스마트폰으로 문자통화와 오락게임을 하거나 영화를 보는 사람이 열에 대여섯은 되는 것 같다. 손바닥만 한 기계에 골몰한 그들은 재미있어 하는 것 같지만 얼굴은 왠지 건조해 보인다. 무료한 시간을 억지로 때우는 듯한 표정의 사람도 보인다. 그런 혼잡함 속에서 책을 읽는 이들도 간혹 눈에 띄인다. 그들의 얼굴에는 여유가 있다. 책장을 넘기다가 잠시 멈추고 사색에 잠기는가 하면 미소를 짓기도 한다. 내면의 여백에서 솟아나오는 은밀한 여운, 그 충만함이 그들의 표정에서 읽힌다.

모두가 똑같은 오감의 감각기능을 가지고도 표정과 기운이 저마다 다르게 나오는 이유는 무엇일까. 누구는 까칠하거나 무미건조하고, 누구는 깊이 있고 생기발랄한 것은 왜일까. 그것은 아마도 동일한 공간에 처해 있다 할지라도 어떤 사람은 가상현실에 살고 어떤 사람은 생생한 현실에 살기 때문이다.

가상현실은 자신의 주체적 의지와 느낌으로 살지 못하고 외부의 조작된 관념과 기능에 매몰되어 스스로 그것들에 속는 줄도 모르고 살아가는 것을 말한다. 요즘 같은 정보화시대에는 가상현실 속에서 살아가는 사람이 나날이 늘고 있다. 가상현실은 살아갈수록 무료와 권태, 무기력과 우울을 동반하기 마련이다.

어느 해 한적한 산중 암자에서 있었던 일이다. 암자 한쪽 텃밭에 심어 놓은 더덕이 꽃을 피웠다. 그 향기가 더없이 그윽할 때, 도시에서 한 가족이 와서 머물게 되었다. 초등학생인 그 집 아이는 제법 똑똑해 보였다. 나는 아이에게 더덕꽃을 보여 주었다. 그러자 아이는 꽃을 보는 즉시 "스님, 나, 이거 알아요. 더덕이지요?" 했다. 어린아이가 더덕을 알아보는 것이 하도 신통해서 머리를 쓰다듬어 주며 칭찬했다. 그러자 아이의 입에서 설명이 줄줄 이어져 나왔다. "이건 초롱꽃과의 여러해살이풀로 살이 많고 독특한 냄새가 나며 뿌리는 식용하거나 약으로 쓴다." 마치 눈앞의 교과서를 읽듯 쏟아내고서 아이는 쏜살같이 방으로 들어가 오락기에 열중했다. 아이의 전광석화 같은 행동에 나는 잠시 얼이 빠져 서 있었다.

　　도시의 가족들이 떠난 뒤 또 다른 가족이 암자를 찾아왔다. 아직 더덕꽃이 지기 전이었다. 그 집에도 비슷한 또래의 아이가 있었다. 나는 아이에게 더덕꽃을 보여 줄 엄두를 내지 못했다. 그런데 그 아이는 코를 큼큼거리더니 더덕꽃 쪽으로 천천히 다가섰다. 그러고는 한마디 했다. "아! 냄새 좋다. 스님, 이게 무슨 꽃이에요?" 나는 더덕이라고 말해 주었다. "더덕요? 와아, 더덕꽃에서 이렇게 좋은 냄새가 나요? 앞으로 더덕꽃을 잊지 못할 거 같아요." 그때 나는 지식과 기능으로만 살아가는 가상현실과 사랑과 감성으로 살아가는 생생현실의 경계선을 분명하게 체감했다.

　　마음에 깊이 갈무리되고, 의미를 동반하지 않는 재미는 쉽게 싫증나고 더 자극적인 것을 원하게 한다. 싫증과 자극의 악순환은 변태를 낳고 병이 된다. 때로는 몸으로, 깊은 사색으로 견디고 체험하고, 그 힘겨움이 여과되면 사는 참맛을 느낀다. 진정한 재미는 같은 것을 되풀이해도 더욱더욱 새롭고 깊이 있는 기쁨으로 오는 것이다.

바람소리는 그 소리를 귀로 들을 때 비로소 바람소리가 되고, 꽃향기는 그 냄새를 코로 맡을 때 마침내 꽃향기가 되리라.

추하다는 것은
누구의 생각인가

지난해 끝자락, 예비 고3 학생들을 위한 템플스테이를 마친 날이었다. 오후부터 산중에는 눈이 하염없이 내리기 시작했다. 붉은 동백 한 송이 곁에 두고 그 무위의 군무를 바라보며 홀로 자연의 신묘한 경지를 감상하고 있었다. 그때 한 가족이 기별도 없이 불쑥 암자를 찾아왔다. 서른 해 가까이 인연을 이어 온 이들이다. 대흥사 녹아차를 마시면서 그동안의 안부를 묻고 한담을 나누었다.

　처음 이 부부를 알게 되었을 때 자녀들이 초등학교를 다니고 있었는데 그날은 초등학교 다니는 손자를 데리고 왔다. 세월의 빠름을 새삼 느끼며 "참 세월은 어찌할 수 없네요. 보살님도 많이 늙으셨어요."라고 운을 떼었다. 그러자 갑자기 그분의 얼굴이 굳어졌다. 뭔가 서운한 표정이었다. 순간, 세상 사람들과 살아가는 방법이 서툰 내가 또 무슨 실수를 했구나 싶었다.

"스님, 어떻게 그런 말씀을 하세요. 늙었다니요, 늙는 것도 서러운데 아무리 스님이시지만 제 자존심을 무시해도 되나요?"

　　아! 이것 때문이었구나. 별일도 아닌 것을. 하지만 그분에게는 큰 문제일 수도 있겠다고 생각하며 조심스레 물었다.

"그런데 왜 늙는 것이 서럽다고 생각하세요?"

"그럼 스님은 늙고 추한 모습이 좋아 보이십니까?"

나는 또 물었다.

"늙은 모습은 '추하고' 늙어가는 것은 '서럽다'는 생각은 보살님의 생각입니까, 다른 모든 사람들도 그렇게 생각합니까?"

그분은 다소 누그러진 목소리로 말했다.

"다른 사람은 모르겠어요. 하여튼 저는 속상해요. 젊은 사람을 보면 부럽고 지금의 저를 보면 억울하고 그래요."

　　나는 그 말을 듣고 자책했다. 3년 동안 나에게서 불교 교리를 배우고 수행 프로그램에도 더러 참여했던 분이 이런 생각을 하고 있다니. 나는 작심하고 그분과 밤늦도록 이야기를 나누었다. 요지는 이랬다. 청년 싯다르타는 생로병사의 고통에서 벗어나기 위해 왕위를 버리고 출가했다. 깨달음을 얻은 석가모니는 그 고통에서 해탈했다. 그러나 그것은 생로병사를 피해 가는 해탈이 아니다. 석가모니는 여전히 늙어 갔고 죽음을 맞기에 이르렀다. 죽음 앞에서 부처님은 이렇게 말했다. "나는 이제 늙고 쇠락했다. 내 몸은 마치 낡은 수레와 같다." 부처님의 해탈은 늙음과 죽음에 대한 잘못된 생각을 바꾸고, 잘못된 생각에서 비롯된 불안과 집착에서 벗어났음을 의미한다. 잘못된 생각이란, 모든 것이 불변하고 영원하다고 믿는 것이다. 어떤 원인과 조건으로 만들어진 모든 것은 반드시, 늘, 변한다. 몸도 변하고 생각과 감정도 변한다. 단지 마음이 모든 것을 만들 뿐이다. 그렇다면 늙음이 추하고 서럽다는 생각은 정당한가? 그 생각은 어디에서 비롯되었는가? 그것은 지나간 젊음에 대한 집착일 뿐이다. 노년은 생각하고 행동하기에 따라 빛나는 오늘의 축복일 수 있다.

　　다음날 집으로 돌아간 그분에게 키케로의 말을 인용하여 문자메시지를 보냈다. '세월이 정말로 젊은 시절의 가장 위험한 약점으로부터 우리를 해방시켜 준다면, 그것은 세월이 우리에게 주는 얼마나 값진 선물인가.' 노인이 늙음을 두려움과 경멸로 여긴다면 그것은 곧 스스로를 경멸하는 것이리라. 삶은 지금 여기 나의 생각으로 늘 새롭게 만들 수 있다는 말을 전하고 싶었던 것이다.

행복의 내용을
바꾸어야 할 때

지리산 자락에 허름한 살림살이지만 넉넉하게 사는 한 사내가 있다. 사내의 이름은 박남준, 시를 쓰는 일을 업으로 하고 있다. 그는 깊은 산중에서 은둔과 무욕의 둥지를 틀고 살아가지만 자연과 세간에 대한 통찰과 감수성은 누구보다도 투명하고 따뜻한 시인이다.

　　어느 해 그는 번잡한 도시에서 새해 첫날을 맞게 되었다. 따뜻한 떡국 한 그릇 건네 줄 사람 없는, 독신과 독거에 익숙한 이 가난한 시인은 왠지 서글픈 마음을 안고 식당을 찾았다. 밥을 다 먹고 나서 밥값을 치르고 나오는데 식당 주인이 시인의 뒷전에서 큰소리로 새해 덕담을 건넸다. "손님, 부~자~ 되세요." 당시 유행하던, 으레 건네는 주인의 인사에 시인은 순간 기분이 크게 상했다. '아니, 나를 어찌 보고 그런 말을……' 발끈한 시인은 대뜸 "아저씨, 지금 그 말 취소해 주세요. 난 부자 되기 싫습니다. 난 이대로가 좋습니다." 자발적으로 선택한 가난한 삶에 자족하며 그야말로 '제멋'으로 살아가던 시인에게 '부자가 되라'는 인사는 오히려 새해 덕담이 아닌 악담이 되어 버린 셈이다.

　　우리 모두는 행복을 꿈꾸고 있다. '인생에 주어진 의무는 아무것도 없으며, 그저 행복하라는 한 가지 의무뿐'이라는 헤르만 헤세의 말처럼 우리 모두는 행복해야 한다. 그런데 오늘 우리가 접하는 행복의 담론은 거의 모두가 성공을 이야기하고 있다. 그리고 그 성공의 척도는 '부자가 되는 것'이다. 부자가 되기 위해서는 좋은 대학을 졸업해야 하고 고액 연봉을 주는 직장에 취업해야 한다. 할아버지의 재력과 엄마의 정보력, 그리고 아이의 체력이 뒷받침되어야 명문 대학에 입학할 수 있고 그 바탕으로 '가문의 영광'이 이루어진다는 이야기까지 나오는 현실이다. 국가는 늘 경제대국을 외치며 경제 발전을 국정의 최우선 목표로 삼고 있다. 신자유주의의 깃발 아래 무한경쟁 시대에 살아남기 위해서 온 힘을 다해 매진하라고 독려하고 있다. 높은 지위, 많은 돈, 좋은 직장, 드높은 명예 등 이른바 성공의 조건이라는 것이 과연 우리를 행복하게 해 주고 있을까. 답은 '그럴 수도 있고 그렇지 않을 수도 있다'이다. 왜 그런가. 행복하다는 것은, '지금' '여기서' '내가' 행복하다고 '느끼는 마음'에 있기 때문이다. 그래서 내가 진실로 행복하다면 이런 것들이 결코 불행의 재료가 될 수 없으며, 거부의 대상도 아닌 것이다.

　　그러나 또 이렇게 생각해 보자. 이런 것들이 충족되어 있어도 내가 진실로 행복하지 않다면, 이런 것들은 결코 나를 행복하게 하는 절대적 조건이 될 수 없다. 그래서 인도 뱅갈의 성자 라마크리슈나는 이렇게 말한다. "당신이 행복하지 않다면 집과 돈과 이름이 무슨 의미가 있겠는가? 그리고 당신이 이미 행복하다면 그것들 또한 무슨 의미가 있겠는가?" 이렇듯 행복은 객관적 환경과 조건에 의해 규정되는 '절대적 실체'가 아니다. 따라서 행복은 지금, 여기서, 내가, 마음으로, 의미로 구성하는 '일체유심조一切唯心造'다. 달리 말해서 내가 행복하다고 느끼면 나는 행복한 것이다.

그렇다면 이 지구별에서 가장 행복한 삶을 누린 부처님은 행복을 무엇이라고 했을까. 그저 우주의 진리를 깨달으면 행복하다고 했을까. 어느 날 부처님이 사와티의 기원정사에 있을 때였다. 아름다운 하늘 신이 제타 숲을 두루 비추며 부처님께 인사를 드리고 한쪽에 서서 이렇게 말했다. "많은 신과 인간들은 모두 행복을 바라면서 축복에 대하여 생각을 하고 있습니다. 무엇이 으뜸가는 축복인지 말씀해 주십시오."

부처님은 답했다. "어리석은 사람과 가까이 하지 않고 지혜로운 사람과 가까이 하며 공경할 만한 사람을 공경하는 것, 이것이 으뜸가는 축복이다. 적합한 환경에 살고 지난날 공덕을 쌓아 스스로 바른 서원을 세우니 이것이 으뜸가는 축복이다. 널리 많이 배우고 기술을 익히고 높은 수련과 수행을 쌓아 말솜씨가 뛰어나니 이것이 으뜸가는 축복이다. 부모를 봉양하고 아내와 자식을 돌보고 일이 혼란하지 않고 한결같으니 이것이 으뜸가는 축복이다. 너그럽게 베풀고 바르게 살고 친구와 친척을 돕고 비난받지 않는 행동을 하니 이것이 으뜸가는 축복이다. 악행을 버리고 술을 삼가고 가르침을 행함에 부지런하니 이것이 으뜸가는 축복이다. 존경하고, 겸손하고, 만족하고, 감사하며 때맞춰 가르침을 듣는 것, 이것이 으뜸가는 축복이다. 인내심이 있고 순응하고 공손하며 때맞춰 수행자를 만나서 가르침을 논하니 이것이 으뜸가는 축복이다. 자신을 절제하고 청정한 삶을 살며 거룩한 진리를 깨닫고 열반을 성취하는 것, 이것이 으뜸가는 축복이다. 세상일에 부딪쳐도 마음이 흔들리지 않고 슬픔 없이, 티 없이 평온하니 이것이 으뜸가는 축복이다. 이와 같은 삶을 사는 사람에게는 어디에서나 실패하는 일 없이 어디에서나 행복을 얻게 되니 이것이 으뜸가는 축복이다."

부처님이 『축복경』에서 말씀하고 있는 행복의 조건과 의미들은 무엇인가. 지혜로운 사람과 공경할 만한 사람을 가까이하고 부모와 가족과 함께하는 것, 자애와 우정을 연대로 평생 좋은 벗과 함께하는 것이 축복이고 으뜸가는 행복이라는 것이다. 세상에 유익한 지식과 기술, 바른 가치관과 윤리의 확립, 자기 절제와 수행, 선행의 실천, 그 과정과 결과가 최상의 축복이고 더없는 행복이 아닌가. 인내, 용기, 겸손, 절제, 청정, 만족하는 삶은 무엇과 견줄 수 없고 바꿀 수 없는, 우리가 선택한, 우리가 우리에게 내린 더없는 축복이고 행복이 아닌가. 그렇다. 부처님은 이와 같이 행복을 말했다. 행복한 사람은 윤리적이고(戒), 정신적 안정과 성숙을 갖추며(定), 세상을 바로 보는 안목과 자애를 실천하는 것이라고(慧). 이러한 행복을 실현하는 과정이 곧 수행임을 일깨워 주고 있다.

　　그러나 우리의 이러한 결의와 신념에도 불구하고 세간의 현실은 그리 녹록하지 않다. 사람들은 말한다. 무엇이 진정한 행복인지 우리도 그것쯤은 알고 있다고. 그러나 먹는 문제를 해결하고, 자식을 교육시켜야 하고, 최소한의 품위를 유지하기 위하여 온갖 힘겹고 치사한 일들을 감내해야 하는 현실도 있다고. 그래서 마음의 행복은 이상이고 경쟁과 성공은 현실이라고. 이러한 항변을 나는 이해한다. 현대 자본주의 사회의 그물망은 삶의 크나큰 전환을 시도하지 않는 한 속도와 경쟁, 적자생존과 양극화의 굴레를 벗어나기 어렵다. 그래서인지 아주 잘 '짜여진' 현실의 틀에서 우리의 꿈들은 모두 명사로 이루어져 있다. 기업가, 연예인, 정치가, 법조인, 고액 연봉, 몇십 평의 아파트, 명문 대학 등으로. 그리고 우리의 행복은 이러한 꿈의 명사들과 함께 몇 개의 사건과 사실들로 규정된다.

　　유수의 명문 대학에 입학했을 때, 국내 굴지의 회사에 입사했을 때, 남보다 일찍 승진했을 때, 돈을 잘 굴려 많은 돈을 벌었을 때, 넓은 평수의 집을 마련했을 때, 명성과 인기를 누릴 때, 그리고 힘겹게 자식을 공부시켜 그 자식이 명문 대학에 입학하고 다시 많은 돈과 집과 지위를 누릴 때……. 그렇다면 이렇게 되지 못한 많은 사람들은 불행하고 인생에 실패한 것인가. 정말 그렇다면 인생은 참으로 서글프고 비참하다. 과연 경쟁에서 살아남아 성공을 이룬 소수의 사람들만 행복해야 하는가. 성공하지 못한 이들은 그저 남이 이룬 성공에 자신의 남루를 확인하고 선망하는 삶을 살아야 하는가.

의미를 동반하지 않는 재미는
쉽게 싫증나고 더 자극적인 것을 원하게 한다.
싫증과 자극의 악순환은 변태를 낳고
병이 된다. 때로는 몸으로,
깊은 사색으로 견디고 체험하고, 그 힘겨움이
여과되면 사는 참맛을 느낀다.
진정한 재미는 같은 것을 되풀이해도
더욱 새롭고 깊이 있는
기쁨으로 온다.

그러나 한번 깊이 물어 보자. 경쟁에서 살아남아 앞서 가는 사람들은 '진정으로' 행복한가. 성공하기 위해서는 속도와 경쟁이 필수적이다. 속도와 경쟁의 과정에는 대립과 반목이 뒤따르고, 그 속도와 경쟁의 결과로 승자와 패자가 갈린다. 이렇게 숨 막히는 하루하루의 일상에서 성공한 승자의 일상에는 여유와 평온이 있을까. 달과 별과 풀을 향해 깊고 따뜻한 눈길을 줄 수 있을까. 다른 이의 아픔에 눈물짓고 아기의 해맑은 웃음에 미소 지을 수 있는 가슴을 가질 수 있을까. 조각가 로댕이 꿈꾸었던 '사랑하고 전율하고 감동하는' 꿈을 꿀 수 있을까. 성공이라는 괴물 앞에 승자도 패자도 모두가 행복할 수 없는 이 기막힌 현실의 장치라니! 사람이 사람에게 긴장하고, 사람이 사람을 믿고 사랑할 수 없는 이 어리석은 인과응보가 현실이라니!

현실은 가장 현실적이지 않다. 우리는 지금 이상을 꿈꾸어야 하고 그 이상을 실현해야 한다. 그 이상은 개인과 사회가 삶의 방향을 바꾸는 데서 시작된다. 행복의 내용을 바꾸어야 한다. 과욕에서 소욕지족少欲知足으로, 경쟁과 상극에서 협동과 상생으로, 획일과 차별에서 평등과 개성으로, 목표와 욕망에서 의미와 나눔으로, 그리하여 동상이몽이 아닌 동몽이상의 화엄세계를 꿈꾸고 실현해야 한다.

이처럼 모두가 긴장과 강박에 시달리지 않고 살아갈 수 있는 삶의 방향 전환이야말로 가장 '이상적인 현실'이다.

무엇이 '출가'인가…… 출가는 살던 집을 버리고 떠나는 결행을 말한다…… 어떤 집에서 나와야 하는가…… 속박과 갈등의 집, 다툼과 상처가 가득한 집, 소수의 강자가 다수를 억압하고 군림하는 집, 돈의 가치가 생명의 가치에 우선하는 집, 감각적 쾌락에 탐닉하는 집…… 그리고 무엇보다도 이런 것들에 묶여 있으면서도 묶여 있는 줄을 모르고 알면서도 영원한 자유와 평화를 찾지 않는 사람들이 사는 집이다…… 이런 집에서는 불안하고 답답하고 생기 없는 삶이 있을 뿐이다…… 헛된 꿈을 꾸며 이기적 욕망이 질주하는 트랙의 출발점에서 과감하게 벗어나는 것, 그것이 출가다.

2

쉽지 않지만
가야만 하는 길을 선택하라

길은 묻는 자에게만
열린다

'인간의 백 년 삶이 삼만육천 일이라도 절집의 한가로운 한나절에 미치지 못한다[百年三萬六千日 不及僧家半日閒]'는 말이 있다. 중국 청나라 순치 황제가 18년 동안의 권력을 내려놓고 출가하면서 읊은 소회이다. 20대 시절의 나는 이 시를 좋아하지 않았다. 내심 반발심도 있었다. 도피와 은둔의 냄새가 배어 있다고 생각했기 때문이다. 하지만 지금은 사뭇 다르게 다가온다. 권력의 한가운데 자리 잡은 욕망의 삶, 집착 속에 엉킨 허망한 욕망의 실체들과 마주하며 알아 챈 황제의 깨달음이 이 문장 속에 담겨 있다.

황제는 욕망과 탐욕 덩어리인 권력자의 길에서 무상함을 절감했을 것이고 그 처절한 무상함 위에서 흔들림 없는 견고한 삶을 찾아냈다. 바로 부처님의 삶, 곧 출가수행자의 길이었다. 그는 무엇보다 전쟁과 권력 투쟁의 틀에서 벗어나 자유롭기를 원했을 것이다. 하루를 살아도 욕망이 사라진 자리에서 인간적인 삶을 경험하고 싶었을 것이다. 자신의 의지대로 행하되 가장 인간적인 모습으로 진정한 자유를 만끽하는 삶을 살고 싶었을 것이다. 그래서 모든 것을 내려놓은 한가로운 절집의 한나절 풍경에 매료당하고 만 것이다.

순치 황제의 삶은 지금 우리의 모습이다. 끝없는 욕망의 틀에 길들여지고 있지만, 한편으로는 그 속박에 매이지 않으려 무의식적인 저항을 하고 있는 우리, 이러한 삶의 딜레마 속에서 특히 힘들어하는 이들이 바로 우리 젊은이들이다. 2012년 여름, 대한불교조계종에서 개원한 '청년출가학교'는 이들 청춘들을 만나기 위한 자리였다. 삶의 도리에 어긋나지 않고 삶의 질을 변화시키고, 욕망을 잘 운용하여 자유로워지고 싶어 하는 41명의 젊은이들이 땅끝마을 달마산 미황사에 모였다. 내려놓고 바라보는 '청년출가학교'의 취지를 설명하는 자리에서 도법 스님은 의도된 노련한(?) 실수를 했다.

"여러분! 여기 왜 오셨어요? 스님들이 왜 이 출가학교를 만들었다고 생각하세요?" (일동, 다소 긴장한 얼굴로 침묵)

"여러분들 머리 깎이고 중 만들려고 청년출가학교를 개설한 것이에요." (일동, 애써 웃으면서도 여전히 긴장)

"그러니까 스님들의 음흉한 의도가 있는 줄도 모르고 여러분이 걸려든 것입니다. 하하하."

그렇다. '청년출가학교'는 삶의 대안과 희망으로서 불교출가 수행자의 삶을 살고자 하는 청년들에게 가치 있는 삶의 길을 안내하기 위해 만들어졌다. 출가수행은 자신에게도 좋은 삶이고 대중에게도 유익한 삶이기 때문에, 적극 알리고 그들을 맞이해야겠다는 생각에서 비롯되었다. 출가자가 감소하고 고령화되는 위기감에서 시작한 것은 굳이 숨길 일이 아니다. 그러나 더 나아가, 굳이 삭발하고 스님이 되지 않더라도 자신의 삶을 얽어매고 있는 사회의 억압 구조에 매몰되지 않고 자기 소신껏 삶을 펼칠 수 있는 용기를 갖게 하는 기회를 만들어 주고 싶은 게 진짜 속마음이었다.

자신의 삶을 사랑하는 41명의 청년들이 집을 떠나 그 길을 찾아왔다. 8박 9일의 일정은 진지했고 여유로웠다. 누구에게도 말하지 못했던 자신의 속내를 털어놓으며 마음껏 아파하며 함께 울고 웃었다. 그들은 스님들에게 묻고 또 물었다. 아니 자신에게 묻고 또 물으며 부질없는 생각의 벽을 허물고, 엉킨 그물을 걷어 내려 아프게 몸짓했다. 아픔의 먼지를 털어 내는 몸짓이 끝나자 비로소 자유와 감동을 향해 마음을 열게 되었다. 자신의 세계를 향한 날갯짓을 할 자신이 생겼다. 자신을 힘들게 하는 것이 속도와 경쟁에서 비롯된 가치의 상실이라는 것을, 또 무엇을 내려놓아야 하는지 알 것 같다고 말했다. 앞으로 자신이 어떻게 해야 하는지도 알 것 같다고 했다. '내가' 의미 있고 감동적인 삶을 찾기 위해서는 사회의 일반적인 통념을 초월한 넓은 시야를 가져야 한다는 것을 깨달았다고 했다.

열흘 남짓 동안 얼굴과 마음이 크게 달라진 청년들 앞에서 나는 참으로 오랜만에 보람을 느꼈다. 세상 사람들에게 출가수행자의 존재 의미가 어떻게 다가가고 있었는지, 어떤 의미가 있었는지를 절실하게 체험했다. 청년들을 집으로 보내면서, 나는 다음 '청년출가학교'의 길을 모색하고 가늠해 보았다. 이 시대 청년들에게 무엇을 줄 것인가. 그들에게 불교는, 부처님은, 출가수행자는 무엇을 안내하고, 마주한 문제들을 해결해 가는 방법을 어떻게 가르쳐 줄 것인가를 거듭 생각했다. 이런저런 생각을 하다 문득 '청년출가학교' 입학식과 졸업식에 모두가 다짐한 기원문이 떠올랐다. 내 스스로의 다짐이기도 했던 이 글은 아마도 향후 청년출가학교의 이정표가 되리라.

> 길은 곧 속도가 아니라 방향이라는 것을 깨닫습니다.
> 이제 사람이 사는 세상 속에서
> 무엇이 옳고 무엇이 그르며
> 어떻게 하는 것이 행복한 삶의 길인지
> 묻고 또 물을 것이며,
> 마침내 사람이 가야 할 길을 찾을 것입니다.
> 묻지 않은 자에게 답은 주어지지 않습니다.
> 정직하게 묻는 자에게 답은 분명하게 주어집니다.
> 길은 그 어디에도 있지 않고
> 길은 그 어디에도 있습니다.
> 길은 가고자 하는 이에게 열려 있음을 깨닫습니다.
>
> _ 「청년출가학교 기원문」 중에서

"청년들이여, 기억하십시오. 부처님처럼 절망하고, 그 절망을 넘어 길을 찾아야 한다는 것을. 길은 내 삶을, 우리가 사는 세상을 바꾸고자 하는 결단과 노력에서 열린다는 것을. 진정한 출가는 용기 있는 '거부'에서 출발한다는 것을."

아무것도 없을 때 내어줄 게
더 많다

새해를 맞아 한적한 산중 암자에 푸르고 맑은 생기가 감돌았다. 일곱 청년이 한 달 동안 일지암에서 열리는 '단기출가 과정'에 입문했기 때문이다. 청년들은 의미 있는 삶을 탐구하고자 이곳을 찾아왔다. 이들은 암자에 들어오는 순간 스마트폰을 내려놓고, 세속의 편리하고 익숙한 생활방식을 기꺼이 끊었다. 손수 밥을 지어 먹고 군불을 지펴 방을 데웠다. 참선으로 잡다한 번뇌를 녹여 내고, 고전을 강독하고 현대 문명을 읽으면서 공부했다. 인간의 길을 찾고자 함이었다. 그 길은 지금과는 크게 '다른 길'이다.

내가 일지암을 세상의 벗들과 함께하기 위한 공간으로 마음을 낸 것은, 산 좋고 바람 맑은 이 좋은 도량을 나 혼자 누리기에는 너무도 염치가 없다는 생각 때문이었다. 세상 사람들과 나누면 더없이 좋지 않겠는가. 산문에 들어온 지 적지 않은 세월이 흘렀다. 해가 갈수록 세상에 대한 빚 때문에 마음 불편한 날들이 늘어갔다. 내가 이렇게 수행하고 마음의 복을 누리고 사는 것은 오로지 세상 사람들에게 받은 은혜 덕분이다. 그동안 그 은혜를 받기만 하고 솔바람 소리와 고담준론에 한가로이 젖어 나 혼자 누리며 살았다. 그래서 이제는 무언가 세상 사람들과 더불어 나누고 싶었다.

하지만 마음만 앞설 뿐이었다. 이른바 조직도, 돈도 없으니 세상의 벗들에게 줄 것이 내게는 별로 없었다. 어떻게 할까, 다시 곰곰이 생각해 보니 내겐 줄 것이 너무도 많았다. 주고 나누는 것이 어디 돈과 재물뿐이겠는가. 내게는 근심 걱정을 일시에 놓게 하는 수려한 산이 있고, 그 속에 정갈하고 아늑한 방이 몇 개 있다. 이곳에는 세속의 술과 타성에 젖은 습관을 멀리 떨쳐 버리게 할 수 있는 깨끗한 환경이 있고, 도심의 유명세가 붙은 카페에 비할 수 없는 지상 최고의 산중 다실도 있다. 그곳에서는 누구의 간섭 없이 정답고 깊은 이야기를 오래도록 나눌 수 있다.

산행은 또 어떤가. 신선한 공기로 가득한 숲길을 천천히 걷다 보면 몸이 살아나고 정신이 깨어나는 명상이 절로 된다. 또 더불어 책을 읽고 성찰과 성숙의 시간을 보낼 수도 있다. 이렇게 많은 자산이 있는 나에게 나눌 것은 아주 많았다. 정말 그렇다. 한 생각 크게 내고 몸이 부지런하면 나눌 것이 한없이 많은 곳이 절이다. '무재칠시無財七施'라는 말이 있다. 큰돈 안 들이고도 얼마든지 나누며 행복할 수 있는 보시법이다. 환하고 따뜻한 얼굴로 마주하며 이야기를 주고받는 일은 돈이 들지 않는다. 그저 부담 없이 편히 쉬어 가라는 말 한마디와 향기로운 차 한 잔에 무슨 큰돈이 들겠는가. 그러나 그것을 나누는 기쁨과 감동은 비할 데 없이 크다.

얼마 전 알고 지내는 산중 사찰의 주지스님이 수능을 마친 학생들을 위한 템플스테이를 열었다. 스님은 평소 온갖 방법으로 세상과 나누려 애쓰는 분이었다. 행사를 마치고 학생들이 모두 돌아간 뒤 스님은 페이스북에 이런 글을 올렸다.

"주지는 참 복이 많다. 줄 것이 너무 많아서 주지인가 보다. 차 주지, 재워 주지, 밥 주지, 법문해 주지. 감 따 주지, 운전해 주지, 구경시켜 주지……."

그러자 수많은 댓글이 줄줄이 달렸다.

"스님이 이렇게 우리에게 주기만 하면 우리는 뭘 주지? 댓글 달아 주지. 감사해 주지, 행복해 주지, 존경해 주지."

참으로 유쾌한 소통이었다. 나 또한 덩달아 즐거움을 누렸다. 진정으로 마음을 다할 때 문명의 도구를 타고 공감과 감동은 이렇게 따듯한 기운으로 감응하는가 보다. 그날 댓글의 절정은 이렇다. "아이들 사랑하는 주지 스님 맘 죽여 주지."

그럼 나는, 주는 주지에서 안 주는 주지도 해야겠다. 정의롭지 못한 일에 절대 동의 못해 주지, 게으른 습관 절대 용납 안 해 주지……. 거듭 그렇다. 정성이 지극하면 채우고 채워도 비좁지 않고, 퍼내고 퍼내도 마르지 않는다.

빵만으로는 삶을
아름답게 가꿀 수 없다

"스님, 스님들은 참 신기하고 좋아 보여요." 암자에서 종교와 직업이 각기 다른 여러 사람들이 모여 차를 마시는데, 그중 한 분이 불쑥 이런 말을 했다. 무엇이 좋아 보이냐고 물으니, 절에 오면 스님들이 서로 큰 절을 올리며 인사하는 풍경이 무척 경건하고 아름답게 보인다는 것이다.

　　그분 말을 듣고 보니 우리 절집은 아직도 아름다운 '격식'을 많이 가지고 있구나 싶었다. 스님들 사이에서 큰 절을 올리는 인사법도 그중 하나이다. 지금도 다른 수행처에서 참선하고 공부하는 스님들이 우리 절에 오면 가사와 장삼을 입고 사찰의 어른스님들을 일일이 찾아뵙고 삼배를 올린다. 해인사 같은 큰 절에서는 어른스님들에게 인사를 올리는 것으로도 족히 반나절이 걸린다. 보는 이에 따라 번거롭고 시대에 맞지 않는 형식이라고 평가 절하할 수도 있다. 하지만 이런 존중과 예의가 있기 때문에 절집은 청정과 화합의 수행공동체로 빛을 잃지 않는 것이리라.

생각해 보니 우리가 잃어버린 단어가 많다. 그중에 '예의'와 '인격'이 있다. 탁월하다거나 우월하다는 말은 호응을 받지만 '훌륭하다'는 말은 그리 주목받지 못한다. 인격의 훌륭함은 재화를 늘리고 출세하는 데 큰 도움이 안 된다는 생각 탓이다. 하지만 출세와 성공만이 인생의 전부는 아니다. 빵으로 몸을 살릴 수는 있지만 빵만으로는 정신을 아름답게 가꿀 수 없지 않은가.

전통적으로 사람을 분류하는 세 가지 기준이 있다. 난 사람, 든 사람, 된 사람이다. 옛 어른들은 돈 잘 벌고 고관대작 되는 것도 좋고, 학식이 많은 것도 좋지만, 무엇보다 사람의 도리를 잊지 않고 바른 사람이 먼저 되어야 한다고 강조했다. 이른바 '된 사람'이다. 몸가짐이 겸손하고 인사성이 밝아야 한다와 같은, 인간에 대한 예의와 존중이 훌륭한 인성의 필수 덕목임을 일깨운 것이다. 그래서 학교와 가정에서 남을 불쌍히 여기는 측은지심과 남에게 양보할 줄 아는 겸손한 사양지심을 내면화하는 교육이 늘 먼저였다.

예의와 존중은 어느 시대 어느 곳에서나 사람이 갖추어야 할 보편 덕목이다. 그런데 오늘 우리 시대는 무례가 예의를 밀어내고 무시가 존중의 자리에 군림하고 있다. 누군가는 지나친 생각이라고 부정할 것이다. 오히려 친절이 생활화되었다고 할지 모른다. 사실 제도와 절차에서 민주화를 이룬 이후 사회 전반에 권위주의적 요소가 많이 사라졌다. 무엇보다 정치인과 공무원들의 몸짓이 친절해졌다. 심지어 대형 마트와 호텔, 병원 등에서는 '친절이 경쟁력이다'라는 구호 아래 이 달의 친절왕을 뽑기에 이르렀다. 새천년에 이르러 동방예의지국이 도래한 느낌이다.

그러나 '친절이 경쟁력이다'라는 말 속에는 우리 시대의 우울하고 서글픈 맨 얼굴이 숨어 있다. 친절 뒤에 무례와 무시가 교묘하게 웅크리고 있다는 느낌을 지울 수 없다. 한 번 더 깊이 생각해 보자. 친절은 이웃을 향한 존중을 바탕으로 하는 예다. 존중은 어떤 조건을 달 수 없다. 동등한 생명을 가진 동반자로서 존중해야 하는 것이다. 그런데 이미 경쟁력이라는 조건이 친절의 덜미를 잡고 있다. '친절이 경쟁력이다'라는 말을 돌려 보면 '경쟁력 향상을 위하여 친절해야 한다'는 말이 된다. 그럼 경쟁력은 무엇인가. 보다 많은 물건을 팔아 돈을 벌고, 선거에서 승리하고, 직장에서 진급하기 위한 것이다. 어느덧 자본의 먹이 사슬은 인간의 지고한 예의와 친절까지 주요한 상품으로 만들어 버렸다. 마음에서 우러나오지 않는 예의와 친절은 시늉에 불과하다. 이쯤 되면 우리는 사람과 사람 사이가 아니라 상품과 상품 사이로 격이 바뀌게 된다. 입으로는 '고객님, 사랑합니다'라고 말하고서 속으로는 '고객님, 저희는 고객님의 돈을 환영합니다'라고 말하는 것일지도 모른다.

특히 산업화와 정보화 사회에 이르러 우리 시대는 이른바 '감정 노동자'에 대한 압박과 차별이 문제가 되고 있다. 감정 노동자는 실적과 성과가 우선하기 때문에 자신의 속내를 숨기고 눌러야만 하는 직업을 가진 이들이다. 판매, 유통, 통신, 음식, 관광 사업 등에 종사하는 사람들이다. 내가 사는 산중에도 감정 노동에 종사하는 사람들이 찾아온다. 맑은 차 한 잔 나누며 그들이 겪는 속상한 사연들을 듣는다. 그들은 육체적 고단함 못지않게 사람들의 무시와 무례가 견디기 힘들다고 털어놓는다. 은근히 깔보는 눈빛, 비아냥거림과 반말, 억지 주장을 하는 손님들의 무례를 대할 때마다 '먹고 사는 게 뭔지'라는 자조감이 든다. 서글픔과 분노가 솟는다. 처음에는 꾹꾹 참는다. 그러다 보면 면역이 된다. 사람에 대한 무관심과 이중적 태도를 갖게 되는 것이다.

"스님, 틱낫한 스님은 '마음에는 평화 얼굴에는 미소'라고 말씀하셨는데요, 저는 손님들만 보면 '얼굴에는 미소 마음에는 무시'가 되어 늘 편안하지 않아요."

이렇게 무관심과 체념과 냉소로, 무시와 무례를 견디고 있는 사람들의 이야기를 들으면 마음이 아프다. 그리고 이런 의문이 든다. 왜 우리는 한 세상에 태어나 우정과 사랑으로 살지 못하고 서로를 피로하게 만들어야 하는가. 왜 우리 사회에 피로 사회, 과로 사회, 잉여 사회, 탈 감정 사회라는 온갖 부정적 수사가 따라다니는가. 왜 사람에 대한 무시와 무례가 자리 잡고 있는가. 그것은 더불어 살겠다는 생각, 생명과 사람 중심으로 살겠다는 생각에서 벗어나 있기 때문이다. 그런 편향과 소수 독식의 생각이 그에 맞는 틀을 만들어 놓았고, 사람들은 그 틀에서 서로에게 무례를 범하고 있다. 끝날 줄 모르는 악순환이다. 생사의 윤회가 아닌 생존의 윤회이다.

그러나 우리는 믿는다. 촘촘히 짜인 먹이 사슬 속에서 어찌할 수 없음에도 불구하고 '어떻게 해 볼 수 있는' 주체적 의지가 우리에게 있다고 믿는다. 본래 사람은 마음 깊은 곳에 연민과 자애를 가지고 있음을 믿는다. 지금 여기 나부터 예의와 존중을 회복하는 일을 해 보자. 경쟁과 승자 독식의 틀이라는 '남 탓'으로, 이웃에 향한 나의 무례가 면피되지는 않을 것이기에. 그리고 무엇보다도 이웃을 향한 예의와 존중은 나의 존엄을 지키고 인격을 성숙 시키는 손등과 손바닥의 관계이기 때문이다.

사람은 머리로 이해하기 전에 가슴이 먼저 느낀다. 정성스러운 마음이 담긴 예의와 존중이 사람의 마음을 움직인다. 2013년 12월, 보이지 않는 익명의 관계에서 내 마음을 헤아려 사려 깊은 댓글을 남긴 어느 분의 마음씀에서 새삼 예의와 존중이 얼마나 소중한지를 알게 되었다. 〈한겨레〉 '휴심정' 칼럼 란에 '겨울산과 루빈의 잔'이라는 제목으로 글을 쓴 적이 있다. 글을 올리고 나서 내용 중에 '루빈의 잔'에 대한 설명을 하지 않은 게 내심 개운치 않았다. 문맥상 충분히 이해할 수 있을 거라 생각했는데, 역시 여지없이 지적하는 댓글이 달렸다. 그 독자는 이렇게 질책했다. '루빈의 잔을 설명하지 않은 것은 필자의 오만인가, 독자의 무식인가.' 실수를 인정하지만 마지막 구절은 그야말로 촌철살인! 날카로운 지적에 마음이 편할 수만은 없었다.

그런데 며칠 뒤 우연히 그 댓글을 다시 찾아 읽게 되었는데 어조가 확 바뀌어 있었다. 그 독자가 댓글을 수정하여 다시 올린 것이다. 날카로움은 여전했지만 부드러운 진심이 담겨 있었다. "'루빈의 잔'은 이 글의 제목이며, 글 중에서도 등장하는 중요 용어이다. 그런데 아무 설명이 없다. 한겨레 독자 대부분은 '루빈의 잔'이 무엇인지 알고 있는 것일까. 백과사전을 찾아보니, 덴마크의 형태주의 심리학자 루빈이 고안한 특수 그림인데, 보는 사람에 따라 꽃병이 되기도 하고 사람이 되기도 한단다. 신문칼럼은 자기만족을 위한 글이 아니니, 독자를 위한 배려가 필요하다."

처음 댓글을 올리고 다시 수정한 과정과 바뀐 글의 행간에서 그 독자분의 마음을 짐작할 수 있었다. 익명의 공간에서 글쓴이는 물론 그 글을 읽는 독자들의 마음을 배려한 그분에게서 훌륭한 사람의 '격'을 느낄 수 있었다. 가슴에 두 손을 모으고 모니터 앞에서 감사의 마음으로 합장을 했다. 그분이 내 암자에 오면 따뜻한 차 한 잔 대접하고 싶다.

쉽지 않지만 가야만 하는
길을 선택하라

길은 가기 위해 있는 것이다. 그러나 방향을 두지 않고 가는 길은 떠도는 것일 뿐, 길을 가는 것은 아니다. 길은 홀로 가면서 여럿이 가고 여럿이 가면서 결국 홀로 가는 것이다. 길 위에서 우리는 묻고, 의미를 찾고, 사랑함으로써 깨침과 함께 전율과 감동을 느낀다.

안도현의 『연어』는 생텍쥐페리의 『어린 왕자』와 같이 깨침과 감동을 주는 어른을 위한 동화다. 주인공 '은빛연어'는 수많은 연어들과 함께 바다를 건너 알을 낳기 위해 강을 거슬러 올라간다. 은빛연어는 바다와 강의 물길을 가면서 하나의 화두를 품는다. 단지 알을 낳는 것만이 연어가 존재하는 유일한 의미인지를 자신에게 묻고 벗에게 묻는다. 절실한 물음 하나를 품고 모천으로 회귀하는 은빛연어의 물길은 그의 생애 자체이며 구도의 길이다.

은빛연어는 다른 연어들과 모습이 사뭇 다르다. 뭇 연어들은 등이 검푸른데 이 연어는 등이 은빛이다. 그래서 은빛연어라는 이름을 가졌다. 은빛연어는 모습도 뭇 연어들과 다르지만 생각도 다르다. 그는 누나 연어의 관심을 간섭으로 생각한다. 누나는 왜 자신을 옆에서 보지 않고 왜 위에서 내려다보기만 하냐고 항변한다. 옆에서 묵묵히 바라보거나 나란히 헤엄치는 것이 사랑이라고 은빛연어는 주장한다. 길을 찾는다는 것은 곧 묻는 일이고 선택하는 것이다. 그 첫 물음은 모든 존재를 어떻게 바라볼 것인가에서 출발한다. 은빛연어는 말한다. 세상에는 위에서 바라보는 것과 옆에서 바라보는 두 종류의 시선이 있다고. 그렇다. 세상에서 바라보는 시선은 주로 위에서 아래로 향해 있다. 지난 수많은 역사를 보면 위에서 내려다보는 이들이 상하 계층을 만들어 사람을 차별했다. 늘 소수의 계층이 특권을 누렸고 많은 사람들을 오만하게 굽어보고 괴롭혔다. 현대사회는 신분의 계급에서 자본과 권력으로 이름만 바뀌었을 뿐이다. 위에서 내려다보는 이들의 눈에는 사랑이 어릴 수 없다. 내려다보는 눈에는 세상의 존재들이 오직 자신의 '먹잇감'으로 보이기 때문이다.

은빛연어는 위에서 내려다보는 물수리에게 자신을 구하고 목숨을 버린 누나 연어의 죽음 앞에서 절망한다. 그러면서도 '삶이란 견딜 수 없는 것이다', '삶이란 그래도 견뎌야 하는 것이다'라고 다짐한다. 힘겹고 위험한 삶을 견디면서 은빛연어는 모든 이들을 옆에서 바라보며 바다를 가로질러 푸른강을 거슬러 올라간다.

서로를 옆에서 바라보고 나란히 함께 가면 우리는 비로소 벗이 된다. 벗이 된다는 것은 서로에게 눈높이를 맞출 수 있다는 말이다. 눈높이를 맞추면 서로의 고통과 원하는 바를 볼 수 있다. 그리고 옆에서 서로를 바라볼 때 우리는 마침내 함께하는 사랑을 만나게 된다. 은빛연어가 그랬다. 은빛연어의 애인은 눈맑은연어이다. 그들의 만남은 옆에서 지켜보면서 자신의 목숨을 돌보지 않는 희생의 몸짓에서 시작되었다. 은빛연어가 자신이 살고 있는 물속이 마치 감옥같이 답답하다고 여겨 물가로 몸을 내밀었을 때 불곰의 습격을 받는다. 그때 누군가 "어서 피해!"라고 소리 지르며 은빛연어를 밀쳐 낸다. 간신히 목숨을 구한 은빛연어가 정신을 차리고 둘러보니 눈맑은연어가 등지느러미에 피를 흘리고 있다. 그녀가 자신을 구한 것이다. 은빛연어는 자신을 구해 준 눈맑은연어가 고맙고 미안하여 겨우 이렇게 말한다. "너, 많이 아프겠구나." 눈맑은연어가 말한다. "괜찮아…… 네가 아프지 않으면 내가 아프지 않은 거야." 아, 이것이 무슨 말인가. 자신을 구하기 위해 불곰에게 몸이 찢겨진 그녀가 '네가 아프지 않으면 자신도 아프지 않다'는 그 말.

존재를 위에서 내려다보는 이들은 눈맑은연어의 이 말을 평생 가도 이해하지 못할 것이다. 그러나 서로가 서로를 옆에서 바라보며 사는 이들이라면, 내가 네 삶의 배경이 되고 네가 내 삶의 배경이 되는 이치를 이해하는 이들이라면, 더 나아가 너의 도움과 사랑으로 내가 살아가는 것이라는 이치를 이해하는 이들이라면, 너무도 절절히 느낄 것이다. 그야말로 '중생이 아프니 보살이 아프다'는 『유마경』의 확장이다. 그렇다면 이렇게도 말할 수 있으리라. 네가 기쁘면 나도 기쁜 것이라고.

　　마침내 은빛연어는 바다를 지나 푸른강에 다다른다. 그곳에서 은빛연어는 푸른강과 속 깊은 이야기를 나눈다. 은빛연어는 푸른강에게 '관계'와 '마음'에 관한 미묘한 이야기를 듣는다. 삶의 이유를 묻는 은빛연어에게 푸른강은 말한다. "삶은 지금, 여기 존재한다는 그 자체란다. 그리고 존재한다는 것은 내가 아닌 것들의 배경이 된다는 뜻이란다." 존재하면서도 다른 이의 배경이 된다는 것은 가령 이런 것이다. 푸른강이 은빛연어를 감싸고 있는 것, 어둠이 뒤에 있어 별이 더욱 빛나는 것, 땅이 있어 아름다운 꽃이 피어날 수 있는 것, 연어와 연어가 서로 모여 아름다운 연어떼가 되는 것이다.

　　은빛연어는 모든 존재에 사랑이 깃들고 존귀한 가치가 부여되는 것이라면, 같은 이름에도 다른 의미가 생기는 것이라는 것을 깨닫는다. 마치 권력과 돈만을 추구하는 사람들과 이웃을 사랑하는 사람들이 사용하는 '배경'이라는 말의 의미가 다르게 다가오는 것이다. 일체유심조一切唯心造, 모든 것은 마음이 만든다는 이치가 그리 멀리에 있지 않음을 깨닫는다. 그러면 모든 것들을 왜곡하지 않고 굴절하지 않으면서 있는 그대로 보고, 연민과 사랑으로 볼 수 있는 법은 무엇일까. 그것은 나의 환경과 이해관계에 갇히거나 얽매이지 않고 편견 없이 정직한 마음을 갖는 것, 모든 존재는 서로의 도움과 은혜로 살아간다는 인연의 법칙을 마음에 새기는 것, 겸손과 자애의 마음을 가슴에 품고 사는 일이다. 그런 마음으로 세상을 보면 그렇게 세상은 내게로 오는 것이다.

은빛연어는 푸른강이 시름시름 앓고 있는 까닭을 알게 된다. 푸른강은 은빛연어에게 말한다. "강가에서 도끼로 나무 찍는 소리가 나던 옛날에는 그래도 살 만했단다. 그런데 지금은 전기 톱날이 돌아가는 소리 때문에 잠을 이룰 수 없을 정도란다." 푸른강의 고백 속에 인간의 멈출 줄 모르는 욕망과 무지와 헛된 꿈에 대한 원망이 들어있다. 인간은 자신의 삶에 배경이 되는 강과 산이 원시의 파릇파릇한 건강을 잃고 신음하는 것을 알아차리지 못한다. '이것이 말미암아 저것이 있다'는 이치를 모른다. 무수한 존재들이 다양한 그물망으로 존재한다는 당연한 법칙과 고마움을 외면한다. 자신의 배경인 자연을 개인적 탐욕으로 파괴한다. 그 과보가 어떻게 되돌아올지에 대해서는 생각하지 않는다. 무지하고 어리석음에 빠져나오지 못하고 그렇게 살아간다.

자신이 태어난 강으로 회귀하는 삶의 길, 구도의 길에서 은빛연어를 비롯한 연어 무리들은 마침내 생애 마지막 벼랑을 맞이한다. 높고 거친 폭포수를 넘는 일이다. 연어떼의 지도자인 턱큰연어의 주재 아래 폭포수를 뛰어 오르는 방안이 토의 된다. 과학자인 빼빼마른 연어는 객관적인 분석만 내놓고 자신은 단지 이론만을 제시하는 것이 목적이라고 한다. 연설가인 주둥이큰연어는 그저 단결하고 나아가자고 외치기만 한다. 교사인 지느러미긴연어는 지식과 사실만을 장황하게 설명한다. 심지어 인간이 흘려 보낸 오염된 물에 등이 굽은 연어를 가리켜 나약하고 게을렀기 때문에 그렇게 된 것이라고 왜곡하여 뭇 연어들의 항의를 받기도 한다. 예언가인 족집게연어는, 폭포수는 하늘의 노여움이 우리에게 준 시련이라고 말한다. 그는 지그시 눈을 감고 모든 것은 하늘의 뜻이라고 말한다.

연어떼의 모습은 바로 우리의 모습이다. 과거와 현실을 분석하고 설명만 하는 지식인들, 비난과 선동만 하는 정치인들, 고난과 극복을 운명과 절대자의 뜻으로 돌리는 종교인들……, 모두가 지금 우리가 마주하는 부끄러운 자화상이다.

그때 빼빼마른연어가 폭포수를 거치지 않고 갈 수 있는 쉬운 길을 발견했다고 알려 준다. 모든 연어들이 귀가 솔깃하여 인간이 만들어 놓았다고 의심하는 쉬운 길을 가려 한다. 그때 은빛연어는 언젠가 푸른강에게 들었던 연어 무리의 지도자였던 아버지연어의 고뇌와 선택을 생각한다. 인간은 인간의 길이 있고 연어에게는 연어의 길이 있다, 쉬운 길을 가다 보면 연어는 나약해져서 마침내 도태되고 말 것이다, 힘들지만 연어의 길을 헤치고 가야만 생명력 넘치는 연어가 될 수 있다던 아버지의 말을 떠올린다. 그래서 은빛연어는 아버지의 신념을 받아들이기로 한다.

정직하게 바라보면 올바른 통찰이 생기고, 올바른 통찰은 튼튼한 신념을 만든다. 흔들림 없는 신념은 두려움 없는 용기를 갖게 한다. 은빛연어는 말한다. 쉬운 길을 가지 말자고, 우리 연어들에게는 폭포를 뛰어넘을 수 있는 끝없는 능력이 있다고. 많은 연어들이 항변한다. "굳이 그 고통을 사서 할 필요가 있는 걸까? 우리는 어서 상류로 가서 알을 낳아야 해, 한시가 급하다구." 이때 은빛연어는 답한다. "알을 낳는 일은 중요해. 그렇지만 알을 낳고 못 낳고가 아니라, 얼마나 건강하고 좋은 알을 낳는가 하는 것도 중요하다고 생각해. 우리가 쉬운 길을 택하기 시작하면 우리의 새끼들도 쉬운 길로만 가려고 할 것이고, 곧 거기에 익숙해지고 말 것이야. 그러나 우리가 폭포를 뛰어넘는다면, 그 뛰어넘는 순간의 고통과 환희를 훗날 알을 깨고 나올 우리 새끼들에게 고스란히 남겨 주게 되지 않을까? 우리들이 지금, 여기서 보내고 있는 한순간 한순간이 먼 훗날 우리 새끼들의 뼈와 살이 되고 옹골진 삶이 되는 건 아닐까? 우리가 쉬운 길 대신에 폭포라는 어려운 길을 선택해야 하는 이유는 그것뿐이야."
은빛연어의 힘 있는 외침에 동조한 연어들은 '쉽지 않지만 가야만 하는 길'을 선택한다. 마침내 실패와 좌절을 딛고 연어들이 거친 폭포를 거슬러 올라 상류에 이른다. 은빛연어와 눈맑은연어는 찬란한 알을 낳는다. 그 무수한 알들은 고행의 끝에서 얻은 사리들이다. 과정이 없는 끝은 존재하지 않는다. 큰 힘 들이지 않고 가는 길, 유혹의 길, 타협의 길을 거부하고 올곧은 신념으로 견디고 이겨 낸 결실이다. 옳은 길 위에서 사랑하고 배우고 고통을 두려워하지 않고 만들어 낸 생의 눈부신 깨침이다.

『연어』에서 은빛연어가 길을 가는 동안 끊임없이 묻고 대답했던 과정을 생각한다. 은빛연어의 선택과 푸른강의 은밀한 가르침을 다시 떠올려 본다. 삶이란 끝없이 묻는 일이고 의미를 캐는 일이며 고통을 견디면서 사랑하는 일이라고, 그리고 깨침과 함께 온몸으로 전율하고 감동하는 것이라고.

작은 일은 작지 않고
그대로 하나의 전체다

추석 무렵, 도시에 사는 지인의 아파트를 방문했다. 오랜만에 만나 차를 마시며 이런저런 이야기를 나누다 보니 어느덧 저녁 공양까지 이어지게 되었다. 막 식사를 하려는데 아파트 경비실에서 내보내는 안내 방송이 들려왔다. '오늘 밤 7시부터 10분 동안 모든 아파트 단지의 실내 전등을 끄고 대신 촛불을 켜는 날이니 협조해 달라'는 내용이었다. 생소하기도 하고 신기하기도 해서 지인에게 그 연유를 물었더니 아파트에서 매달 한 번씩 하는 행사라고 했다. 얼마 전에는 에너지 절약 모범 지역으로 선정되어 정부로부터 혜택을 받았다고 했다.

한 달에 한 번 눈부신 문명의 불빛을 잠시 쉬게 하고, 은은한 촛불 앞에서 가족이 함께하는 모습은 참으로 운치 있고 정겨운 풍경이다. 그날 나는 한 가지 아이디어를 냈다. 같은 값이면 마치 민방위 훈련 안내처럼 딱딱하게 방송하지 말고 다른 방식으로 했으면 좋겠다고 했다. 예를 들어 명상 음악을 배경으로 낭송하듯 안내 방송을 하는 것이다.

"우리 마을의 좋은 벗님들! 따뜻한 마음으로 오늘 하루를 보내셨는지요. 소박한 기쁨으로 이웃들과 사랑을 나누었는지요. 이제 분주하고 얽힌 일상을 잠시 내려놓고 자신과 마주하는 시간 여행을 떠나겠습니다. 어느 수행자는 '침묵을 배경으로 하지 않는 말은 소음과 다름이 없다'라고 말했습니다. 우리도 소리 없는 촛불 아래서 침묵으로 내면을 살피는 시간을 갖겠습니다. 자, 이제 불을 끄십시오."

촛불 등화를 마무리하는 안내 방송도 이와 같은 방식으로 하면 좋겠다고 말했다. 내 제안에 지인은 매우 좋아하며 반상회 때 꼭 건의하겠다고 했다. 그는 미처 생각하지 못한 부분이다, 동네 캠페인도 문화를 입히면 격조가 있어질 것 같다며 나에게 몇 번이나 고맙다고 인사했다.

나는 이 작은 일에서 큰 희망의 불씨를 보았다. 먼저 주민들의 발의와 합의 아래 기존의 고착된 관습과 관행을 깨고 기꺼이 에너지 절약을 실천에 옮겼다는 것이 무엇보다도 흐뭇했다. 단순히 에너지 절약에서 시작한 일이지만 나와 가족이 따뜻한 정서를 나누고 이웃과 공감할 수 있는 계기가 만들어졌을 것이다. 또 촛불 켜기 행사 말고도 그 아파트에서는 수시로 작은 음악회를 열어 마을 같은 분위기에서 살고 있다고도 했다. 자칫 삭막해지기 쉬운 도시생활에서 나름의 대안을 찾아 실천하는 아파트 주민들은 매우 창의적이고 용기 있는 분들이었다.

최근 들어 '불편한' 삶의 방식을 자발적으로 선택하여 실천하는 사람과 모임이 늘고 있다. 20여 분 정도의 거리는 차를 타지 않고 걸어 다니기. 되도록 채식 위주로 먹기. 감당할 수 있는 정도의 층수는 승강기 이용하지 않기. 불필요한 에너지 사용은 자제하기. 먹을 만큼만 음식을 먹는 빈 그릇 운동. 진공청소기보다는 손 걸레질하기. 집에서 채소 길러 먹기. 텔레비전은 없애고 자전거 이용하기. 1회용 대신 개인 컵 사용하기. 비닐대신 장바구니 지참하기 등. 이른바 많이 소유하고 가볍게 소비하는 삶, 속도에 매몰된 삶, 몸을 쓰지 않고 기계에 의존하는 삶을 거부하는 사람들이 늘어나고 있다.

이들을 만나 보면 별난 성격의 이웃들이 아니다. 그들은 한결같이 말한다. 과다한 소유, 멈출 줄 모르는 속도가 자신들의 삶을 긴장과 강박으로 얽어맨다. 그것들을 기꺼이 거부했노라고. 그리고 불편하고 단순하게 살아보니 마음이 편안해지고 몸까지 건강해졌노라고. 나는 그들의 체험에 충분히 공감한다.

삶의 방식을 바꾸면 몸과 마음이 바뀐다. 무엇보다도 지금까지 봐왔던 세상이 새롭게 다가온다. 어떤 하나를 단호하게 바꾸면 내 삶 전체가 변하는 것이다.

오늘 이들이 선택한 불편한 삶은 적은 소유로 넉넉하게 살아가는 소욕지족少欲知足의 불교 정신과 맞닿아 있다. 우리 불교 신도들이 이런 운동에 참여할 때 '무소유'의 정신은 선언과 이미지에 갇

히지 않고 현장에서 실현될 것이다. 불편한 삶의 선택에 수행과 보살
행의 옷을 입혀야 할 때이다. 과다한 소유와 집착으로부터 자유, 관
계의 그물망에서 모두가 함께 사는 길은 바로 여기에 있다. 작은 일
은 결코 작은 일이 아니다. 그 부분 그대로가 곧 전체다.

삶의 방식을 바꾸면 몸과 마음이 바뀐다.
무엇보다도 지금까지 봐왔던
세상이 새롭게 다가온다. 어떤 하나를
단호하게 바꾸면
내 삶 전체가 변하는 것이다.

버리고 행복한 사람

비노바 바베 1

얼마 전부터 나는 청소하는 재미에 흠뻑 빠져있다. 정성스럽게 마당을 쓸고 방을 닦노라면 몸은 더없이 홀가분하고 마음은 쾌청하다. 두 시간 이상을 쓸고 닦아도 힘든 줄을 모른다. 오히려 몸에 청신한 기운마저 솟는다. 이제 청소는 나에게 불공이고 참선이 되었다. 청소불공을 하면서 얻은 게 적지 않다. 게으르고 미루는 묵은 습성이 조금이나마 나아지고 있고, 무엇보다 몸을 쓰는 즐거움을 알았다. 힘들거나 짜증내지 않고 지루함을 느끼지 못하는 비결도 나름 체득했다. 그 비결은 '그저 하는 것'이다. 청소하면서 귀찮다거나, 빨리 끝내야 한다거나, 하기 싫은 일이라는 생각을 아예 하지 않는다. 그저 정성스럽게 느긋하게 무심하게 할 뿐이다. 거기에 염불과 진언을 염송하니 청소하는 그 자리가 바로 선방이고 염불당이다. 나는 청소불공을 통해 목표에 집착하지 않고 과정에 전념하고, 유위有爲에서 무위無爲를 익히고, 몸을 움직여 정신을 깨우는 이치를 조금이나마 깨치는 소득을 얻는다.

　내가 청소 불공에 꽂힌 데는 계기가 있다. 수행과 사회적 실천 운동을 하나로 일치시킨 비노바 바베에게서 받은 소박하고 경건한 감동 때문이다. 비노바 바베는 인도의 최상 계급인 브라만 출신임에도 불구하고 자신의 처소를 직접 청소하고, 당시 불가촉천민들이나 하는 분뇨 치우는 일을 도맡았다. 그는 그 일을 마치 기도를 하듯 정성을 다했다. 가장 더럽다고 혐오하는 분뇨를 치우면서도 청정한 모습을 보여 준 비노바, 세상 사람들이 가장 천하고 낮다고 멸시하는 최하층 계급 하리잔들 속에서 가장 고결한 삶을 살아온 비노바 바베, 그는 누구인가.

　인도는 크고, 높고, 깊고, 넓은, 나라이다. 하늘과 땅만이 아니다. 사람도 그렇다. 히말라야에서 발원한 지혜의 빛과 물은 베다를 거쳐 우파니샤드를 낳고 석가모니 부처님의 출현을 맞이하여 '축軸의 시대(기원전 900 ~ 200년, 인류 역사에서 철학적, 종교적, 심리적 변화가 가장 생산적으로 이루어진 시기)'를 열었다. 그런데 그런 인류문명의 위대한 주축을 이룬 인도는 지금까지도 계급차별의 갈등과 고통을 겪고 있다. 고대부터 사제 계급인 브라만이 신분사회의 최정점에 있고 정치적 지배계급인 크샤트리야, 그 다음 계급으로 생산을 담당하는 바이샤와 노예인 수드라가 있다. 그리고 그 아래 수드라에도 못 미치는 계급이 존재한다. 이른바 불가촉천민이다. 이들과는 접촉해서는 안 된다는 뜻이다. 눈길도 마주하지 않고 말도 나누지 말고 밥도 함께 먹지 말라는 것이다. 간디가 '신의 자녀'란 뜻의 하리잔으로 부른 이들은 가죽무두질, 사람과 가축의 분뇨 치우는 일들을 담당한다. 하리잔에게는 한 평의 논과 밭도 없다. 사회구조적으로 희망이 없는 삶이다. 그들은 그저 그렇게 태어난 운명을 저주하고 희망 없이 하루하루를 살아간다. 정말 엄청나고 어이없는 모순이다. 정신문명의 최고봉을 이룬 인도, 무지와 욕망을 벗어나 영원한 자유인 해탈의 경지를 추구하며 명상수행이 발달한 인도에서 2천여 년 동안 인간이 인간을 억압하고 고통으로 몰아넣는 무지한 관습을 유지하고 있는 것이다. 1955년 공식적으로는 불가촉천민에 대한 부당한 차별을 법으로 금지했지만, 하리잔들의 고통은 여전하다. '무시'는 배고픔과 더불어 인간이 겪는 최고의 설움이고 고통이다. 정중한 대우는 받지는 못할망정 인간으로서 최소한의 인정조차 받지 못하는 사회에서 그들은 어디에서 희망을 찾아야 할까.

근대에 이르러서야 하리잔들의 고통과 절규와 호소에 답하는 이들이 있었다. 마하트마 간디, 브힘라오 암베드카르, 자와할랄 네루, 비노바 바베가 계급의 차별을 부정하고 평등과 상생의 길을 만들었다. 인도는 훌륭한 사상과 종교적 수행과 지향을 낳은 훌륭한 전통을 배반하고 계급과 여성차별의 역사적 모순을 만들었다. 그러나 동시에 위대한 인물을 낳았다. 간디, 암베드카르, 네루, 바베 등 근대 인도사회가 낳은 이들은 자기의 삶과 정치와 사회적 실천을 하나로 꿰어 온 공통점을 가진다. 특히 비노바 바베는 불가촉천민에게 새 삶의 희망을 준 성자이자 사회운동가로서 모두의 가슴을 울린 인물이다. 내가 비노바에게 특별히 관심을 갖고 마음을 연 까닭은 '나의 길'을 새로이 정립하기 위해서이다.

이제 3년 뒤면 출가한 지 40년이 된다. 세월의 나이테를 응시하며 나는 묻고 생각한다. 어떻게 살아야 하는가. 그리고 어떻게 사람의 마음을 얻어야 하는가. 자기 수행과 이웃을 위한 보살의 길은 어디에 있는가. 답은 멀리 있지 않았다. 진실하고 자애로운 삶의 자세. 거기에는 무엇보다 '나부터'의 실천이 먼저였다. 비노바가 그렇게 살았으며, 그래서 사람의 마음을 움직였다. 마치 석가모니 부처님이 제왕의 권위와 법령 없이도, 군대의 무기와 벌칙을 빌리지 않고서도 깊고 큰 정신과 이웃과 함께한 대자대비의 실천으로 제자들이 귀의했듯이 말이다.

그리고 나는 거듭 물었다. 우리는 대승불교를 말하면서도 왜 역사적으로 존경받는 보살이 적은가. 수많은 대승경전에서 자애와 헌신의 길을 갈 수 있도록 공성空性과 연기緣起와 중도中道의 깊고 풍부한 철학과 실천방법을 제시하고 있는데도 왜 이웃에 대한 눈길과 손길은 희미한가. 나는 오히려 경전이 아닌 평전과 자서전에서 자기 수행과 사회적 실천을 일치시킨 인물들을 많이 만나곤 한다. 오늘의 보살을 찾아가는 순례길에서 나는 비노바 바베를 만났다.

비노바 바베는 현대 인도의 위대한 정신적 지도자이자 사회 개혁가로 손꼽히는 인물이다. 그의 활동과 인격적 모범은 인도의 역대 수상부터 가난한 서민에 이르기까지 모든 인도인의 마음을 흔들어 놓았다. 1895년에 태어난 그는 열 살의 어린 나이에 평생을 독신으로 지내며 인류를 위해 헌신하기로 서약하였다. 영적인 진리와 실천적 행동을 구체적으로 담아낼 수 있는 삶의 길을 찾던 중 간디를 만났고, 인도를 갱생시키기 위한 간디의 활동에 합류하였다.

1940년 간디는 '비폭력저항운동(사티야그리하)'을 이끌 최고의 지도자로 비노바를 지목하였다. 인도가 독립하자 비노바는 전대미문의 '부단운동(토지헌납운동)'을 시작하였다. 20년이 넘는 세월 동안 인도 전역을 걸어 다니며 지주들을 만났고, 가난한 이웃들에게 땅을 내주도록 설득하여, 스코틀랜드만 한 거대한 토지를 헌납받았다.

비노바는 평생 동안 인도의 정신적 전승에 관한 연구는 물론, 세계의 큰 종교들의 거룩한 전승에 대한 연구에 정진하였고, 그의 사회적 활동은 그러한 연구에 기초한다.

비노바의 평전을 쓴 칼린디는 이렇게 말했다. 그는 흔들림 없는 확고한 신념을 가지고 비폭력을 실천하고, 영성을 추구하며, 간직해 온 사랑의 힘으로 내적인 삶과 외적인 삶을 두루 살았노라고. 이 책에서 나는 자기 자신에게 철저한 삶을 살면서도 사회의 모순과 억압을 지혜와 사랑의 혁명으로 걸어 낸 비노바의 삶을 보았다. 그가 죽은 지가 불과 30여 년 전이라는 사실이 나를 가슴 뛰게 만들었다. 과거 속 인물이 아니라 오늘 나와 같은 동시대를 살다 간 그와 마주하면서 나는 정신을 바짝 세웠다. 수행자의 길은 무엇인가. 지혜와 자비, 비움과 나눔으로 개인과 사회를 껴안고 수레의 두 바퀴로 역사의 한복판을 횡단하는 길이 아닌가. 이렇게 비노바는 내게로 다가왔다.

비노바 바베 평전의 부제는 '명상과 혁명'이다. 명상과 혁명이라니, 실로 가슴 뛰는 이상이 아닌가.

가장 낮은 곳에서 가장 높아지다
비노바 바베 2

어느 봄날 소년 싯다르타는 아버지 숫도다나 왕과 함께 농촌 풍경을 보게 된다. 그곳에서 싯다르타는 큰 충격을 받는다. 작렬하게 내리쬐는 뙤약볕 아래 보습을 끌고 가는 소가 거친 숨을 몰아쉬고, 농부는 뼈가 앙상하게 드러난 소의 등짝을 채찍으로 내리친다. 농부도 소도 자기 한 몸을 끌고 가기에도 힘에 부치는 상황이다. 흙 위에 보습이 지나가면 벌레들이 몸을 드러내고 더러는 날카로운 날에 몸이 찍히기도 한다. 새들은 또 그런 벌레를 날쌔게 낚아채 잡아먹는다. 모든 생명은 저마다 살고자 하는데, 살기 위해서 또 누군가를 부리고 잡아먹는 것이다. 싯다르타는 모든 생명은 왜 그래야만 하는가, 라는 모순을 발견한다.

눈을 돌려 인간의 삶을 보자. 사제계급 브라만과 귀족계급 크샤트리야는 일하지 않고 군림한다. 노동자인 바이샤들은 죽도록 일을 한다. 일하지 않는 자가 힘들게 일하여 얻은 노동의 결실을 세금으로 과도하게 걷어간다. 죽도록 일하고도 굶주려야 하는 모순, 누군가는 괴롭히고 누군가는 괴로움을 당하는 모순. 싯다르타는 그것을 똑똑히 보았고 정직하게 물었다. 왜 이래야만 하는가. 길은 없는가. 모두가 고통을 소멸하고 기쁨을 누리는 세상은 없는가. 그래, 그런 길을 찾자. 그래서 싯다르타는 이 세상에 출현할 때 이렇게 선언한다. "하늘 위 하늘 아래 내가 존귀하다. 모든 생명이 고통에 있으니 내가 이들의 고통을 소멸하리라." 그리고 그는 평등을 선언하고 자애를 실천한다. 계급을 원천적으로 부정하고 누구에게나 해탈과 복된 삶이 열려 있음을 실천하고 증명해 보였다.

세상의 길은 이렇게 열린다. 생명의 고통에 아프고 눈물 나는 연민과 자애의 가슴에서 희망의 길, 성스러운 길이 만들어진다. 명상과 혁명의 보살 비노바 바베의 길도 싯다르타처럼 이웃의 고통을 바라보며 연민을 느끼는 데서 출발한다. 어느 날 비노바는 동생 발코바와 함께 아쉬람에서 '차마 외면하지 못하는' 불인지심不忍之心을 경험한다.

> 내가 하리잔의 일과 인연을 맺은 것은 아주 오래 전의 일이었고, 사바르마티 아쉬람에서 시작되었다. 그 아쉬람 초기에는 분뇨를 치우는 사람이 따로 고용되었고, 그들에게 노동의 대가를 지불하였다. 분뇨 치우는 사람의 우두머리가 세상을 떠나자 아들이 그의 일을 물려받았다. 한번은 이런 일이 있었다. 그의 아주 어린

아들이 분뇨가 가득 찬 통을 들에 있는 구덩이로 옮기고 있었다. 분뇨통이 어찌나 무거웠던지 제대로 다룰 수가 없었던 꼬마는 그만 울음을 터뜨리고 말았다. 내 동생 발코바가 그 울음소리를 듣고 가엾게 여겨 달려가 그 아이를 도와 주었다. 후에 발코바가 나에게 와서 자신이 분뇨 치우는 일을 맡겠다면 허락하겠느냐고 물었다. 나는 이렇게 대답했다. "그거 좋은 생각이로구나. 그 일을 맡도록 해라. 그러면 나도 도울 테니."
나는 그와 함께 이 일을 시작하였고, 수랜드라도 우리의 일을 거들었다. 그래서 분뇨 치우는 일이 시작되었다.

비노바 형제는 무거운 분뇨통을 이기지 못하고 울음을 터뜨리는 하리잔 소년에게 안쓰러움과 고통을 느낀다. 고통에 대한 감수성은 바로 대승보살의 동체대비同體大悲이다. 비노바의 훌륭함은 이웃의 고통이 자신의 가슴에만 머물지 않고 손과 발로 옮겨졌다는 것에 있다. 그 길은 고통을 함께하고 나누는 자애의 손길이었고 차별을 걷어 내고 나란히 걷는 평등의 발길이었다. 어느 시인이 말했다. "나는 오직 발바닥 사랑만을 믿는다." 또 비노바는 분뇨 치우는 일을 대물림하는 하리잔 소년에게서 세상의 모순을 발견했다. 인간의 가장 어리석음은 생명에 대한 편견과 차별임을 알았다. 그리고 거듭 다짐했다. 세상 사람들의 잘못된 눈을 올바른 곳으로 눈 뜨게 하자고. 그리고 신분이 낮고 낮아서 생명의 존엄이 낮아지고, 먹고 입고 잠자는 것마저 바닥을 드러내고 허덕이는 하리잔들에게 높고 높은 생명의 존엄을 회복시켜 주자고. 그 길은 먼저 '먹고 사는 일'을 해결하는 일에서 시작하자고 말이다.

간절한 발원에는 감응이 있는 법, 하리잔들이 먹고 살기 위하여 필요한 땅을 헌납하는 부단 운동은 어느 날 포참팔리 마을에서 이루어진다. 포참팔리 마을의 하리잔들은 비노바에게 와서 80에이커의 땅만 있으면 마을 사람들이 농사를 지어 생계를 꾸려갈 수 있다고 호소한다. 비노바는 그 말을 듣고 다짐을 받는다. 내가 주 정부에 탄원해서 땅이 얻어지면 반드시 공동 경작을 해야 한다고 말이다. 그때 비노바의 옆에 있던 쉬리 라마찬드라 레디라는 사람이 제안한다. "내가 여러분에게 100에이커를 내놓겠소." 그때 비노바는 이루 말할 수 없는 감동을 받는다. 사람들은 땅 때문에 살인을 저지르고 재판을 걸기도 하는데, 무상으로 땅을 헌납하다니. 그것은 계시이며, 사랑으로 감동을 받으면 사람들은 땅까지도 나눌 수 있다는 것을 알았다.

이후 비노바는 지주들에게 호소한다. 당신들의 땅 가운데 육분의 일을 헌납해 주라고, 하리잔들이 당신의 여섯 번째 자녀라고 생각하면서 땅을 나누라고 간절하게 그리고 당당하게 말한다. 이후 부단 운동은 마침내 스코틀랜드만 한 땅을 헌납받는 결실을 맺는다.

나는 조용히 생각한다. 지주들이 왜 선뜻 땅을 기부했을까. 우리 역사에서도 일제강점기의 소작쟁의, 해방공간의 시기를 거쳐 이승만 정권에서의 갈등과 실패로 끝난 토지 배분 문제가 있다. 당시 대한민국이 법과 정치적 합의로 이루어 내지 못한 토지 문제를 어떻게 비노바는 이루어 낼 수 있었을까. 그의 이념과 논리가 탁월해서일까. 일부는 그럴 것이다. 그러나 그보다는 비노바의 생각과 삶에서 감동을 받았을 것이다. 최소한의 소유에도 자유롭고 이웃에게 헌신하는 비노바의 모습이 지주들의 마음속 깊이 심어져 있는 자애의 창문을 열었던 것이다. 진정한 혁명은 이렇게 한 개인의 전인적 삶에서 출발하고 이루어진다. 모든 혁명은 '나부터'임을 비노바는 증명해 보였다.

그러나 이러한 성과만으로 비노바의 위대함을 말하는 것은 부족하다. 부단 운동에서 그는 근·현대사회에서 말하는 노동운동이나 사회운동과는 또 다른 분명한 관점을 제시한다. 진정한 나눔은 무소유와 평등, 무욕과 높은 정신의 차원에서 이루어져야 한다는 것이다. 비노바의 실천은 사회운동과 종교적 실천이 일치되어 있다.

> 나는 이 토지헌납운동을 '야즈나' 즉 신께 바치는 예물이라고 불렀다. 그것은 결코 초라한 예사 예물이 아니다. 나는 사람들을 감동시켜 땅을 내놓도록 만드는 위대하고 선한 뜻을 목격하였다. 분명 이것은 우리 시대에 벌어진 진정으로 위대한 일이 아니겠는가. 어디에 가든 나는 이 점을 분명히 하려고 노력했다. 만일 땅을 내놓는 자들이 가난한 자들에게 호의나 베푸는 듯이 생각하면서 선심을 쓰는 마음으로 헌납한다면 내가 희망하는 좋은 결과는 이루어지지 않으리라는 것이다. 모든 인간은 공기와 물과 햇빛을 누릴 수 있는 권리를 가지고 있듯이 땅을 누릴 수 있는 권리를 가지고 있다. 땅을 가지지 못한 사람이 존재하는 한 개인이 필요한 것 이상으로 땅을 차지하는 것은 잘못이다. 그가 땅을 내놓을 때는 그 스스로 잘못된 것을 바로잡고자 하는 마음으로 내놓아야 한다. 내가 누차에 걸쳐서 이야기했듯이 토지헌납운동의 정신은 바로 이런 것이다. 만일 땅을 내놓으면서 허영된 마음이나 권력을 위해서 땅을 내놓는다는 기미가 터럭만큼만 있어도, 나는 그것을 받지 않았다. 다른 것들을 희생시키면서 수단과 방법을 가리지 않고 땅을 모아들일 생각은 추호도 없었다.

『금강경』과 대승경전은 곳곳에서 말한다. 진실한 보살은 '생각'에 잡혀 있거나 갇혀 있지 않는다. 나쁜 생각도 품지 않아야 하고 설령 좋은 생각과 실천이라도 주는 자는 우월한 위치에 있고 받는 자는 열등한 위치에 있는 자라는 생각을 품지 말라. 그리고 모든 것들이 '본래 있지 않음'을 통찰한다면, 그렇게 확연하게 통찰한 사람은 '내 것'이 본래부터 있지 않음을 알게 될 것이라고. 그것을 알면 헛된 꿈과 소유를 벗어나 자유로울 것이라고 말한다. 나아가 보살은 개인의 무욕과 평온에도 갇히지 않고 이웃에게 눈길을 주고 손을 잡아 함께 나아가야 한다는 것도 말한다. 비노바는 대승보살의 길을 실천했다. 과욕과 허영을 비우면서도 함께 나누고, 그 나눔을 통해서 거듭 개인이 성숙하고 성장하는 대승보살의 발바닥 수행을 행동으로 옮긴 것이다. 비노바는 진정한 혁명, 진정한 수행을 이렇게 말하고 있다.

> 혁명은 단순히 변화만을 의미하는 것은 아니다. 진정한 혁명이란 근본적인 변화, 가치관의 변화를 의미하며, 그러한 변화는 평화적으로만 일어날 수 있는 것이다. 왜냐하면 그러한 혁명은 생각의 영역 속에서 일어나는 것이기 때문이다. 이 원칙이 나의 모든 사고의 기초였다. 따라서 모든 실험들은 이런 기초에서 이루어졌다.

달마 대사 이후 선종의 많은 수행자들이 스승에게 묻는다. "무엇이 진정한 부처입니까?" 눈 밝은 스승이 답한다. "바로 눈앞에 있는 그대 마음이 곧 부처이다." 『유마경』에도 비슷한 대목이 있다. "보살의 정토가 어디입니까?"라는 물음에 유마 보살이 답한다. "중생이 살고 있는 그곳이 보살의 정토입니다."

　　이렇게 오늘의 길은 이미 아주 오래 전에 있었다. 아주 오래 전에 있었던 그 길, 지금도 있는 길을 우리는 그만 잃었다. 길이 갑자기 사라져버린 것은 아니다. 길은 그대로 늘 있다. 다만 우리가 헛된 꿈을 꾸고, 헛된 꿈이 눈을 가리니 길이 보이지 않을 뿐이다. 그 헛된 꿈의 정체는 무엇인가. 그리고 그 헛된 꿈에서 어떻게 깨어나야 하는가. 헛된 꿈의 정체는 비노바가 말한 대로 '잘못된 가치'이다. 잘못된 가치는 무엇인가. 모든 생명의 자연스러움을 거역하는 것이다. 생명의 자연스러움은 굶주림에서 벗어나 넉넉한 밥을 나누는 것이고, 무시와 멸시를 벗어나 사랑과 기쁨을 나누는 것이다. 모든 혁명은 이렇듯 마음의 성찰과 반성에서, 생명가치의 존중에서, 그리고 나부터의 실천에서 이루어진다.

　　비노바는 그렇게 살았다. 비노바는 사람 속에서 보살의 길을 걸었다. 비노바는 가장 낮은 곳에서 정신이 높아지는 보살의 길을 걸었다. 비노바의 삶은 사람 속으로 걸어 나온 대승경전이다.

나는 오늘도
출가한다

그리하여 오늘 나는 대학을 그만둔다. 아니, 거부한다. 더 많이 쌓기만 하다가 내 삶이 한번 다 꽃피지도 못하고 시들어 버리기 전에. 쓸모 있는 상품으로 '간택' 되지 않고 쓸모없는 인간의 길을 '선택' 하기 위해. 이제 나에게는 이것들을 가질 자유보다는 이것들로부터의 자유가 더 필요하다. 생각한 대로 말하고 말한 대로 행동하고 행동한 대로 살아내겠다는 용기를 내련다.

(2010년 3월 10일 김예슬)

사람의 죽음은 피할 수 없는 것인데도 사람들은 죽음의 두려움은 저만치 던져 버리고 흥겨워한다. 사람들의 마음은 참으로 무디구나. 죽음의 길에 있으면서도 태평하구나. 무지 때문에 오는 불안에서 벗어나 안온한 평화를 얻기 위하여, 욕망 때문에 겪는 괴로움에서 해탈하기 위하여 나는 출가하고자 한다.

(기원전 590년 즈음 싯다르타)

새벽 예불을 마치고 뜰을 거닐며 무심히 하늘의 별들을 바라본다. 순간, 날 선 생각 한 줄기가 등짝에 내리꽂힌다. 너무도 많이, 느슨해지고 희미해지고 무디어지고 녹슬고 비틀어져 버렸구나. 과분한 평판과 존경으로 내 이름과 얼굴이 덧칠해졌구나. 지금 내가 서 있는 자리, 초심에서 얼마나 벗어나 있는가. 열여섯 살 출가 시절의 순수한 열정과 지조는 어디에 있는가. 깊은 회한에 목이 잠기고 가슴에 참회의 눈물이 솟는다. 어느덧 지천명을 넘긴 나이, 삶이 초라하고 누추하다. 그래서인가, 그날은 하루 내내 출가와 초심이라는 화두를 잡았다. 나는 왜 출가했는가. 출가 이래 내 수행은 올바르고 부끄럽지 않았는가. 다시 어떻게 빛바랜 출가 정신을 바로 세울 수 있는가.

서가에서 작은 문고판 책 한 권이 눈에 들어온다. 『김예슬 선언』이다. 표지에는 이런 선언이 박혀 있다. '오늘 나는 대학을 그만둔다, 아니 거부한다.' 내가 청년 김예슬에게 이 책을 받은 것은 2012년 어느 봄날이다. 그리고 김예슬이 다니던 대학을 '버린' 날은 2010년 3월 10일이다. 그러니까 내가 그에게 책을 받은 시기는 그가 '출가 수행' 2년을 맞는 때였다. 왜 대학을 스스로 버리고 '생명·평화·나눔'을 기치로 내건 사회단체 '나눔문화' 연구원으로 활동하는 그를 '출가 수행자'라고 부르는가. 그것은 분명한 출가이고 수행이기에 마땅히 그리 부르는 것이다. 불교와 가톨릭 교단에 입문하여 독신으로 살면서 교리를 공부하고 명상과 기도하는 것만이 출가이고 수행은 아니다. 우리나라는 물론 전 세계에서 제도권의 기성 종교에 입문하지 않고 수행하는 출가자가 많이 있다. 싯다르타와 이 땅의 수많은 김예슬이 시대의 수직적 직렬에서, 지금 여기라는 현재적 삶의 병렬로 돌려 세우며 출가 정신과 초심이라는 화두를 참구한다.

무엇을 '출가'라고 하는가. 출가는 살던 집을 버리고 떠나는 결행을 말한다. 어떤 집에서 나와야 하는가. 속박과 갈등의 집, 다툼과 상처가 가득한 집, 소수의 강자가 다수를 억압하고 군림하는 집, 돈의 가치가 생명의 가치에 우선하는 집, 감각적 쾌락에 탐닉하는 집, 그리고 무엇보다도 이런 것들에 묶여 있으면서도 묶여 있는 줄을 모르고 알면서도 영원한 자유와 평화를 찾지 않는 사람들이 사는 집이다. 이런 집에서는 불안하고 답답하고 생기 없는 삶이 있을 뿐이다. 일상생활을 하는 집을 떠나는 것만을 출가라고 할 수 없다. 헛된 꿈을 꾸며 이기적 욕망이 질주하는 트랙의 출발점에서 과감하게 벗어나는 것을 출가라고 한다. 그래서 싯다르타의 출가를 '위대한 포기'라고 한다. 부처님 제자 우바리 존자는 출가자의 길을 이렇게 안내한다. "굳센 믿음으로 허망한 욕망을 버리고 일찍이 발심發心한 젊은 출가자들은 영원한 것과 영원하지 않은 것을 똑똑히 분간하면서 걸어가야 할 길만을 고고하게 걸어서 가라."

그럼 청년 김예슬은 대체 이 시대의 무엇이 그리도 답답하고 혐오스러워 많은 이들이 선망하는 명문대를 거부했는가. 그는 오늘의 대학이 진리도 우정도 정의도 없기 때문이라고 한다. 돈 많이 주는 직장, 안정적인 정규직에 취업하는 것만이 꿈이 되어 버린 젊음이 억울해서라고 한다. 나에게 뒤처진 친구를 바라보며 안심하고 나를 앞서 간 친구를 보고 불안해한다. 우정을 나누지 못하고 경주마가 되어 경쟁의 트랙을 질주하는 자신이 서글퍼서 대학을 버린다고 한다. 국가와 기업과 공모하여 자격증 장사꾼이 되고 취업 학교로 전락하고도 부끄러움을 모르는 대학과 교수에게서 희망을 찾을 수가 없어서 대학을 거부한다고 한다. 그는 많은 젊음을 대신하여 항변한다. 스무 살이 되어서도 꿈을 찾는 게 꿈이어서 억울하다고. 그는 시대에 선고한다. 자유는 두려움에 팔아넘기고, 정의는 이익에 팔아넘겼다고.

생각해 보니 오래 전 싯다르타가 그랬다. 당시 세상은 소수의 독식을 정당화하는 신화와 종교 속에서 계급이 만들어지고, 다수의 평민과 노예들의 지독한 노동의 대가로 소수의 사람들이 안락을 누렸다. 싯다르타는 이러한 끔찍한 모순과 부정을 혐오하여 출가를 결행했다. 생로병사의 유한적 삶이 목을 조르고 있는데도 감각적 쾌락에 매몰되어 서로 싸우고 정복 전쟁을 일삼는 그런 세상을 버린 것이다. 아닌 것은 아니라고 선언하고 새로운 길을 찾아 왕궁의 담을 넘은 것이다. 싯다르타가 그랬듯, 출가는 곧 부당하고 불온한 현재의 삶을 회의하고 의심하고 저항하고 탈출하는 결단이다. 석가모니와 예수, 소크라테스와 공자를 지고의 정신적 경지에 이른 성인으로만 규정할 수 없다. 그들은 당대를 저항하고 새 길을 찾고 증명해 낸 대안운동가이다. 김예슬은 말한다. "살아 있다는 것은 저항하는 것이라고, 저항하지 않으면 젊음이 아니라고."

또 무엇을 '수행'이라고 이르는가. 염불과 찬송이 수행인가. 기도와 불공이 수행인가. 참선과 묵상이 수행인가. 교리 공부와 설교가 수행인가. 사원과 교회에서만 행하는 실천이 수행인가. 그렇기도 하고 그렇지 않기도 하다. 청년 김예슬이 말한 대로 진리와 자유, 정의와 우정이 담겨 있으면 모든 종교적 실천 행위가 수행이 되고 그렇지 않으면 성스러움으로 치장한 허울뿐이다. 설령 사원과 교회를 벗어나 종교적 의례와 수행법이 아니더라도 진리와 자비가 실리면 모든 행위는 수행이라고 할 수 있다.

수행은 대안 운동이다. 대안은 '그름'을 물리고 '바름'을 앉히는 일이다. 오염된 마음을 걷어 내고 청정한 마음을 모시는 일이다. 무한 소유와 소비에서 살아가는 재미를 느끼기 보다는 절제와 나눔에서 정신을 성숙시키고 성장하면서 삶의 의미와 보람을 찾는 일이 수행이다. 서로를 착취하는 경쟁에서 서로에게 도움이 되는 상생으로 사는 일이 수행이다. 그래서 부처님은 바름을 실현하고 세상 사람에게 쉼과 깸을 주기 위해 출가 승단을 만들었다. 그 속에서 비움과 나눔을 실천했다. 부처님처럼 청년 김예슬은 '나눔문화' 공동체에서 인문 '학'이 아닌 인문 '삶'을 꿈꾸고, 자기 삶의 주인으로서 사람 중심의 세상을 가꾸어 가며 수행하고 있다.

그가 꿈꾸는 대학은, 세상은 무엇일까. 『김예슬 선언』의 말미에서 이렇게 다짐하고 있다.

> 자기만의 아름다움을 가꾸며 적은 소유로 기품 있게 사는 법을 익힌다. 우정과 사랑의 기쁨을 누리고 슬픔과 고통을 다루는 삶의 기술을 배운다. 묵직한 고전을 읽고 신문뉴스를 분석하고 그것을 삶에 곧바로 적용시켜 나간다. 월드 뮤직을 듣고 다른 문화

를 탐구하며 글로벌한 마인드를 키운다. 힘없는 사람들과 불의한 현장에 함께하고 전쟁을 반대하는 평화행동을 한다. 국경 너머 굶주림과 분쟁현장에 작은 평화를 나누는 마음을 기르고 실천한다. 종교의 틀을 넘어 경전을 묵상하고 마음을 맑게 하며 수행 정진한다.

부처님의 생애와 청년 김예슬의 선언을 읽고 나서 나의 출가 초심을 돌아본다. 또 내 곁의 많은 사람들, 지금껏 나를 돕고 있는 벗들의 은덕을 새기면서 수행을 점검한다. 옛 스님들이 경책했다. 출가는 수시로 거듭거듭 하는 것이고 수행은 지금 여기서 나부터 실천하는 것이라고. 그릇된 사고를 버리고 타성에 젖은 습관을 고치는 일이 출가이고 수행이기에 그럴 것이다.

　『김예슬 선언』 표지 다음 장에는 그가 손글씨로 몇 마디 글을 남겼다. "법인 스님께. 진리의 등불 사람의 등불 밝혀 든 스님의 걸음 따라 한 청년이 걸어갑니다. 오직 사랑으로, 삶으로 살아나가겠습니다. 늘 건강만 하세요."

　그렇겠구나, 그리해야 하겠구나. 그게 우리 모두의 길이겠구나. 진리, 사람, 사랑으로, 그리고 오직 삶으로 증명해야 출가이고 수행이겠구나. 그러므로 오늘도 나는 출가한다.

오늘의 길은 이미 아주 오래 전에 있었다.
아주 오래 전에 있었던 그 길,
지금도 있는 길을 우리는 그만 잃었다.
길이 갑자기 사라져버린 것은 아니다.
길은 그대로 늘 있다.
다만 우리가 헛된 꿈을 꾸고, 헛된 꿈이 눈을
가리니 길이 보이지 않을 뿐이다.

간디의 일곱 가지
사회악

내가 석가모니 부처님과 마하트마 간디를 처음 만난 것은 초등학교 4학년 시절이다. 선생님이 성웅 이순신, 플루타르크 영웅전, 나폴레옹, 칭기즈 칸, 흥부전, 사랑의 학교, 구약 이야기 등 이른바 동서양 고전 책들을 한아름 건네 주셨다. 당시 '전국자유고전교양대회'를 대비해 평소 글쓰기에 소질이 있다고 생각한 학생들을 모아 독서훈련을 시킨 것이다. 처음에는 전쟁 영웅이야기에 흠뻑 빠졌는데 곧 흥미를 잃었다. 어린 눈에도 주인공을 중심으로 정의와 불의, 선과 악을 나누는 뻔한 구도가 보여 식상했다. 계백 장군을 읽으면 신라가 나쁜 나라가 되고 김유신과 관창을 읽으면 백제가 나쁜 나라가 되었다. 짐작컨대, 훌륭하고 바른 기준이 없는 모호한 판단에 일종의 저항감을 느꼈던 듯하다.

그러던 중 석가모니의 전생 설화와 일대기를 읽게 되었다. 참으로 신선했다. 처음으로 금빛 찬란한 옷을 입은 '불상'이 아닌 인간의 옷을 입은 부처님이 내게로 다가왔다. 추위와 굶주림으로 곧 죽게 되는 호랑이 새끼들을 살리기 위해 기꺼이 자신을 먹이로 내어 주는 등 석가모니의 전생의 구도 이력은 온통 자신의 온몸을 공양하여 이웃을 살리는 헌신이고 상생이었다. 그리고 진리의 한 구절을 듣기 위해 나찰(악귀)에게 기쁘게 몸을 던지는 구도의 열정을 보면서 진리란 대체 무엇이기에 목숨까지 던지는 것일까, 하고 의문을 품게 되었다.

세상 속으로 오신 부처님은 더욱 경외감이 들었다. 신비한 도술과 기적이 아닌 고행과 깨침, 헌신과 설득으로 당시의 사람들을 감동시켰고 희망의 길을 열어 준 부처님이었다. 특히 세상의 모든 강물이 바다에 이르면 하나의 짠맛이 되듯이 불법에서는 신분과 계급이 소멸되고 평등하다는 선언은 더없는 감동을 주었다. 마을의 물 싸움을 중재하는 부처님, 똥을 치우는 불가촉천민 니디에게 '너는 결코 더럽거나 천하지 않다. 마음이 청정하면 신분에 관계없이 고결한 사람이다'고 위로하고 손을 잡아 주는 부처님을 대하고 어린 소년은 가슴에 연모와 존경을 갖게 되었다.

석가모니 부처님의 삶에 감동을 받고 흠모하고 있던 중 간디를 만나게 되었다. 먼저 간디가 부처님과 같은 나라인 인도사람이라는 것이 신기했다. 그때 읽은 위인전 『마하트마 간디』는 연대기적으로 구성되었는데, 나는 소년시절의 간디에게 흠뻑 빠졌다. 그러나 그것은 소년 간디가 다른 위인들에게서 흔히 보는 비범한 재능과 특출

한 행동 때문이 아니었다. 오히려 내가 만난 소년 간디는 지극히 평범했다. 소심하고 겁이 많았으며 그 또래 아이들에게서 볼 수 있는 일탈도 저질렀다. 어른들 몰래 담배를 피우고 하인들의 주머니를 뒤져 동전을 훔치기도 한다. 친구들의 꼬임에 빠져 부모 몰래 일 년 동안 육식을 하기도 한다. 그러다가 열다섯 살 때 형의 주머니에서 금화를 훔치고 나서 죄책감에 시달린다. 많은 날을 괴로워하다가 마침내 아버지에게 고백의 글을 바친다. 간디는 그때 아버지의 소리 없는 눈물에 큰 충격을 받는다. 소년 간디는 가슴 깊은 곳에서 솟아오르는 죄책감을 느끼고 반성하고 새로이 태어난다. 소년 간디에게서 내가 받은 감동은 '진실'이고 '용기'였다. 그리고 '희망'이었다. 거짓 없는 진실한 회심, 다시는 잘못을 저지르지 않고 오로지 자신에게 정직하게 살아가는 결단, 그리하여 지극히 평범한 사람이 훌륭한 인격과 실천을 겸비하여 위대한 사람으로 탄생한 '사실'의 기적이 나의 가슴을 흔들었다.

그 뒤 인권과 인도 독립을 위해 활동한 지도자 간디의 아힘사와 사티야그라하의 위대한 정신과 실천에 큰 감동을 받았다. 그것은 정치나 전쟁영웅 이야기에서 느낄 수 없는 전혀 다른 세계였다. 나는 그때 어렴풋이 알았던 것 같다. 부처님과 간디, 나폴레옹과 칭기즈 칸, 한 세상 속에서 다른 세계가 존재하고 있다는 것을, 투쟁과 승리가 정의가 되는 세계보다는 자비와 평화로 함께 살아가는 세상이 아름답고 옳은 길이라는 것을 조금은 깨달은 것이다.

내가 출가하고 경전 공부를 하면서 고심하고 끈질기게 추구하는 것은 가르침의 진정한 핵심과 의도를 현실에 적용하는 것이다. 이를 위한 방편의 개발과 실천을 확장하는 문제를 끊임없이 고민하고 있다. 대승불교는 지혜와 방편을 양 날개로 하는 자비의 실천이기 때문이다. 보살의 정토는 중생이 살아가고 있는 국토이고, 중생을 기쁘게 하는 일이 부처님에게 공양하는 일이라는『화엄경』의 말씀을 곰곰이 사유하던 어느 날, 문득 간디가 갈파한 '일곱 가지 사회악'이 머리를 스쳤다. 중생의 마음과 일상에 진정한 해탈과 평안이 깃들기 위해서는 사회가 청정하고 공정하지 않으면 안 된다. 마음이란 세상의 작은 일 하나하나와 관계되는 것이기 때문이다. '진리가 곧 하느님이다'라고 말한 간디는 종교는 물론이고 정치와 경제 과학 등 모든 영역에서 진리가 전제되고 실현되어야 한다고 믿었다. 그리고 진리의 실현을 위해 온몸을 바쳐 살았다. 올바른 사회와 개인의 행복 실현은 진리의 토대 위에서 이루어진다.

간디가 말한 '일곱 가지 사회악'은 이렇다. 원칙 없는 정치, 일하지 않는 부의 축적, 양심 없는 쾌락 추구, 개성 없는 지식 축적, 도덕성 없는 통상 교역, 인간성 없는 자연과학, 그리고 자기희생 없는 종교라고 갈파했다. 오늘날 우리 사회의 모습을 돌아보게 하는 말이다. 이것은 당시 식민 통치를 받고 있는 인도의 입장에서 세계 여러 제국주의 국가와 사회의 부조리한 현실을 생생하게 경험하고 통찰한 결과다.

그러나 이 말은 지금도 여전히 인류평화와 공존의 나침반이다. 오늘날 우리 사회는 각 분야에서 방향과 지향점을 상실하고 있다. 아니 잘못 가고 있다. 특히 양심과 진리와 정의를 가장 핵심으로 구현해야 할 종교인과 지식인이 길을 잃고 있다. 간디는 '자기희생 없는 종교'가 사회악이라고 했지만 우리 사회는 지금 자기희생은 그 만두고 종교의 존재 이유마저 의심 받고 있다. 오늘 한국사회는 도덕과 윤리가 실종된 종교, 교세 확장에 열 올리는 종교, 자본과 신도 숫자를 담보로 정치하는 종교가 판을 친다. 종교가 사회에 봉사하는 것이 아니라 사회가 오히려 종교를 걱정하는 서글픈 현실을 맞고 있다. 간디가 '일곱 가지 사회악'에서 걱정하고 경계한 것은 우리 사회의 모든 분야에서 철학과 진리를 토대로 하지 않으면 존재의 목적을 상실할 수 있다는 것이다.

왜 우리 삶에서 철학과 진리가 토대가 되고 궁극의 목적이 되어야 하는가. 그것은 존재의 이유에 대한 물음이고 답이며 인간이 살아가는 공동체에서 참되고 선하고 아름다운 것의 실현이기 때문이다. 정치, 경제, 학문, 과학, 문화, 종교 등은 이름은 달라도 곧 인간이 살아가는 다양한 삶의 방식이고 행위이다. 그러므로 정치와 경제, 종교의 목적은 인간 모두의 평화와 행복에 있고 이를 성취하려면 진리의 실천만이 유일한 길이라고 간디는 갈파하고 있는 것이다. 간디의 이러한 발상과 신념은 당연한 것 같지만 기존의 개념에서 '아주 큰 전환'이다.

지금 우리 사회의 모습은 어떠한가. 동반 성장을 염두에 두지 않고 끝없는 이윤의 극대화만을 추구하는 신자유주의 세계에서 돈이 인간을 밀어내고 있다. 국가, 대기업, 대학, 병원, 종교가 공모하여 부의 축적과 외형의 성장을 추구하고 있다. 간디가 경고한 일곱 가지 사회악은 여전히 염려스러운 현재라고 할 수 있다. 그러므로 이제는 모두가 좋은 세상을 만들기 위하여, 진리가 곳곳에서 실현되기 위하여, 모든 분야에 시대에 부합하는 수식어를 부여해야 한다. 모든 사람이 상생하는 정치, 노동자가 행복한 경영, 사회를 변화시키는 학문, 인간과 자연의 공존을 추구하는 과학, 쉼과 깸을 주는 종교를 추구해야 한다.

간디는 인도의 독립, 정치, 종교의 운동에서 한결같은 진실, 비폭력, 불살생, 성찰, 참회, 헌신, 관용, 사랑이라는 진리를 실천했다. 그는 진리를 경전과 사원에 가두어두지 않았다. 대승경전은 말한다. 세상이 정토이고, 부처가 출현하지 않은 땅이 없으며, 어느 것 하나 불사佛事가 아닌 것이 없다고.『화엄경』은 곳곳에서 말한다. 이 세상 모든 것들은 그물망으로 촘촘히 관계하면서 주고받는 사이라고, 존재 그대로가 청정 법신法身이라고. 그렇다면 간디는 삶의 그물망을 건강하게 만들고자 하는 시선과 실천의 확장이라고 할 수 있다.

모든 것은 그것 하나로 서 있지 않다. 나무가 산에 의지하여 있고, 산은 나무에 의지하여 있다. 산과 나무는 바람과 햇볕, 물과 미생물과 함께 살아가고 있다. 그러므로 오로지 그것 하나만 살고자 하면 하나도 온전하게 살 수 없다. 내 곁의 것들이 건강하게 살아야 내가 살 수 있다. 자연의 생태계가 그러하듯이 인간이 살아가고 있는 사회의 생태계 또한 그러하다. 서로가 서로를 의지하여 살아가는 사회 생태계의 그물망이 서로가 건강해야 인간 개개인의 마음이 청정하고 평화로울 수 있다.

　　간디는 평생을 참회와 사색, 청빈과 자애로 자신을 담금질하고 성숙시키는 수행자로 살았다. 또 간디는 진리의 정신과 가치를 사회 전반에 실현하고자 노력했다. 간디는 '마음이 청정하면 국토가 청정하다'는 일방의 이치에만 머무르지 않았다. 그는 '국토가 청정하면 마음이 청정하다'는 신념으로 사회적 실천과 수행을 일치시키고자 정진한 보살이었다. 우리사회 구성원의 건강한 공존을 위해, 우리 국토와 우리 마음의 청정함을 위해 일곱 가지 사회악을 제거해야 한다. 다시 간디를 생각하며 우리사회의 불행을 제거하기 위해 실천해야 할 가치와 행동들을 하나하나 짚어 본다.

새롭게 출발하는
부부를 위한 6가지 생각

지망없이 행복한 예비 신랑, 원민 군에게

결혼식을 임진년 7월 8일 거제도에서 한다는 반가운 소식을 들었네.
축하인사를 들떼놓고(꼭 바로 집어 말하지 않고) '뭐 그렇게 험난한 고행
의 길을 가려하느냐'며 역설적으로 건넨 기억이 있네. 이 뜻 깊고 특
별한 날에 자네에게 줄 선물을 톺아보며(샅샅이 더듬어 가면서 살피며) 고
민했다네. 축의금, 다구, 책, 그림 등 많은 것을 생각해 보았지만 그
리 마땅치가 않았네. 내 마음을 담은 그 무엇을 주고 싶은데……. 그
래서 자네가 하는 일을 생각해 보니, 지금 사회복지 일을 하고 있더
군. 그래서 자네가 지금 하고 있는 일에 걸맞은 의미를 얹어 주는 선
물이 좋겠다는 생각이 들었다네. 문득 떠오른 게 『유마경』의 말씀이

었네.『유마경』「불국품」은 대략 다음과 같은 요지로 보살의 길을 말하고 있다네.

중생의 국토야말로 보살이 추구하는 부처님 나라이다. 허공에 집을 지을 수 없듯이 우리들의 평화와 행복의 이상세계는 중생이라는 삶터를 떠나서 이룰 수 없는 것이다. 그렇다면 그러한 불국토는 어떻게 이루어지는가. 정직한 마음씀이 불국토이다. 자기 삶을 정화하고 성숙시키는 수행이 불국토이다. 그리고 비움과 나눔, 자기 삶의 질서를 세우는 일, 선행을 실천하는 일, 인내하고 온유한 일상의 삶, 자비심의 실천이 불국토이다.

잘 알다시피『유마경』의 주인공인 유마 거사는 세속의 사람이네. 세속에 살지만 욕망과 번뇌에 집착하지 않으면서 맑고 자유로운 삶을 살아가는 재가불자이지. '중생이 아프기 때문에 보살이 아프다'고 하며 큰 연민과 자애로 이웃의 행복을 위해서 다양한 방편행을 몸소 실천하는 대승보살이라네.

원민 군.

세속은 결혼이라는 의식을 통해서 사람과 사람이 만나 가정을 이루고, 희비와 고락을 함께 겪으면서 살아가는 삶터라네. 다시 말해 중생의 국토인 게지. 그러기에 안락과 행복은 희비와 고락이 함께 있는 삶터에서 씨 뿌리고 꽃 피우며 열매가 맺어지는 것이라네. 안락과 행복은 그저 애틋한 감정으로만 이루어지는 것이 아님을 알고 있겠지? 서로의 부단한 노력으로 이루어진다네. 그렇다면 모듬살이(사회생활)의 가장 근원을 이루는 가정이야말로 수행과 보살행을 실천하는 공동체라고 할 수 있을 터이지. 세속에서 그러한 삶을 이루어 낸 분이 바로 유마 거사라네. 아, 자네와 동행하는 벗이 김현혜 님이라고 했던가. 김원민과 김현혜는 바로 21세기 대한민국에서 유마의 삶을 추구해야 하지 않겠는가. 또 우리 이웃을 위하는 사회복지 일을 하고 있으니 그 의미가 남다르다 하겠네.

그래서 유마 거사의 뜻을 나의 주례사에 담았다네. 여섯 개의 시와 더불어 그 시의 말미에 내 생각을 덧붙였네. 이 새김꺼리가 드팀없는(틈이 생기거나 틀리는 일 없이, 흔들림이 없는) 사랑으로 부부의 연을 맺은 두 사람의 삶을 옹골지게 하는 데 보탬이 되었으면 하는 바람이네.

하나, 인연 - 인생의 참된 가치는 만남에 있다.

한 사발 정화수에 새벽별이 눈을 뜨면
전생의 꿈길을 밟고 내게로 오시는
종소리 하늘과 땅을 열어 풀꽃 세상 피웁니다.
그리움 빗장을 열고 한 우주를 맞이합니다.
긴 세월 뿌리 깊이 싹을 틔운 바람 하나
우리는 한 그루 소나무, 생명입니다 영원입니다.

오늘 이 시각 여기에, 오롯한 사랑으로 서 있는 두 사람은 여러 생의 소중한 인연이 다시 만나 한솔(부부)이 되었습니다. 이 세상의 모든 만남은 결코 우연이란 있을 수 없습니다. 옷깃 한 번 스쳐도 삼천 생의 인연이라 했으니 한솔의 인연은 그 어떤 인연보다도 귀하고 귀한 것입니다. 인생의 전 과정은 만남, 그 자체입니다. 서로의 마음과 가치, 서로의 이상과 노력이 개성과 조화를 이루어 만날 때, 두 사람은 진정한 영혼의 동반자로 한 세상을 열어갈 것입니다.

둘, 사랑 – 사랑은 서로를 비추는 거울이다.

내 눈빛 가는 길에 어느 누가 서 있는가.
내 마음에 비친 그대 누구의 얼굴인가.
사랑은 이심전심으로 한 줄 시를 쓰는 일.
내 안의 나를 비워 너에게로 가는 길에는
땡볕 어린 한낮에도 갈대꽃이 눈부시고
한겨울 매운바람에도 매화향기 뿜어나리.

사랑은 참마음으로 서로를 비추는 거울입니다. 사랑은 서로를 감동시키는 종소리입니다. 사랑에 있어서 가장 소중한 것은 언제 어떤 상황에서도 참마음, 본래 마음을 잃지 않는 것입니다. 소설 『닥터 지바고』에서 주인공은, 혼란한 이념의 갈등 속에 "나는 사람을 사랑하고, 자연의 아름다움을 사랑하는 마음을 부정하는 그 어떤 이념과 제도에 결코 동의할 수 없다."고 말합니다. 이렇듯 진리에 대한 믿음과 갈구는 모든 지혜와 사랑의 근원이 됩니다. 사랑의 길은 멀리 있지 않습니다. 사랑의 길은 단순 소박한 마음에 있습니다. 진실을 사랑하고 선을 사랑하고 아름다움을 사랑하는 그 마음을 소중하게 가꾸는 일이 바로 사랑입니다.

셋, 노동 - 일 속에 진정한 사랑과 아름다움이 있다.

떨리는 마음으로 피와 땀을 받을지니
이 밥의 무게를 알면 사는 일이 경건하리.
풀과 별, 향기 나는 정신도 밥을 먹고 꽃핍니다.

그렇지 아니한가, 사는 일은 손발의 놀림
보아라, 몸을 깨워 눈물겹도록 아름다운
우리네 서로의 얼굴, 기쁨입니다, 자유입니다.

사랑의 가치를 구체적으로 구현하는 일은 바로 노동에 있습니다. 인생과 사랑은 어설픈 관념의 유희가 아니며, 허영으로 치장한 낭만이 아닙니다. 밥을 먹고 돈 버는 일에 엄숙해야 합니다. 흔히 정신은 고귀한 것이며 물질은 하천한 것이라고 말합니다. 그러나 이는 틀린 말입니다. 건강한 정신에서 생산되는 모든 밥과 돈은 사람을 행복하게 합니다. 그래서 성인들은 밥 먹고 잠자고 일하는 모든 일상의 생활이 진리 그 자체이며 행복이라고 했습니다. 게으른 손은 추하고 일하는 손은 아름답습니다. 우리는 일을 통해서 행복을 느껴야 합니다. 일을 단순한 밥벌이로 치부한다면 일과 사랑, 일과 행복은 하나가 될 수 없습니다.

인생의 의미를 진지하게 고민하고 땀 흘리는 서로의 얼굴에서 참사랑의 아름다움을 가꾸어 나가길 바랍니다.

<u>넷, 생활의 계율 - 일상의 작은 마음 씀과 몸가짐을 소중히 한다.</u>

손길 하나에도 기쁨과 슬픔이 묻어나고
말 한마디에도 가시 돋고 꽃이 피니
몸 마음 모두를 낮추면 걸리는 일 없으리니

사는 일과 사랑하는 일은 구체적이고 작은 실천 속에서 이루어집니
다. 한 알의 씨알 속에 우주가 담겨 있다는 의미는 곧 일상의 작은 실
천을 소중히 할 때 전 인생이 값진 열매를 맺을 수 있다는 말입니다.
사람은 익숙해지면 일상의 마음씨갈(마음을 쓰는 태도나 바탕)을 소홀히
합니다. 그러기에 늘 언행을 진솔하고 품위 있게 가꾸어야 합니다.
진지하고 따뜻한 마음으로 눈과 귀는 늘 열려 있어야 하며, 늘 겸허
한 마음으로 몸을 낮출 때 서로가 귀한 존재가 되는 것입니다. 따뜻
한 손길 부드러운 말 한마디 나누는 한솔은 애초름한(웅숭깊게 새뜻한
맛이 있는) 향기가 되어 멀리 퍼지고, 정성스럽고 온화한 얼굴을 마주
하는 한솔은 하늘의 별을 따서 꽃밭을 만듭니다.

<u>다섯, 더불어 즐겁게(與樂) - 사람과 자연, 모두와 더불어 사는
삶이 행복하다.</u>

흙은 위안이다 생명의 뿌리 내림
물과 안개와 바람, 역사가 숨을 쉬며
우리도 그와 더불어 한 세상을 건너간다.
사람은 위안이다 생명의 어우러짐

> 사랑, 사랑 바다에 노래가 가득하다
> 그렇지, 꽃밭에는 꽃들이, 여러 꽃들이 모여 사노라.

이 세상은 만남으로 이루어지는 조화와 공존의 세계입니다. 이 세상은 더불어 사는 공동체입니다. 그러기에 자연을 사랑하고 우리 이웃을 사랑해야 합니다. 자기중심적인 사랑과 행복은 돌서더릿길(돌이 많이 깔린 길) 삶에서 고립을 가져오고 급기야 나와 이웃 모두를 불행하게 합니다. 항상 양가 부모와 친척 친구를 자식을 대하는 어미의 부드럽고 환한 얼굴로 사랑하십시오. 참사랑의 메아리가 퍼져 나갈 것입니다. '사람이 꽃보다 아름다운' 감성을 두 사람은 키워 나가길 바랍니다.

여섯, 문화 - 아름다움을 가꾸는 일은 생활 속의 예술이다.

> 늦가을 다사로운 노을빛이 마음 흔드니
> 한적한 들길 따라 물매화 보러 가자는
> 그러한 사내의 가슴은 두고두고 음악일 것이다.

> 봄 햇살 고요로이 뜨락에 내려오면
> 연둣빛 녹차에다 청매화를 띄우는
> 그러한 아낙의 가슴은 두고두고 향기일 것이다.

옛날 중국의 '운'이라는 여인은 해질 무렵 연꽃이 봉오리를 접으려 할 때, 그 연꽃 속에 찻잎을 넣고 다음 날 연꽃이 피어나면, 연꽃향이 배인 차를 내어 남편과 함께 차를 마셨습니다. 살아가는 일에 힘이

들고 여유가 없다할지라도, 집 안을 가꾸고 대화하고 여가를 즐기는 생활의 멋을 가꾸어 갈 때 인생은 더욱 풍요롭습니다. 아무리 바쁠지라도 한 생각만 깊게 가지고 한 걸음만 부지런하면 얼마든지 소박하고 아름다운 문화를 일구어 낼 수 있습니다

생활이 멋이 되는 아름다운 한솔이 되기를 바랍니다.

행복하다는 것은 느낄 수 있다는 것이다. 한 송이 꽃과 바람소리, 물소리에 아름다움을 느낄 수 있는 사람, 이웃의 슬픔과 고통에 절로 가슴 아파하는 사람, 소박한 음식 앞에서 맛을 느끼는 사람이 바로 행복한 사람이다…… 산과 빌딩, 자동차와 새 소리, 사람 소리와 물소리, 산바람과 매연, 한적함과 번잡함에 대해 차별하지 않고 오히려 연민과 사랑을 갖겠노라 다짐한다…… 무엇이 있어도 있는 경우가 있고, 무엇이 있어도 없는 경우가 있다. 마음을 열고 눈을 열고 귀를 열면 바로 그 앞에 있는 것이고, 그렇지 않으면 눈앞에 있어도 볼 수 없고 들을 수 없고 느낄 수 없는 것이다.

3

아름다운 만남은
어떻게 오는가

공감이 수행이다

"어서 빨리 결정하세요. 가실 거예요, 안 가실 거예요. 뒷사람들이 기다리고 있잖아요."

그날 버스터미널 매표 직원의 목소리는 높고도 날이 서 있었다. 왜 그런가 하고 사정을 살펴보니 나이 드신 어르신들과 외국인 근로자들이 행선지와 출발 시간을 못 정하고 머뭇거리고 있었다. 농촌의 어르신들은 인지 능력이 떨어지거나 한글을 모르는 경우도 있고 외국인 근로자들은 우리말이 서툴다. 소통이 빨리 되지 않자 매표 직원은 지켜보는 사람이 민망할 정도로 다그치고 있었다. 여행을 하다 보면 종종 보게 되는 안타까운 풍경이다.

이 상황을 곰곰이 생각해 보았다. 분명한 것은 외국인이나 노인 모두 '본의' 아니게 누군가에게 폐를 끼친 것이다. 매표소 직원도 처음부터 목청을 돋우지는 않았을 것이다. 그렇다면 이런 불편한 관계를 어쩔 수 없다고만 생각해야 할까. 아니다. 그러기에는 인간인 우리의 '격'이 무안해진다. 인간人間이란 사람과 사람의 '사이'를 말한다. 그 사이에는 밝은 표정과 따뜻한 기운이 오고 가야 한다. 이것이 바로 인간적인 삶이다.

　　길은 늘 단순하고 정직한 곳에 있다. 매표소 직원은 차표를 살 수 있게 차분하게 안내해 주고, 줄을 선 사람들은 침착하게 기다려 주면 된다. 왜 그래야 하는가. 그것은 불편하지 않은 자의 당연한 몫이기 때문이다. 이것이 바로 본래 그러함의 자연스러움이다. 사람 사이를 흐뭇하게 하는 것은 작지만 정성스러운 배려에서 시작된다. 우열의 관계가 아닌 겸손하고 평등한 배려가 되기 위해서 먼저 이웃에게 공감하는 감성을 회복하고 키워야 한다. 공감이란 이웃이 처한 고통과 다름을 이해하고 절감하는 일이다. 모든 이해관계와 선입관을 내려놓고 눈으로 보고 귀로 들으면 가슴은 저절로 느낀다. 가슴으로 느낄 때 우리의 눈은 크게 열리고 세상을 다르게 보게 된다.

　　조반니 베르나르도네는 우리가 잘 아는 성 프란체스코 수도자의 속명이다. 그는 부유한 상인의 아들로 태어났지만 일찍부터 가난한 사람들에게 마음이 가닿았다. 하루는 아버지를 대신하여 시장에서 옷감을 팔던 그는 구걸하는 거지를 보고 가게를 비워둔 채 쫓아가서 자신의 주머니에 있던 돈을 모두 주었다. 또 친구들에게 "나는 '가난'이라는 여인과 결혼하겠다."고 공공연히 말했다. 이렇듯 그는 모든 재물을 버리고 평생을 무소유와 청빈과 헌신으로 사는 길을 선택했다. 그 선택의 동기는 고통에 대한 절절한 공감과 울림이었다. 스물세 살, 로마의 산피에트로 대성당으로 가는 순례 길에서 그는 웅장한 성전과 화려한 장식에 눈이 가기보다 가난한 거지들에게 마음이 쓰였다. 조반니는 거지를 설득해 그의 옷을 입고 거지의 신세로 성지를 순례했다. 또 고향으로 오는 길에서 만난 피고름이 낭자한 나병 환자의 손에 입맞춤을 했다. 체험 속에서 고통을 공감하고 생각이 바뀌고 그의 삶이 바뀐 것이다.

싯다르타는 농부들을 보고 큰 충격을 받았다. 생살이 타들어 가는 뙤약볕, 못 먹어서 뼈만 앙상한 몸으로 밭을 가는 하층 계급의 농부, 거친 숨을 몰아쉬는 소, 쟁기에 잘려나간 벌레들을 보고 싯다르타의 가슴은 너무도 고통스러웠다. 그는 고통이 없는 해탈과 평등의 세계를 찾아 길을 떠났다. 그의 선택은 새로운 삶의 길을 열었으며 평생 동안 지혜와 자비의 길을 걸었다.

인간의 이기심에 착안하여 경제론을 펼친 애덤 스미스는 『국부론』을 저술하기 17년 전에 『도덕감정론』이라는 책을 썼다. 그는 이 책에서 인간은 사욕에만 매몰되지 않고 타인의 운명을 바라보고 행복을 바라는 공감 능력이 있다고 주장했다. 지금 우리는 매우 복잡하고 다원화된 시대에 살고 있다. 가치관이 다르고 생활양식이 다양한 사람들 사이에는 무관심과 배타와 갈등의 위험이 늘 함께한다. 그 속에서 인간의 '격'을 높이고 상생할 수 있는 대안은 '공감'이다. 이웃을 이해하고 배려하며 공감하는 삶을 산다면 우리는 세속에서도 수행자다.

이만하면
넉넉한 삶이다

"넉넉한 삶이다!"

이른 아침, 청매화 향기가 너울구름으로 흐르며 코끝을 찌르는 암자 마당에서 무심히 터져 나온 말이다. 소년시절 출가하여 수행하고 살아오면서 이제껏 결핍과 불만을 거의 느껴 본 적이 없다. 돈과 명예에 대한 욕구로 고민해 본 적도 없다. 가난한 가정에서 태어났음에도 부족함을 모르는 것은 타고난 품성이고 기질일 수 있다. 하지만 근본적인 이유는 행자 시절부터 삶의 방식을 깊이 생각하고 나름대로 정리했기 때문이다. 그때 내 생각은 이랬다.

"이만하면 넉넉한 삶이다."

정말이지 내 삶은 더는 부족할 것 없는 넉넉한 살림살이이다. 더는 '구할 것'도 없다. 이는 반야심경에서 "보살은 더 이상 구할 것

151

이 없으므로 마음에 걸림이 없고, 걸림이 없으므로 불안이 사라졌다."는 심오한 내적 세계를 체득하는 그런 경지를 말하는 것이 아니다. 현실적인 문제에서 아주 자유롭다는 뜻이다.

먼저 출가수행자들은 의식주에 대한 걱정이 없다. 산자수려(山紫水麗, 산은 자줏빛이고 물은 곱다는 뜻으로, 경치가 아름다움)한 곳에 있는 절과 작은 암자가 평생 거처할 곳이니 주거 환경은 지구에서 최고라 할 수 있다. 먹고 사는 문제도 자유롭다. 그러니 늘 생존경쟁에 시달리고 불안해하는 세상 사람들을 조금이라도 생각한다면 돈과 재물에 과도한 욕심을 부리는 것은 그야말로 '분수' 밖의 일이며 예의와 염치가 없는 짓이다.

평생 맘껏 공부할 수 있는 자유, 명상수행을 하면서 마음의 고요한 평화와 은은한 기쁨을 누릴 수 있는 수행자의 삶이야말로 넉넉함 그 자체이다. 나아가 세상 사람들을 위해 헌신하고 그들에게 위안을 주고 지혜와 기쁨을 나눌 수 있는 보람도, 넉넉함 위에 넉넉함이라 할 수 있다.

나의 삶이 넉넉하다 못해 넘치는 이유는 또 있다. 무한량의 감각을 누리면서 살 수 있다는 것이다. 오염되지 않은 원초적 감각을 살리고 오감을 확장하기에 산사는 비할 데가 없는 곳이다. 산중에서는 보고, 듣고, 냄새 맡고 만져지는 모든 것이 순수, 천연, 원초이다.

절집에는 예로부터 이런 말이 전해진다. '금강산에서 살면 애써 수행하지 않아도 탐욕은 저절로 내려놓게 된다.' 아름다운 자연 앞에서는 욕심내고 미워하는 일이 참으로 부질없고 어리석게 느껴지기 때문이다. 이렇게 산중 자연에서 살아가는 내가 그 무엇을 애써 탐할 이유가 있겠는가. 그 무엇을 탐하는 순간 나의 맑고 조촐한 마음의 행복은 사라지게 된다. 나는 허망한 욕구가 주는 결핍과 불안, 갈등으로 내 삶을 어지럽게 오염시키기 싫다.

땅끝 마을 두륜산 대흥사 일지암에서 나는 새벽에 일어나 잠자리에 드는 한밤중까지 가공되지 않은 자연과 함께한다. 아침 예불은 마당을 돌면서 목탁을 치며 삼라만상을 깨우는 일로 시작한다. 청아하게 울리는 목탁소리를 들으며 간간히 눈을 들어 새벽하늘을 본다. 순수 천연의 어둠 속에서 또렷또렷 빛나는 별들은 금방이라도 쏟아질 듯하다. 예불을 마치고 산책하는 길에서 코와 피부에 스며드는 청신한 기운은 무어라 표현할 수 없는 기쁨이다. 호흡하는 일이 참으로 즐겁게 느껴진다.

새벽 산창에 숲 그림자 드리우고	晨窓林影開
밤이 되어 잠자리에 드니 계곡 물소리 들는구나.	夜枕山川響
이렇게 고요히 깃들어 사니 다시 무엇을 구하겠는가.	隱居不何求
그저 말없는 가운데 도는 더욱 깊어지누나.	無言道心長

주자의 시이다. 그저 자연 속에서 단순하고 무심하게 보고 듣는 담담한 일상이다. 모두가 부러워하는 삶일 수도 있다. 자본주의 사회에서 온갖 이해와 경쟁으로 인한 시비와 갈등으로 지치고 편안한 날이 드문 요즘 사람들에게 자연의 삶은 환상일 것이다. 팔자 좋은 인생이라고 비웃고 질타하는 사람도 있을 것이다.

세상에서 제일 소중한 존재는
바로 내 곁에 있는 사람이다. 생각해 보아라.
만약 네가 한밤중에 급한 병에 걸리면
누가 병원으로 데리고 가겠느냐.
그건 예수님과 부처님이 아니라 바로
네 곁에 있는 사람이다.
그러므로 네 곁에 있는 사람이 부처님이고
예수님이다.

그러나 나와 당신. 우리 모두는 우리 의도와 선택에 관계없이 시대와 사회에 던져진 존재이다. 우리 가운데는 주어진 환경을 과감하게 던지고 나만의 다른 길을 찾는 사람이 있고, 체념하고 어쩔 수 없이 그 길을 가는 사람도 있다. 성장과 경쟁 속에서 무한질주하며 최고가 되기 위하여 혼신의 힘을 쏟는 사람도 있고, 그 속에서 나름대로 개선의 활로를 찾는 사람도 있다. 그러나 그 모든 길에서 예외없이 확인해야 할 것이 있다. 바로 우리의 청신한 감각을 온전히 회복하는 일이다.

우리가 길을 선택하여 살아가는 까닭은 행복하기 위해서이다. 무의미하고 불행하기 위해 사는 사람은 아무도 없다. 행복하게 산다는 것은 무엇을 말하는가. 우리가 마주하는 모든 것들을 온전히 '느끼며' 사는 것이 아닐까. 아무리 크고 비싼 집과 재물을 갖고 있고, 권력과 명예를 갖고 살아간다 해도 가치 있고 의미 있는 느낌을 누리지 못한다면 그 사람은 진정으로 행복한 사람이 아니다.

행복하다는 것은 느낄 수 있다는 것과 같은 말이다. 한 송이 꽃과 바람소리, 물소리에 아름다움을 느낄 수 있는 사람이 행복한 사람이다. 이웃의 슬픔과 고통에 절로 내 가슴에 아픔이 느껴지는 사람이 행복한 사람이다. 소박한 음식 앞에서 맛을 느끼는 사람이 먹을 줄 아는 사람이다. 서로 만나 웃고 이야기 하며 사랑과 우정의 느낌을 함께하는 사람, 그러한 사람이 바로 행복한 사람이다.

사랑,
연습하면 무르익는다

준영에게

　　금생에 너와 인연을 맺은 이래 처음 편지를 써 보는구나. 먼저 혼인을 축하한다. 너와 나는 사사로운 인연으로는 외삼촌과 조카가 되는구나. 본래 출가 수행자들은 세속의 가족을 가까이 하지 않는다. 그러나 인연을 가장 중하게 여기는 불가의 가르침에 따르자면 너는 나에게 특별한 청년이다. 너의 결혼이 늦어져 노심초사 하던 너의 부모님이 이제야 한 짐을 놓게 되었구나. 너의 반려자와 함께 만들어 갈 앞날에 큰 기대를 걸어 보며 진심어린 축원을 보낸다.

　　준영아! 내가 혼인 선물로 다구 용품과 차를 보냈는데 신부와 함께 차를 마시며 행복한 신혼을 보내고 있는지 궁금하구나. 내가 차를 선물한 뜻은 부부가 사랑을 나누고 사랑을 키워 가는 일에 조금이

나마 도움을 주고 싶어서다. 찻상을 앞에 두고 향을 음미하며 도란도란 이야기를 주고받는 너희 부부의 정겨운 모습이 그려지는구나. 오늘날은 집 안에서도 가족끼리 컴퓨터와 스마트폰에 빠져 서로의 얼굴을 마주 보지 않는다더구나. 사람이 사람과 살아간다는 것은 관계 맺음이다. 참다운 관계는 먼저 서로의 얼굴을 '마주 보는 것'에서 출발한다. 마주 보게 되면 말을 나누게 되고 말을 나누게 되면 서로를 알고 이해하고 공감하게 된다. 이해와 공감 속에서 어려움과 기쁨을 함께 나눌 수 있는 것이다. 어려움은 함께 나누어 줄여 가고 기쁨은 함께 나누어 늘려 가면 서로가 고맙고 소중한 존재임을 거듭 알게 된다. 부부의 사랑은 그렇게 키워 가는 것이다. 내 작은 선물이 너희 부부가 얼굴을 마주보며 서로를 이해하고 공감하는 사랑의 메신저가 되었으면 좋겠구나.

준영아! 모르는 사람들이 서로 만나 부부로 산다는 것은 결코 가볍거나 예사로운 일이 아니다. 불가에서는 옷깃 한 번 스쳐도 삼천 생의 인연이라고 했는데 일생을 함께 살아가는 부부의 인연은 얼마나 지중하겠니. 그러나 부부의 인연을 맺었다고 해서 그것으로 평생을 행복하게 살 수 있을 것이라는 생각은 거두기 바란다. 왜냐하면 삶은 그렇게 내 생각대로만 흘러가지 않기 때문이다. 삶은 서로가 정신줄 바짝 세워 노력하지 않으면 언제든 넘어질 수 있고 미끄러질 수 있는 운행과 같은 것이다.

이제 부부는 무엇으로 사는지, 그리고 부부는 어떻게 살아야 하는지를 생각해 보자. 남자와 여자가 인연 맺어 부부로 살아가는 뜻은 서로의 힘으로 행복하게 살기 위해서가 아니겠니. 행복하게 살기 위해 서로가 주고받는 힘은 바로 사랑과 지혜라고 생각한다. 사랑이 힘이 되고 지혜가 힘이 되어 험한 세상 헤치며 행복의 꽃을 피우는 것이란다. 러시아의 문호 톨스토이는 「사람은 무엇으로 사는가」라는 단편소설에서 최악의 가난 속에서도 이웃을 향한 조건 없는 사랑만이 사람의 마음을 움직이고 구원할 수 있다고 했다. 톨스토이가 즐겨 읽은 성경의 요한복음에도 사랑의 소중함을 간곡히 말하는 구절이 있다. '누구든지 하나님을 사랑하노라 하고 그 형제를 미워하면 이는 거짓말하는 자니, 보는 바 그 형제를 사랑하지 아니하는 자는 보지 못하는 하나님을 사랑할 수 없느니라.' 내 곁에 있는 사람, 나와 늘 함께 있는 흔한 것들, 내가 살아가는 길에서 내게 도움을 주는 사람들을 사랑하는 일에서 내 안의 하나님과 부처님을 보게 되는 거란다. 세상에서 제일 소중한 존재는 바로 내 곁에 있는 사람이다. 생각해 보아라. 만약 네가 한밤중에 급한 병에 걸리면 누가 병원으로 데리고 가겠느냐. 그건 예수님과 부처님이 아니라 바로 네 곁에 있는 사람이다. 그러므로 네 곁에 있는 사람이 부처님이고 예수님인 것이다.

그런데 준영아! 모두가 지고의 가치로 여기는 사랑에 대해 나는 다른 생각을 가지고 있다. 특히 부부 중심의 사랑만이 모든 것이라 여기면 자칫 이기적인 생각에 빠질 수 있다. 때로는 사랑을 확장시켜 더 큰 사랑으로 만들어 나가는 동안 부부의 사랑이 더 숭고해질 수 있다는 생각도 잊지 마라. 그럴 때는 지혜롭게 서로 의논하면서 사랑을 키워 나갔으면 좋겠구나.

그럼 지혜가 무엇인지 생각해 보자. 사람들은 대개 지혜를 매우 추상적으로 생각하는 것 같다. 사랑이나 지혜는 관념적이고 환상적인 무엇이 아니다. 지혜와 사랑은 일하고 먹고 노는 삶의 현장을 떠날 수 없다. 그러므로 지혜와 사랑이 추상적이고 관념적일 수 없는 것이다. 만약 그렇게 정의한다면 그 사람은 삶에서 사랑을 밀어내고 단지 머릿속에서 환상으로만 사랑을 그리고 갈구하는 것이다.

사랑이 사람에 대한 관심, 이해, 공감, 배려, 헌신, 감동이라면 지혜는 이 사랑이 사랑일 수 있게 하는 길 안내자이다. 지혜는 어떤 것의 모습을 바로 아는 것이고, 그것들이 어떻게 다른 것과 관계 맺고, 관계 맺음으로 어떤 결과를 가져오는가를 아는 것을 말한다. 그러므로 지혜는 사랑에게 이렇게 조언할 수 있을 것이다. 모든 생명은 그 자체로 존엄하며 어떠한 이유로도 그 존엄을 훼손할 수 없다. 그래서 이웃 사람의 고통과 원하는 바에 눈길을 주어야 하고 늘 입장을 바꿔 이해해야 한다. 가슴 깊이 하나가 되고 이웃의 처지에 맞추어 도움의 손길을 주어야 한다. 조건 없는 진정한 배려와 헌신이 사람의 마음을 움직인다. 관심이란 이름으로 부당한 간섭을 하지 않으며, 내가 살아온 환경과 취향으로 이웃의 생각과 행위를 규정하지 않으며, 내 삶의 방식을 강요하지 않는다. 서로의 다름을 인정하고 끈기와 인내와 관용으로 대화면서 조화를 추구한다. 이렇게 무엇이 사랑이고 어떻게 해야 사랑을 잘 키워 내고 가꿔 낼 수 있는가를 알려주는 것이 지혜이다. 다시 말해 '현명'한 안목과 '인자'한 마음 씀이 부부가 행복할 수 있는 평생의 혼수품이다.

준영아! 지혜와 사랑을 함께한다는 의미에서 부부는 곧 도반道伴이라 할 수 있다. 도반이란 불교의 출가수행자 사회에서 진리를 수행하는 친구를 말한다. 진리를 수행한다는 말은 지혜와 사랑을 추구하고 심화하고 완성하는 것을 말한다. 진정한 행복을 이루기 위해서는 지혜와 사랑이 함께해야 한다. 따라서 지혜와 사랑은 모든 생명이 추구해야 하는 보편적이고 핵심적인 덕목이다. 그래서 가정을 이루어 행복을 추구하는 부부는 곧 세속에서의 도반이다.

사랑은 키우고 가꾸는 것이고, 사랑을 뒷받침하는 지혜도 또한 그러하다. 키우고 가꾸는 데는 부단한 노력이 필요하다. 옆에서 지켜보면 대개 연인과 부부들이 착각하는 게 있더구나. 서로 사랑의 감정을 확인하고 확신하는 것으로 사랑이 이루어지고 지켜지고 지속되는 것이라고 말이다. 이는 참으로 허약한 생각이다. 안이한 삶의 태도이다. 이 세상 어느 것도 '있어 온' 것은 없다. 사랑도 행복도 '저절로' 생겨나지 않는다. 사랑과 행복은 노력으로 탄생되고 키워지고 헛된 곳에 정신 팔지 않는 주의 집중으로 성숙하고 결실을 맺는 것이다. 삶의 법칙이 이럴진대 많은 사람들이 연인의 과정을 거쳐 부부가 되면 마치 사랑이 완성된 것으로 알고 절제와 균형을 잃어버리고 만다. 이렇게 되면 서로에게 매력을 느끼지 못하게 되고 권태와 불만이 찾아온다. 습관과 의무, 차마 뗄 수 없는 정으로 부부생활을 유지할 뿐이다. 이런 부부라면 하숙집 식구와 다를 바 없지 않느냐.

준영아! 자신의 인격을 높이고 풍부한 삶의 내용을 심화시키는 모든 일이 수행이라고 할 수 있다. 내가 오랫동안 생각한 행복을 위한 부부 도반 수행법을 알려주마. 부부가 이런 수행을 하면 사랑이 깊어질 것이다.

1 하루에 시 한 편이나 에세이 한 편이라도 책을 읽고
  그날의 명상(생각) 주제로 삼는다.
2 일주일에 두 번 이상은 차를 마시며 대화한다.
3 홀로 있는 시간과 함께하는 시간의 조화를 이룬다.
4 일기를 쓰며 자신을 성찰하고 생각을 키운다.
5 굳이 사지 않아도 되는 물건들, 굳이 하지 않아도 되는
  일들을 과감하게 없앤다.
6 서로에게 존칭을 하고 대화의 기술을 향상시킨다.
  편지를 보내는 것도 좋은 대화법이다
7 즐겁고 재미있게 사는 구체적인 놀이를 찾는다.
8 작은 일이라도, 어렵고 힘든 사람을 돕는다.
9 아내의 부모님은 남편이, 남편의 부모님은
  아내가 먼저 챙긴다.
10 몸과 옷매무새 등 겉모습을 가꾼다.
11 돈 버는 일에 게을러서는 안 된다.
12 아이를 성공과 출세 지향으로 키우지 마라.
  제 앞가림하고 즐겁고 행복하면 된다.

12가지 정도이지만, 너희 부부가 더 추가해도 좋겠다. 수행은 그리 어려운 게 아니다. 가치 있고 의미 있다고 하는 것들을 끊임없이 연습하고 채워 나가는 것이다. 연습하면 무르익는다. 너희 부부의 사랑과 행복이 무르익어 건강하고 행복하기를 바란다.

추신) 장가도 못 가 본 외삼촌이 부부 사랑에 웬 훈수냐고 웃는 일은 없으리라 믿는다.

온전한 마음을 주면
풀꽃도 우주가 된다

설날을 맞아 오랜만에 땅끝마을 두륜산 대흥사에서 며칠 머물렀다. 서울에 살면 애써 수도하지 않아도 도가 절로 높아진다는 '수도승首都僧' 생활의 호기를 잠시 접고, 귀소본능을 변명 삼아 산을 찾았다. 연일 산길, 들길을 걸었다. 더없이 투명하고 시린 하늘 아래 붉은 동백꽃이 어울린 남도의 산과 들녘은 참으로 고즈넉한 평화의 삼매였다.

산중에서 서울로 삶터를 옮겼을 때, 많은 분들이 염려해 주며 물었다. 탁한 공기와 번잡한 일에 치여 건강과 수행을 제대로 챙길 수 있겠느냐고. 이럴 때를 대비하여 나는 답을 준비했다. "내가 세상에 편견과 미움을 갖지 않으면 세상은 나의 도를 방해하지 않습니다. 삶은 늘 '지금, 여기'이지 다른 곳에 극락이 있는 것이 아니지요. 저잣거리에서 평온하지 못하고 고요한 곳에서만 평온하다면 어찌 그 마음이 도 닦은 마음이겠습니까."

그러면서 산과 빌딩, 자동차와 새 소리, 사람 소리와 물소리, 산바람과 매연, 한적함과 번잡함에 대해 차별하지 않고 오히려 연민과 사랑을 갖겠노라고 나름 다짐했다. 그러나 이를 어쩌랴. 시골에 내려와 산길과 들길을 걸으면서 마주하는 모든 것들이 너무도 좋으니 말이다. 허위와 가식을 벗고 온전히 제 몸을 드러내고 있는 맨살의 자연과 들숨 날숨으로 온전히 만나는 이 기쁨은 무엇으로도 값을 매길 수 없다. 산승도 산길과 들길을 걷는 것이 이렇게 좋은데, 경쟁과 속도와 획일의 틈바구니에서 살아가야 하는 세상 사람들은 더할 나위 없을 것이다.

지금 대한민국 방방곡곡에서 걷기 행렬이 이어지고 있다. 제주에는 올레길이, 지리산에는 둘레길이, 거제도에는 섬길이 있다. 사람들은 이제 산과 마을, 강과 바다에 길을 내어 길을 걷고 있다. 사람들은 걷는 일이 대세인 시대라고 말한다. 그러나 생각해 보면 걷는 일이 새삼스러워지는 흐름도 새삼스럽다. 인류의 원초적 몸짓인 직립보행이 몸 건강, 마음 건강을 위한 권장 사항으로 되어가고 있으니 말이다. 사람들은 왜 걷는가. 왜 걸으려는 것일까. 가장 일반적인 이유는 건강을 위해, 몸무게를 줄이기 위해, 스트레스와 피로를 풀기 위해서일 것이다. 그러나 정작 길을 걸어 본 사람들은 말한다. 욕망과 경쟁으로부터 떠나기 위해 길을 걷는다고, 쉼 없이 몸을 움직이다 보면 어느새 경쟁으로부터 떠나 있는 자신을 발견한다고, 아무 욕심

없이 자신을 정직하게 들여다보게 된다고, 그래서 자신을 묶어 놓고 있는 온갖 관념과 습관의 줄을 놓아 버리고자 걷는다고 말한다.

길을 걷는 이들의 모습을 바라보노라면 '사람이 풍경이다'라는 감탄이 절로 나온다. 중년의 남편과 아내가 억새꽃 흔들리는 둑방 길을 걸으면서 은근하고 따뜻한 눈길을 나누며 도란도란 이야기를 한다. 자식들 키우고 먹고 사느라 찌들고 구겨졌던 사랑의 마음이 들꽃처럼 길 위에서 피어나는 것이다. 이제는 할머니가 된 어릴 적 친구들이 오솔길을 앞서거니 뒤서거니 걸으며 깔깔깔 웃어대는 모습은, 길이 끊이지 않듯 사람의 동심도 지속된다는 것을 깨우쳐 준다. 이렇게 길은 사람이 되고 사랑이 된다.

차를 타고 가는 사람들 눈에는 걷는 사람들이 '사서 고생하는 것'으로 보일지 모르지만 걷는 사람들은 차를 타고 가는 사람을 '안 됐다'고 말한다. 따사로운 햇볕, 맑은 바람, 거기 흔들리는 작은 꽃들을 그들은 도저히 알지 못하기 때문이다. 나태주 시인은 노래했다.

자세히 보아야
예쁘다

오래 보아야
사랑스럽다

너도 그렇다.
_「풀꽃 1」 전문

온전한 마음을 주면 작은 풀꽃 하나도 온전한 우주가 된다. 무심하나 유정한 눈길을 준다. 길에서 우리는 마음 하나로 이 세상 모든 사물과 사랑의 감성언어를 나눌 수 있다. 나는 작은 풀꽃 하나에서 소박하지만 분명한 깨달음 하나를 얻는다. 작은 것은 작은 것이 아니며, 부분이 모여 전체를 이루는 것이 아님을. 모든 존재는 그 자체로 온전한 전체라는 것을 알게 된다.

이로움이 의로움을 덮고 있는 시대, 돈이 도를 덮고 있는 시대, 걷는 일이 일시적 유행이 아니라 사람이 생명의 자연스러운 몸짓을 회복하고 평화와 상생의 삶을 복원하는 길 닦기가 되었으면 좋겠다.

아프지 않은
사람이 어디 있으랴

"어떤 스님이 좋습니까?" 요즘 내가 만나는 사람마다 한 잔의 찻값으로 던지는 질문이자 대화의 끎말(이끄는 말)이다. 남녀노소, 종교, 친소에 관계없이 이 말이 나만의 '일상적 질문'이 된 것은, 확고한 승려교육의 목적과 지표를 설정하는 데 대중이 바라는 수행자상을 구체적으로 담아내고 싶기 때문이다.

재미있게도, 그 대답은 '대동'하고 '소이'하다. 똑똑하고 친절한 스님, 내 말을 정성으로 들어주는 스님, 근엄하기보다 편안하고 부드러운 스님, 나를 성숙시켜 주는 스님, 말씀과 행이 일치하는 스님, 늘 그 자리에 있는 스님, 내 삶의 중심과 나침반이 될 수 있는 말씀을 해 주는 스님, 현실성 있는 법문을 해 주는 스님, 사회와 역사의식이 있으면서 일상의 삶은 절도 있는 소박한 스님, 원칙을 지키고 공평무사하며 공심으로 일하는 스님, 옳고 그름이 분명한 스님, 내 삶의 위안과 힘이 되어주는 스님 등. 대동大同은 지혜와 자비의 양 날개를 갖춘 수행자였으며 소이小異는 저마다의 염원에 응답하는 시대의 관음보살이요, 보현보살이었다.

그런데 많은 사람들의 목소리를 들은 이후 나는 한동안 무언가 정리되지 않은 혼돈을 경험했다. 지극히 당연한 정답이 왜 생경한 느낌으로 다가오는지, 왜 이런 답들이 익숙한 듯하면서도 한편으로는 낯설고 새삼스럽기만 한 것인가. 며칠 동안 켜켜이 쌓인 생각의 실타래를 정리하면서 어색하고 머쓱한 원인을 찾게 되었다. 그것은 세간과 출세간이 바라보고 있는 지점의 차이와 소통의 부재에서 오는 것이었다. 지금도 출가수행자들은 수행, 깨달음, 직지인심, 견성성불, 간화선, 돈오돈수 등 이런 언어와 어법에 익숙해져 있다. 그리고 이 언어들의 가치를 실현하고자 하는데 사고와 삶의 지향이 실려 있다. 간간이 말하는 세상을 향한 보시와 자비는 언저리의 일시적 방편언어이다.

그러나 세상의 이웃들은 실질적인 일상과 별로 상관없어 보이는 출가수행자의 중심언어와 가치 지향을 생각할 겨를이 없다. 그래서 그들은 종교수행자들에게서 참되고 행복한 삶의 지혜와 답답하고 힘든 현실의 위안과 격려를 얻고자 한다. 사람들은 큰 깨달음을 얻은 큰스님도 좋지만, 좀처럼 친해지기 어려운 낯선 수행자보다는 겸허하고 따뜻한 시선의 친근한 스님에게 위로와 가르침을 받고 싶어 한다.

이 시각, 나에게는 많은 반성과 자책이 따른다. 수레는 분명 두 바퀴로 목적지를 향해 굴러간다. 엄정하면서도 친근할 수 있고, 침묵하면서도 귀 기울일 수 있으며, 여럿이 함께할 수 있으면서도 홀로 있을 수 있고, 비우면서도 나눌 수 있음에도 왜 우리는 한쪽으로만 시선을 고정한 채 살았을까. 눈은 뜨면 안팎 모두를 볼 수 있고, 귀는 열면 안팎 모두를 들을 수 있는데, 왜 눈과 귀를 반쯤만 열고 살았을까. 결국 이것은 세상에 대한 연민과 자애의 부재 때문이다. 모든 생명은 더불어 존재하고 더불어 생동한다는 연기의 질서에 철저하지 못한 소치이다. 고통받고 있는 이들을 위해 헌신과 자비를 실현한 부처님의 삶을 올바로 보지 못하는 무지이고 게으름이리라. 그러고 보니 오랜 세월 수행과 깨달음에 짓눌려 자비심을 그리 염두에 두고 살지 않았던 것 같다.

차별 없는 사람과 사람 사이 수행의 길에서 다시 '자비심'에 대해 생각한다. 아니, 요즘 내 삶의 화두는 온통 자비심이다. 자비로뭇 사람들에게 감동을 주지 못하는 수행과 깨달음이 과연 무슨 의미가 있을까. 아니 그런 수행과 깨달음은 진정한 수행과 깨달음일까. 그것은 한낱 사치스런 관념과 수식어에 지나지 않을 것이다.

그럼 자비심은 무엇이고 자비행은 무엇인가. 관세음보살의 마음과 보현보살의 손길은 어떤 모습일까. 자비는 당장의 마음이고 당장의 실천이기 때문에 과거에도 지금에도 미래에도 늘 생동하는 평등의 눈길이요, 구제의 손길이요, 연민의 가슴이다. 내게 처음 자비심이 무엇인가 절절하게 가르쳐 준 분은 우리 할머니다. 내가 유년기를 보낸 6, 70년대는 걸인과 전쟁의 후유증으로 몸이 아픈 상이용사와 나병환자들이 참 많았다. 가난한 시골 마을, 우리집에도 하루 걸러 남루한 사람들이 구걸하러 왔다. 가난한 살림에도 우리 집은 나름 적선의 원칙이 있었는데, 탁발 온 스님에게는 쌀 한 그릇, 걸인에게는 보리쌀 한 접시를 내주는 것이었다. 그런데 할머니는 걸인에게 보리쌀 한 접시를 내주면서 위로와 축원의 말을 꼭 한마디씩 해 주셨다. "아이고! 어쨌든지 굶지 말고 아프지 말고 몸 간수 잘 하시우!" 그때마다 미안해하는 수줍은 몸짓과 더불어 눈시울이 붉어진 걸인들의 모습이 나에게는 아직도 생생한 기억으로 남아 있다.

또 할머니는 걸인들이 끼니를 때우지 못한 것을 알면 보리쌀이 많이 섞인 밥일망정 밥상을 정성스레 닦아 차려 주셨다. 어린 나는 걸인이 먹는 밥상이 늘 마음에 걸렸다. 걸인들이 먹는 밥그릇과 수저로 내가 밥을 먹을 수도 있는 일이었다. 그래서 어느 날 할머니에게 용기를 내 부탁했다. "할머니! 보리쌀 주는 것은 좋은데 거지들에게 밥은 안 차려 주었으면 좋겠어요." 그때 할머니는 조용하고 나직한 목소리로 말했다. "애야, 먹는 입은 다 똑같은 거란다."

아, 나는 그때 '사람과 사람 사이'가 어떠해야 하는가를 어슴푸레 깨달은 것 같다. '차이가 있지만 차별해서는 안 되는', 바로 사람과 사람 사이의 관계를 알게 된 것이다. 절대적 빈곤에 내몰린 걸인에게도 신체적 절망에 내몰린 사람들에게도, 예의와 인정을 베풀었던 할머니에게서 나는 별다른 학습 없이 겸손과 평등과 자비를 저절로 체득한 것이다. 내 기억으로는 할머니가 글을 읽지도 쓰지도 못하는 분이었다.

그럼 이제 고행과 명상, 오묘한 설법만을 하는 부처님의 모습(평면적 시선)에서, 온전히 중생을 향한 자비행으로 헌신한 부처님의 모습(입체적 시선)으로 옮겨 보자. "모든 생명은 채찍을 두려워한다. 모든 생명은 죽음을 두려워한다. 이 이치를 나에게 견주어 남을 때리거나 죽이지 말라."는 『법구경』의 간명한 말씀에서 평화와 평등, 자유를 염원하고 실현하고자 하는 부처님의 자비심이 배어 있다. 그래서 부처님은 전쟁을 반대했고, 계급의 차별을 부정하였고, 약자에 대한 연민으로 중생과 동행한 당신의 삶에 굵직한 흔적으로 남아 있다. 부처님은 똥을 푸는 직업을 가진 수드라 신분의 니디에게는 "너는 세상을 가장 깨끗하게 하는 사람이다. 자, 그러니 망설이지 말고 내 손을 잡아라."라고 자비의 언행을 베풀었다. 계급이 높다고 교만한 바라문에게는 "악행을 하면 누구나 나쁜 과보를 받고 보시하고 선행하면 누구나 좋은 과보를 받게 된다. 나는 출생을 묻지 않는다. 다만 행위를 묻는다."라고 하며 알량한 개념에 물든 이에게 정신을 후려치는 죽비를 내렸다. 일상의 통념적 늪에서 허우적거리는 중생들의 어깨를 토닥여 주면서 새로운 방식의 자비 복권을 제시해 주었다. 이렇게 부처님의 자비심은 어느 개인에 대한 동정과 연민을 넘어 시대와 역사의 광장에서 정의와 공정의 외침으로 다가온다. 덧붙여 부처님은 동물을 희생시켜 복을 받고자 하는 의식의 허구성도 지적하고 반대했다.

최근 서울대공원의 돌고래 한 마리를 제주 앞바다로 방사하는 선언에서, 이것이 우리 모두가 생명 사랑을 깊이 생각하는 출발의 계기가 되기를 바란다고 하였다. 만약 부처님이 오늘 여기에 있다면 잠시 동안의 즐거움을 위하여 엄청나게 학대받으며 사육되면서 벌어지는 동물 쇼를 중단시킬 것이다. 왜냐하면 동물도 아픔을 느끼고 기뻐할 줄 아는 생명이라는 점에서 우리 사람과 조금의 차별도 없기 때문이다.

자비심은 왜 중요한가. 그것은 생명의 질서이고 법칙이기 때문이다. 자비심은 누구도 소외받지 않고 더불어 살아가는 씨앗이요, 열매이다. 생명에 대한 연민과 자애의 마음 없이 시대와 역사에 대한 통찰 없이 행하는 수행은 상자에 갇힌 관념일 뿐이다.

만약 우리가 누군가에게 해악을 끼치는 가해자가 된다면, 우리는 그 즉시 피해자가 된다. 왜냐하면 가해하는 당신의 마음은 곧 고통과 분노가 기반이 되어 평화로움이 사라지기 때문이다. 우리가 진정 지혜롭다면 모든 사람과 동물 그리고 물과 흙, 돌멩이, 풀꽃에게도 자비심을 나눌 줄 알아야 한다. 이웃에게 자비심을 나눌 때 그 순간 우리 마음은 기쁨으로 가득 채워지게 된다. 결국 자비심의 최대 수혜자는 자기 자신이 된다.

자비심! 그것은 더불어 평등하고 평화롭고 환희롭게 살아가는 깊은 지혜이며 실천이다. 오로지 이 길뿐이다. 이 세상 어느 누가 아프지 않겠는가?

엄정하면서도 친근할 수 있고,
침묵하면서도 귀 기울일 수 있으며, 여럿이
함께할 수 있으면서도 홀로 있을 수 있고,
비우면서도 나눌 수 있음에도
왜 우리는 한쪽으로만 시선을 고정한 채
살았을까.

7명의 관심사병들과 함께한
템플스테이

나는 뒷심이 그리 단단하지 않다. 시작은 미미하나 끝이 창대하면 좋겠지만, 유감스럽게도 내 생각과 계획들은 창대한 시작에 비해 만족할만한 결실을 맺은 경우가 드물다. 그래서 고심 끝에 한 가지 방편을 마련했다. 그것은 하고 싶은 일, 해야 할 일을 주위에 미리 선포하고 함께할 사람들과 약속하는 것이다. 마감 약속을 번번이 지키지 못하는 러시아 문호 도스토옙스키가 '선불로 약간의 돈을 받고 만약 마감 일정까지 원고를 완성하지 못하면 돈을 한 푼도 받지 못할 뿐만 아니라, 향후 9년간 자신의 작품에 대한 출판권을 넘긴다'고 출판사와 계약한 것과 같은, 극한의 압박은 아니지만 나름대로 나를 단속하는 장치를 마련한다는 의미에서 그리한 것이다.

지난해 말 대흥사 일지암 산중에 들어오면서 이웃들에게 일방적으로 선포했다. 한 달에 열흘 이상은 이웃과 함께 암자를 나누어 쓰겠다고. 내가 이런 생각을 한 것은 부처가 중생을 위해 존재하듯이 산중의 절은 마땅히 세상을 품어야 한다는 지극히 당연한 이치에 따르기 위해서였다. 암자를 찾는 이들이 종종 묻곤 한다. "스님, 이 외진 곳에서 심심하거나 외롭지 않으세요? 하루 종일 무엇하고 사세요?" 나는 무엇을 하고 사느냐는 물음에 선뜻 답을 내놓지 못한다. 과연 남이 보지 않아도 자기수행을 성실하게 하고 있는가. 지혜와 자비를 말하면서도 일주문 너머 세간의 이웃을 생각하고 있는가. 이런 생각을 하다가 암자를 이웃에게 열기로 마음먹은 것이다.

『아함경』에서 돈을 들이지 않고도 나눌 수 있는 일곱 가지, 무재칠시無財七施를 말하고 있다. 그중 좌시座施가 있다. 먼 길을 가는 피곤한 나그네에게 앉을 자리를 내어 주는 보시를 말한다. 그러니까 내가 암자에서 세간의 이웃을 맞이하는 것은 고단한 삶에 지친 이들과 함께 나누는 좌시라고 할 수 있다. 생각해 보면 이러한 내 결심과 실행도 모두 다 내 마음 편하고자 하는 일일 것이다.

그래서 시작한 일이 군인 사병을 위한 템플스테이다. 결심을 실행하기 위해 인근 해군부대에서 부처님의 가르침을 전하고 있는 일공 법사와 협약을 맺었다. 절이라는 공간은 타인의 시선과 자기가 만든 관념을 내려놓고 지난날의 자신을 돌아보고 정직하게 내면을 바라보기에 더없이 좋은 곳이다. 게다가 암자는 큰 절과 다른 독특한 분위기와 멋이 있다. 암자는 절인 듯, 별장인 듯, 시골집인 듯한 그런 공간이다. 그래서 큰 절과는 다르게 마음을 안온하고 한가롭게 한다.

사병 템플스테이는 주로 군 생활에 적응하지 못하는 관심사병 위주로 진행했는데 지금은 점차 일반 사병에게로 확대되고 있다. 20대 청춘들이 암자에 드나드니 고요한 산중에 활기가 넘쳐났다. 그들이 가져온 것은 쌀과 반찬이다. 내가 그들에게 주는 것은 환한 얼굴과 친절한 손길이다. 우리는 함께 음식을 만들어 먹는다. 이곳은 식사를 담당하는 공양주가 없기 때문에 머무는 사람 모두가 공양주를 해야 한다. 밥을 지어 먹고 고구마를 구워 함께 나누는 일을 그들은 매우 즐거워한다. 함께 산에 올라 장대한 풍광에 감동하고 꾸밈없는 아름다운 자연의 모습에서 번뇌를 내려놓고 자신을 정직하게 살펴보기도 한다.

나는 아침저녁으로 그들에게 향기로운 차를 내놓는다. 그리고 그들의 말을 듣는다. 때로는 그들의 말에 혼돈과 막막함이 배어 있다. 나도 나의 말을 그들에게 건넨다. 위로의 말로 그들을 품는다. 위로를 넘어 정곡을 찌르는 말도 던진다. 그들이, 우리가, '잘못 생각해 왔던 것'이 무엇인지 펼쳐 놓는다. 착각을 교정하지 않고서는 진정한 힐링이 이뤄질 수 없기 때문에 불편하더라도, 당장은 자존심 상하고 괴롭더라도, 생각의 오류를 바로잡고 뒤틀린 자신의 습관을 곧게 세워야 한다.

이렇게 나는 나름대로 그들을 향해 진심과 정성을 다하지만 그들이 어떻게 반응하고 새로워졌는지는 잘 모르겠다. 당장은 크게 변하지 않는다고 하더라도 언젠가 시절이 무르익으면 작지만 확실한 깨달음의 소득이 있을 것이다. 가끔씩 군부대에서 법문을 하기도

했지만 군인들과 함께 자고 먹는 일상생활을 함께한 것은 처음이다. 낯설기도 하지만 요즘 젊은이들을 이해할 수 있어 좋다.

템플스테이를 시작한 첫날, 7명의 사병들이 암자를 찾았을 때가 떠오른다. 처음에는 그들이 군 생활에 적응하지 못하는, 이른바 '관심사병'인 줄 몰랐다. 착한 눈과 다소 수줍은 표정을 한 그들은 여느 청년들과 다를 바 없었다. 그들이 자살과 자해를 시도했다고는 도저히 믿기지 않았다. 아무렇지도 않게 웃으며 대했지만 가슴이 아팠다. 동시에 멀리서 노심초사하고 애태우고 있을 그들의 어머니아버지 얼굴도 떠올랐다.

관심사병과 함께 지내면서 느낀 것은 문제는 어느 한쪽에만 일방적으로 있는 것이 아니라는 점이다. 나는 군대에서 동료들을 따돌리고 폭력적인 말을 하고 상처를 주는 사병들을 떠올렸다. 가해자도 피해자도 모두 지극히 평범한 청년들이다. 다만 여러 가지 문제가 이리 저리 얽혀서 갈등하고 충돌하다가 뜻하지 않은 불행한 결과들이 빚어진 것이다. 그래서 군대에서 일어나는 문제는 우리 사회 공동의 문제이지 어느 한 사람의 책임으로 끝나서는 안 될 일인 것이다. 문제가 일어날 환경이 존재하지 않으면 문제가 발생하지 않는다. '이것이 말미암아 저것이 있다'는 연기법의 이치와 같다. 가해자가 없으면 피해자가 없는 법이다. 그 가해자 또한 누군가의 피해자이다. 그러므로 우리는 피해자 가해자 양쪽의 문제에 다 같이 관심을 가져야 한다. 가해자와 피해자를 선악의 이분법으로 나누어서는 안 된다. 게다가 극단의 징벌이 능사가 될 수도 없다.

맞는 자도 괴롭지만 때리는 자도 마음이 불안하고 행복하지 않다. 가해자도 다른 의미에서 관심사병이다. 분노와 멸시로 가득 찬 마음이, 친구를 괴롭혀 자신의 불만을 해소하고 쾌감을 얻으려 한다. 가해자를 만든 사회 환경에도 관심을 가져야 한다. 나의 무관심은 부메랑이 되어 나의 발등을 찍게 될 것이다. 가해자를 만든 사회의 구성원이라면 누구라도 그 부메랑을 받을 수 있다.

옛 선승 이야기다. 신심이 깊은 어느 장군이 당장 눈앞에서 지옥과 극락을 보여 달라고 고승에게 간청했다. 고승은 지옥과 극락을 보여 준다고 하고서 주장자로 사정없이 장군을 후려쳤다. 한참 동안 매를 맞은 장군은 분노가 극에 달해 칼을 뽑아 들고 고승을 해치려 했다. 그때 고승이 소리쳤다. "지금이 지옥이다." 아차! 내가 이렇게 이성을 잃고 큰스님을 죽이려 했다니, 장군은 정신을 번쩍 차리고 크게 뉘우쳤다. "스님, 제가 그만 제 정신이 아니었습니다. 용서하십시오." 그때 고승이 즉시 답했다. "지금이 극락이다."

지옥과 극락은 현실 너머 사후에만 존재하는 것이 아니다. 잘못된 생각과 증오가 있는 곳이 곧 지옥이고, 바른 생각과 배려가 있는 곳이 곧 극락이다. 『화엄경』에는 이런 구절이 있다. '염염보리심念念菩提心 처처안락국處處安樂國', 늘 진실과 자비의 마음이면 내가 서 있는 그곳이 바로 극락이라는 것이다.

이 시대의 청춘들이 생동하는 기운을 맘껏 누리며 살 수 있도록, 우리 사회의 잘못된 경쟁체제와 구속과 착취의 고리를 걷어 내야 한다. 그 속에서 비로소 청년들은 바른 생각과 배려를 배울 수 있다.

타인을 사랑하는 순간 자신이 사랑의 수혜자가 된다는 믿음을 모두
가졌으면 좋겠다.

쌀 한 톨은
하늘보다 무겁다

지리산 실상사, 그곳은 천년고찰이라는 수식어를 넘어 생명평화의 꿈을 경작하고 있는 공동체다. 민족의 아픔과 민초의 희망이 어우러져 내려온 산과 들판에 오늘도 많은 사람들이 도시생활을 접고 스스로 선택한, 가난한 삶에 자족하며 새 희망의 터를 다지고 있다.

6월 첫날, 실상사가 자리한 산내면의 들녘에는 올해도 어김없이 모내기가 시작되었다. 실상사 논도 대부분은 기계로 모를 심지만 몇 마지기는 대중이 어울려 손으로 심는다. 스님, 귀농학교 학생, 대안학교인 작은학교 선생님과 학생들이 맨발로 논에 들어가 농부 흉내를 내가며 한 뜸 한 뜸 모를 심는 모습은 서툴어도 정겹다. 특히 도시생활에 익숙한 작은학교 어린 학생들이 노동이라는 삶의 과정에 자연스레 착근하는 풍경은 대견하기만 하다.

생산의 모든 과정을 눈으로 지켜보는 아이들에게 곡식 한 알은 결코 예사롭지 않으리라. 예전에는 슈퍼마켓에 가서 돈 주면 살 수 있는 것으로 여긴 쌀이 실은 흙과 물과 바람의 바탕 아래 농부의 손길이 여든여덟 번이나 거쳐야 된다는 것, 여덟 팔八 자가 맞붙여져 쌀 미米 자가 되는 이치를 맨발의 몸으로 익혔을 것이다. 도시에서 실상사 농장으로 한 달간 자원봉사를 하러 온 20대 젊은 청년들은 입버릇처럼 "시골 가서 농사나 지을까." 했는데 너무도 철없는 말이었다며 부끄러워했다. 이들은 어떻게 이런 깨달음에 도달했을까. 뙤약볕 아래 땀 흘리며 몸을 쓰는 일을 체험했기 때문이다. 우리가 일상에서 예사로이 먹는 밥이 곧 농부의 정성을 먹는 일임을 체험했기 때문이다.

세속의 내 막냇누이는 오래 전 세상을 떠난, 평생 자식들에게 자애롭던 어머니가 단 한 번 노하셨던 기억을 지금도 안고 산다. 도시에서 자취하던 여중생 시절, 한 달에 한 번 시골집에 왔다 갈 때면 어머니는 쌀과 잡곡, 감자, 고구마를 챙겨 머리에 이고 간이역까지 딸을 배웅했다. 한 달 치 식량이었다. 그러나 세련된 교복 차림의 사춘기 소녀는 촌스러운 보따리를 들고 도시를 걸어 갈 일이 생각만 해도 창피했다. 그래서 딴에는 에둘러 말했다. "엄마, 무겁게 들고 갈 것 없이 팔아서 돈으로 주세요. 제가 도시에서 곡식으로 바꾸면 편하고 좋지 않겠어요?"

그 말에 어머니는 가타부타 대답이 없었다. 한참을 가만히 있다가 겨우 입을 열어 말했다. "애야, 이것들은 그냥 쌀이 아니라 엄마의 마음이란다." 누이는 잘못을 깨닫고 손이 발이 되도록 빌었다. 다른 때 같았으면 금방 용서했을 어머니가 그때만은 끝까지 마음을 풀지 않았다. 자식의 입으로 들어갈 것이라는 생각으로 등이 휘는 노동을 달게 여기며 더없이 즐거운 마음으로 이고 나온 것들을 '편리'라는 이름과 쉽게 바꾸려 했다는 죄스러움에 누이는 지금도 목이 잠긴다고 한다. 함민복 시인은 「긍정적인 밥」에서 이렇게 갈파했다.

> 시 한 편에 삼만 원이면
> 너무 박하다 싶다가도
> 쌀이 두 말인데 생각하면
> 금방 따뜻한 밥이 되네
>
> 시집 한 권에 삼천 원이면
> 든 공에 비해 헐하다 싶다가도
> 국밥이 한 그릇인데
> 내 시집이 국밥 한 그릇만큼
> 사람들 가슴을 따뜻하게 데워 줄 수 있을까
> 생각하면 아직 멀기만 하네
>
> ___「긍정적인 밥」 부분

쌀은 돈으로 환산할 수 없는 가치를 가지고 있다. 쌀은 곧 사람을 살리는 생명이기 때문이다. 자동차가 수천 대라도, 제아무리 값비싼 최첨단 전자기기라도, 한 사람의 생명을 살릴 수 없다는 단순한 이치를 생각하면 쌀 한 톨 앞에 경건해진다. 그래서 농업은 언제 어느 곳에서도 오래된 미래이고 가장 진보적인 현재진행형이다. 한 톨의 쌀을 만들기 위해 혼신의 힘을 쏟기에 농부가 흘린 땀은 그냥 땀이 아니라 피땀이다. 농토에 무수히 흘린 피땀을 뭇사람이 외면할 때 농부의 가슴에는 피눈물이 고인다.

30알 달걀 한 판이 4300원. 5000원짜리 커피 한 잔 앞에 달걀 한 판이 서글프기조차 한 오늘, 1000원짜리 공깃밥을 반만 먹고 남겨 누가 뭐라고 하면 겨우 500원인데 웬 호들갑이냐고 하는 사람들에게 나는 묻고 싶다. 쌀 한 톨의 무게가 얼마일 것 같으냐고. 일미칠근. 쌀 한 톨의 무게는 일곱 근이라는 말이 있다. 어릴 적 우리 어른들은 밥을 버리면 천벌을 받는다고 말씀하셨다. 겁을 주기 위한 것이 아니다. 하늘을 우러러 쌀을 짓는 그들에게 쌀 한 톨은 일곱 근을 넘어 하늘만큼의 무게였던 것이다. 쌀 한 톨의 무게는? 하늘이다.

느낌표와
물음표로 오는 봄

어느덧 서울 수도승 생활 3년 5개월을 맞았다. 며칠 전 대흥사의 사형 보선스님에게서 사진 몇 장을 받았다. 솔바람소리 대신 매연에 뒤섞인 소음을 감당하며 콘크리트 빌딩 숲에 갇혀 사는 수도승 신세가 좀 안 되어 보였나 보다. 스마트폰에 실려 온 붉은 동백꽃은 절제와 품격을 갖추고 있으면서도 도발적인 유혹을 내뿜고 있었다. 스마트폰이지만 꽃을 보낼 줄 아는 이의 멋이 고스란히 느껴졌다.

바야흐로 봄, 온 나라 산과 들판, 강물이 짙푸르고 화려하다. 유구한 세월 속에 초가집이 빌딩으로 바뀌고 흙길이 아스팔트로 바뀔지라도 변함없이 봄은 신록과 꽃의 설렘으로 다시 온다. 오늘도 출근하는 길목에서 화려하게 핀 벚꽃에 취해 고개를 들고 한참을 감상했다. 꽃잎 사이로 보이는 하늘은 왜 그리 별세계인가. "한 알의 모래에서 세계를 보고 한 송이 들꽃에서 천국을 본다. 손바닥 안에 무한을 거머쥐고 순간 속에 영원을 붙잡는다.” 벚꽃 사이로 하늘을 보며 윌리엄 블레이크의 시를 읊조려 본다. 그리고 한 송이 꽃에서 무수한, 무한한 관계 맺음을 본다. 흙과 물과 바람과 하늘이 자기를 고집하지 않고 기꺼이 자기의 전부를 내주었기 때문에 내가 오늘 한 그루 벚꽃에 취하는 복을 누리는 것이다. 김춘수 시인의 말대로 그렇게 탄생한 꽃들은 내가 눈길 주고 마음 주고 이름을 불러 줄 때 비로소 내 안의 꽃이 된다. 이렇게 우리의 봄소식은 눈길과 마음의 관계 맺음으로 온다.

더없이 아늑한 이 봄날, 봄은 우리 가슴에 느낌표로 온다. 바쁘고 지친 삶터에서 초록 풀빛과 형형색색의 꽃을 보며 감상에 젖고 시와 노래를 부를 수 있다는 것은 우리 가슴이 살아 있는 증거다. 시와 대중가요 노랫말을 좋아하는 나는 봄의 한복판에서 흥얼거린다. “연분홍 치마가 바람결에 휘날리더라.” 이 노래를 흥얼거리면 영화 〈봄날은 간다〉에서 유지태가 이영애에게 했던 “너, 어떻게 사랑이 변할 수 있니?”라는 대사가 떠오른다. “동백꽃잎에 새겨진 사연, 말 못할 그 사연을 가슴에 안고…… 내 가슴 도려내는 아픔에 겨워”라고 노래하는 이미자의 음색에서 순정하고 애절한 사랑의 마음도 읽는다. 여기에 의미심장한 선시 한 수를 더해 본다.

진종일 봄을 찾았건만 봄은 없었네.
산으로 들로 짚신이 다 닳도록 헤매었네.

지쳐서 돌아오는 길, 뜨락의 매화 향기에 미소 짓나니.
봄은 여기 매화 가지에 활짝 피었네.

봄은 달력에 있는 것이 아니라 잎 돋고 꽃 피는 만물의 생동과 개화에 있듯, 우리네 삶의 행복도 숫자의 높고 낮음에 있는 것이 아니라 선하고 아름다움을 '느낄 수 있는' 마음에 있지 않을까. 봄은 또 느낌과 더불어 흥겨운 풍류로도 온다.

청명이라, 봄비가 하염없이 내리는구나.　　　　　清明時節雨紛紛
길 가는 나그네의 마음은 갈피를 잡기 어려워라.　路上行人欲斷魂
주막이 어디에 있느냐고 물으니　　　　　　　　借問酒家何處有
목동은 저만치 살구꽃 핀 마을을 가리키네.　　　牧童遙指杏花村

당나라 두목의 시이다. 살아가는 일이 뭐 별거인가. 다름 아닌 멋스러움이 아닐까. 차가운 지성도 필요하지만 더불어 풋풋한 감성도 동행해야 한다. 지성과 감성이 동행하면서 멋스러운 풍류를 연주하면 이 봄날이 더없이 풍성할 것이다. 아무리 바빠도 봄날에는 혼자서 또는 사랑하는 사람들과 맛스럽고 멋스러운 풍류를 즐겨야 좋다.

　　그러나 오는 봄을 설렘과 환희로 맞이하지 못하는 이들이 있다. 춘래불사춘春來不似春! 봄이 와도 봄이 온 것 같지 않은 이들이다. 이 말은 여러 결로 해석이 가능하다. 오로지 성공과 출세에 집착하여 꽃에 눈길 주지 못하고 물소리에 귀를 열어 놓지 못하는 사람에게는 봄이 와도 봄이 아니다. 하지만 봄날 아지랑이에, 그 아지랑이 사이에 피어 있는 작은 풀꽃에 눈물짓고 비통하는 사람들에게 봄은 어떻게 오는 것일까. 직장을 찾지 못하는 젊은이들, 입시에 내몰린 어린 학생들, 생존의 경쟁에 내몰린 사람들, 고용이 불안한 사람들, 우울증에 갇혀 삶의 활기를 찾지 못하는 사람들, 거리의 노숙인들…… 이들에게 봄날의 꽃은 어떤 빛깔로, 어떤 느낌으로 오는 것인가.

이렇게 봄은 우리에게 느낌표와 함께 물음표로 온다. 왜 모두가 저마다의 가슴으로 봄을 환희롭게 맞이하지 못하는가. 봄날의 물음표 앞에서 다시 옛 시 한 수를 올려 본다.

어제 성 안에 갔다가	昨日到城郭
돌아오는 길에 눈물 흠뻑 흘렸지.	歸來淚滿巾
온몸에 비단 옷을 걸치고 있는 사람들	遍身綺羅者
누에 치는 사람은 아니었지.	不是養蠶人

중국 시선 『고문진보』에 실려 있는 작자 미상의 시이다. 생활이 사치스러워진다고 느낄 때면 나는 이 시를 채찍 삼는다. 작자는 필시 길쌈을 하는, 힘없고 차별받는 서러운 사람임이 분명하다.

오늘 나는, 덕수궁 대한문 앞에서 농성장마저 빼앗긴 쌍용차 사람들을 생각한다. 그들을 생각하니 이 봄이 한없이 어지럽다. 22명의 목숨이 스러졌는데도 이를 해결하려 노력하지 않는, 책임 있는 자리에 있는 사람들이 원망스럽다. 그리고 내 자신의 무기력도 원망스럽다. 생계를 잃은 절박한 가족들, 아버지와 지아비를 잃은 아들딸과 아내의 눈에 들어온 덕수궁의 봄볕과 꽃들은 어떤 봄볕이고 꽃들일까.

이 봄날에 묻고 또 묻는다. 우리에게 으뜸으로 소중한 것은 무엇인지, 우리가 어떻게 살아야 서로가 존엄한 존재로 살아가는 길인지. 그 답은 매우 간명할 터인데도 왜 정직하게 성찰하지 못하고, 모두가 사는 답을 내놓지 못하는 것인가.

한 그루 나무에 벚꽃이 피는 일은 흙과 물과 바람과 하늘이 자기를 고집하지 않고 자기를 기꺼이 내놓아 서로가 관계 맺을 때 가능하다고 했다. 사람 사는 일도 이와 같아야 한다. 지금 덕수궁 돌담과 뜰에 피어 있는 꽃들이 우리 인간을 어떤 눈으로 바라보고 있을까. 꽃들에게 미안하고 부끄럽다.

박원순 서울 시장이 페이스북에 쌍용차 농성장 철거에 대한 안타까움을 담아 이런 글을 올렸다. "집 앞 목련이 살포시 제 얼굴을 드러내고 웃던 그저께 안타까운 소식을 들었다. 봄이 성큼 다가왔다는데, 어제 오늘 내내 제 마음은 다시 겨울로 되돌아간 듯 했다. 삶의 벼랑 끝에 서 있는 이들을 더 이상 방치할 수는 없다. 이미 22명이라는 소중한 생명이 우리 곁을 떠났다. 더 이상의 비극은 없어야 한다. 더 늦기 전에 우리 사회가 그들의 절규에 귀 기울여야 한다"

봄을 느낄 수 없는 이웃에 대한 연민이 그대로 전해온다. 자연의 봄은 왔어도 삶의 현실은 겨울을 살고 있는 사람을 생각하게 한다. 박 시장은 이렇게 봄에 묻는다. "쌍용자동차 해고 노동자들의 겨울은 언제 끝나는 것일까?" 그리고 물음표와 함께 마침표를 우리에게 던진다. "해고 노동자들의 눈물이 마르지 않은 그곳에 꽃이 피었다고 한다. 그러나 우리에겐 사람이 꽃보다 더 아름다워야 하지 않을까. 상념이 깊은 밤"

꽃을 보는 마음은 참으로 소중하다. 꽃을 보고 마음이 설레고 가슴이 뛰는 것은 모두가 누려야 할 행복이다. 그러나 꽃에 집중하는 마음으로 사람에게 눈길 주는 마음은 더 소중하다. 꽃을 보고 설렘에 젖는 일과 더불어 사람에게, 지금도 겨울 속에 있는 이들에게 마음 주고 눈길 주고 같이 아파하는 일은 더없이 중요하다. 그리하면 우리 모두는 '꽃보다 아름다운 사람'이 되리라. 이 봄, 사람꽃이 곳곳에서 피어나기를 기도한다.

우리 모두 표정을
기부하자

어느 날 서울의 큰 빌딩 앞에서 본 생경한 아침 풍경 하나가 잊히지
않는다. 빌딩 입구에 서 있는 수위 아저씨가 밝은 얼굴로 출근하는
사람들에게 인사를 건넨다. "어서 오십시오, 아주 좋은 날입니다."
옆에서 보는 내가 절로 기운이 나고 기분 좋아지는 아침 인사였다.
그런데 시간이 조금 지나자 나는 왠지 모르게 그 자리가 낯설고 어색
했다. 그 까닭은 아저씨 혼자 하는 일방적 인사였던 것이다. 출근하
는 직원들 대부분이 수위 아저씨의 인사에 고개만 조금 숙일 뿐, 눈
을 마주치거나 간단한 인사말조차 건네지 않았다. 표정 없는 마주침
이었다. 수위 아저씨와 직원들 사이의 거리가 불과 두서너 발자국인
데 사람과 사람 사이의 만남은 이루어지지 않았다.

　　우리 사회 곳곳에서 나는 시스템과 매뉴얼만 있고 인간의 온

기가 사라진 관계를 일상적으로 발견한다. 백화점, 호텔, 항공기, 열차, 고급 음식점 등에서 보게 되는 공통점은 무엇인가. 그곳에는 종사하는 직원들의 미소와 깍듯한 인사가 있다. 하지만 손님들은 대부분 인사와 미소에 응답하지 않는다. 일방적 관계가 당연한 관행으로 보인다. 성의 있는 눈길의 마주함과 마음 있는 표정의 부딪침에서 기쁨과 사랑이 발생하는 법인데 사이가 이러하니 교감이 이루어지지 않는다. 기계는 소통을 하고 있는데 인간은 불통하고 있는 시대에 우리가 살고 있는 셈이다.

긴장과 억압의 일방적 관계 또한 곳곳에서 발생한다. 최근 큰 기업과 대리점의 관계가 그렇다. 갑과 을의 관계에서 감정노동자는 서글프고 경제적 약자는 억울하다. 그래도 '을'은 '갑'에게 자신의 표정을 숨겨야 한다. '밥줄'이 끊어지기 때문이다. 존엄한 인간이 밥 때문에 속내를 드러내는 맨얼굴을 숨기고 무표정하거나 비굴한 표정으로 화장까지 해야 한다. 이 모두가 돈을 주인으로 모시는 자본의 횡포다.

그러나 생각해 보자. 돈의 시선이 아닌 인간의 시선으로 깊이 생각해 보자. 존엄해야 할 우리의 '밥'과 '마음'이 돈에 휘둘리고 있는 현실을, 그리하여 돈으로 친절과 복종을 사고 그 사이에서 잠시 우쭐해하는 자신의 모습을. 이웃 사람의 감정을 억압하고 존엄을 짓밟아 얻는 행복은 얼마나 초라하고 서글픈가.

또 한 번 우리는 돌이켜야 할 지점에 서 있다. 우리, 서로, 모두가, 존엄해지기 위해서, 이웃에 대한 나의 표정부터 살려야 한다.

표정을 살리기 위해서는 이웃에 대한 시선을 바꾸어야 한다. 그 전에 먼저 나에 대한 시선을 수정해야 한다. 너에 대해 '나는 이런 사람'이 라는 생각에서 벗어나는 것, 서로가 갑과 을이라는 허망한 망상에서 벗어나는 것, 그리하면 나로부터 자유로워지고 너에 대한 시선이 열 릴 것이다. 그 열린 눈에 비친 너와 나는 거래의 관계가 아닌 도움과 은혜로 얽힌 고마운 관계로 오지 않겠는가.

언젠가 식당에서 본 흐뭇한 일이 생각난다. 일이 바빠 급하게 움직이다가 종업원이 손님의 옷에 음식을 쏟았다. 종업원은 어쩔 줄 몰라 했다. 그때 손님은 웃으면서 말했다. "집에 가서 세탁기에 돌리 면 됩니다. 너무 마음 쓰지 마십시오."

나는 그때 그 남자의 얼굴에서 미안해하는 종업원의 마음까 지 헤아리고 따뜻하게 보듬는 배려를 보았다. 우는 사람과 함께 울 고, 웃는 사람과 함께 웃는 얼굴은 번역과 통역 없이도 이해할 수 있 는 만국 공통의 언어이다. 그날 그곳에서 돈이 들지 않는 표정을 기 부한 그 남자, 그 자리에 갑과 을은 존재하지 않았다.

평등은 법으로 보호받고
가슴으로 나눠야 한다

11월의 저물녘에
낡아빠진 경운기 앞에 돗자리를 깔고
우리 동네 김씨가 절을 하고 계신다
밭에서 딴 사과 네 알 감 다섯 개
막걸리와 고추장아찌 한 그릇을 차려놓고
조상님께 무릎 꿇듯 큰절을 하신다
나도 따라 절을 하고 막걸리를 마신다
23년을 고쳐 써 온 경운기 한 대
야가 그 긴 세월 열세 마지기 논밭을 다 갈고
그 많은 짐을 싣고 나랑 같이 늙어왔네 그려
덕분에 자식들 학교 보내고 결혼시키고
고맙네 먼저 가소 고생 많이 하셨네
김씨는 경운기에 막걸리 한 잔을 따라준 뒤
폐차장을 향해서 붉은 노을 속으로 떠나간다

_ 박노해, 「경운기를 보내며」 전문

나는 이 시를 대할 때마다 삶의 작은 일상들 앞에 숙연해진다. 드물고 비싼 것이 아니라 흔하고 소소한 것의 귀함을 다시 생각한다. 더 나아가 세상 만물이 그 자체로 본디 신령스러운 존재임을 깨닫는다. 소소한 사물 하나하나에 경건과 정성으로 마주하지 못하는 자는 결코 하늘을 우러를 수 없고 사람을 사랑할 수 없다는 시인의 통찰에 나는 공감한다.

모든 길은 사랑으로 통하고 사랑으로 만난다. 진정한 사랑은 우리가 일상에서 만나는 모든 사물과 생명에게 편견과 차별을 거두는 것에서 출발한다. 사랑은 이해관계와 기호에 따라 선별하는 것이 아니다. 우리가 무엇을 선별한다는 것은, 자칫 우리가 선택하지 않는 것들에 관심 두지 않거나 밀어내는 위험을 내포하고 있다. 그러므로 선별하는 행위가 무언가를 소외시키는 일과 동의어라면 그런 사랑은 사랑이 아니다. 사랑의 길은 함께하는 길이다. 그러므로 사랑은 선별을 넘어 더 정밀한 보편으로 가는 것이다.

몇 해 전 영화 〈워낭소리〉가 많은 사람에게 울림을 주었다. 그 이유는 무엇일까. 촌로에게 소와 자신은 차별 없는 하나였다. 소와 사람의 관계를 지배와 예속이 아닌, 고락을 함께하는 동반자로 받아들이고 있는 촌로의 사랑이 우리 가슴을 뜨겁게 한 것이다. 노인은 뙤약볕에서 힘들게 일하는 소에게 미안해하고, 소가 아프면 잠을 이루지 못했다. 사랑은, 끌어안고 같이 아파하는 것이다.

23년 동안 자기를 위해 헌신한 경운기 앞에 무릎을 꿇고 잔을 올리며 이별을 고하는 농부의 마음도 이런 것이다. 무정물인 기계에도 사랑을 불어넣었던 그의 삶의 태도는 대비(大悲, 중생의 괴로움을 자신의 것으로 여기는 그지없이 넓고 큰 마음)의 실천이다. 그에게 경운기는 일방적으로 부림을 당하는 소모적 도구가 아니었다. 고마운 삶의 동반자였다. 물건을 공경하는, 경물敬物할 수 있는 자만이 경천애인(敬天愛人, 하늘을 우러르고 사람을 사랑함)할 수 있다. 사랑을 불어넣으면 무정물도 생명이 되고 한 호흡이 된다.

우리 사회에는 여전히 약자와 소수자가 지독한 편견과 차별에 시달리고 있다. '차별금지법'이 발의되었지만 일부의 극한 반대로 입법이 좌절되고 말았다. 장애, 성적 지향, 출신 국가와 민족, 거주지, 인종, 종교 등의 분야에서 '합리적인 이유 없는 차별'을 금지하는 것이 입법의 요지다. 차별 금지를 통해 인간의 존엄과 사랑이라는 높은 가치를 실현하려던 이 법은 통과되지 못했다. 다수의 독점과 담합은 결국 우리 사회 전체를 병들게 할 뿐이다. 나아가 다수가 주류이고 옳다는 생각은 과연 합당한지 묻고 싶다. 2007년과 2010년에 이어 올해도 제정이 무산된 차별금지법은 합리적인 토론과 합의를 거쳐 통과되어야 한다. 평등과 사랑은 법으로 보호받고 사람의 가슴으로 나누어야 한다.

사랑하지만 행복하지
못한 사람들

"정말로 숨 막히는 세상이다." 수능이 끝난 다음날, 엄마와 함께 고등학생 아들 둘을 미국에 4년째 유학 보낸 50대 초반의 아빠가 유서를 남기고 자살했다. 일거리가 끊겨 학비를 보내지 못하는 경제적 고통과 함께 홀로 남아 있는 외로움을 견디지 못하고 "미안하다. 너희들은 아버지처럼 살지 말라."는 말을 남기고 세상과의 연을 접었다. 기사를 보며 생각했다. 미안하다니, 아비가 왜 미안해야 하는가. 아비는 오로지 자녀를 위하여 외로움과 힘든 노동을 감내하며 '사랑' 하나로 헌신했는데 말이다. 아버지처럼 살지 말라니, 이 또한 자녀에 대한 헌신과 사랑으로 자신이 선택한 삶의 방식인데 말이다.

이 기묘한 모순. 단순하면서 난해하기만 한 우리 시대의 화두이다. 내가 수능시험 당일 사찰에서 자식을 위해 삼천배를 올리는 엄

어머니는 쌀과 감자, 고구마를 챙겨
머리에 이고 간이역까지 딸을 배웅했다.
그러나 사춘기 소녀는 촌스러운 보따리를
들고 갈 일이 창피했다.
"엄마, 무겁게 들고 갈 것 없이 팔아서
돈으로 주세요. 제가 도시에서 곡식으로
바꾸면 편하지 않겠어요?" 그 말에 어머니는
한참을 있다가 겨우 입을 열어 말했다.
"얘야, 이것들은 그냥 쌀이 아니라 엄마의
마음이란다."

마의 모습과 세상을 떠난 기러기 아빠를 동시에 떠올린 것은 사랑에 대한 공감과 모순 때문이다. 자녀의 성공과 행복을 위하여 무한량의 사랑으로 헌신하는 부모, 자식의 성공이 곧 자신의 성공이라고 믿는 부모는 우리 시대의 보편적 모습이다. 그런데 사랑하면 행복해야 하지 않는가. 그것도 사랑을 주고 사랑을 받는 모두가 행복해야 진정한 행복이고 사랑이다. 어느 한쪽만 행복하다면 그것은 진정한 행복도 진정한 사랑도 아니다. 부모는 '지금 여기'에서 행복한 꿈을 꾸지 못하고 미래의 성공을 위해 입시에 숨 막히는 자녀를 바라보아야 하고, 자녀는 자녀의 성공을 위해 자신의 '꿈'을 접는 아버지어머니를 바라보아야 한다. 서로를 힘겹게 바라보는 시선 속에서 결론은 역시 모두가 행복하지 않다.

이른바 우리 사회의 기러기 가족은 한결같이 '사랑'하기 때문에 자녀의 성공과 행복을 위하여 희생하는 것이라고 말한다. 행복하게 살려면 성공해야 하고 성공하려면 '돈'이 반드시 뒷받침되어야 한다. 결국 부모가 돈을 생산해 내지 못하면 자녀는 성공할 수 없고, 성공하지 못하면 자녀는 행복하지 못하고, 자녀가 성공하지 못하면 부모의 인생은 실패한 일생이 되고 만다는 것이다. 논리적 비약이 지나친가. 아니다. 자본이 엮어 내는 우리 시대의 고통과 불행의 윤회는 일생을 두고 이렇게 날마다 진행되고 있다.

이제 우리는 현실에서 이 불온한 윤회를 끊어 내고 진정한 사랑과 행복을 회복하는 해탈을 이루어야 한다. 윤회를 벗어나 해탈하는 방법은 무엇인가. 그것은 사랑과 행복이라는 말에 정확한 수식어를 부여하는 일이다. 사회와 타인이 만들어 준 사랑과 행복의 기준이 아니라 나만의 기준으로 사랑하는 법은 이런 것이고 행복은 이런 것이라는 것을 구체적으로 서술하는 일이다. 박노해 시인은 그의 시에서 사랑과 행복을 이렇게 서술하고 있다.

> 내가 부모로서 해 줄 것은 단 세 가지였다.
> 첫째는 내 아이가 자연의 대지를 딛고
> 동무들과 마음껏 뛰놀고 맘껏 잠자고 맘껏 해보며
> 그 속에서 고유한 자기 개성을 찾아갈 수 있도록
> 자유로운 공기 속에 놓아두는 일이다
> 둘째로 '안 되는 일은 안 된다'를 새겨주는 일이다
> 살생을 해서는 안 되고
> 약자를 괴롭혀서는 안 되고
> 물자를 낭비해서는 안 되고
> 거짓에 침묵동조해서는 안 된다
> 안 되는 것은 안 된다!는 것을
> 뼛속 깊이 새겨주는 일이다
> 셋째는 평생 가는 좋은 습관을 물려주는 일이다
> 자기 앞가림은 자기 스스로 해나가는 습관과
> 채식 위주로 뭐든 잘 먹고 많이 걷는 몸생활과
> 늘 정돈된 몸가짐으로 예의를 지키는 습관과
> 아름다움을 가려보고 감동할 줄 아는 능력과
> 책을 읽고 일기를 쓰고 홀로 고요히 머무는 습관과
> 우애와 환대로 많이 웃는 습관을 물려주는 일이다.
>
> _「부모로서 해 줄 단 세 가지」 부분

느리고 자세하고 따뜻하게
바라보라

지금 두륜산은 낙목한천(落木寒天. 나뭇잎이 떨어지고 하늘이 차가워짐)의 품새로 겨울을 맞고 있다. 무성하고 푸르던 나뭇잎도 어김없이 제행무상諸行無常의 질서에 따라 모든 것을 훌훌 털어 냈다. 미련 없이 털어 낸 자리에 무엇이 드러나는가. 옛사람이 말한 체로금풍體露金風이라는 말이 떠오른다. 온갖 수식을 벗고 온전한 그대로를 드러내는, 당당하고 아름다운 겨울산의 면목에서 오묘한 자연의 도리를 읽게 된다. 자연이란 '스스로 그러함'이 아니던가. 그래서인지 산을 소재로 하는 선시는 비록 비유와 은유를 달고 있지만 대부분 직설화법이다. 법정 스님이 즐겼던 작자 미상의 선시 한 편을 음미해 보자.

본래 산에 사는 사람이라.

산중 이야기를 즐겨 나눈다.
5월에 솔바람 팔고 싶으나
그대들 값 모를까 그게 두렵네.

돈과 권력으로는 살 수도, 값을 매길 수도 없는 솔바람의 청량한 느낌을 우리는 어떻게 얻을 수 있을까.

깊은 산속 불법은 바위가 그것
큰 바위 작은 바위 저마다 둥글다.
거짓 부처님 만드느라고
공연히 벼랑 깨어 법신 상했네.

_ 백운 거사, 「금강산 내 석불상」

꾸밈없는 마음과 온전한 자애 그대로가 부처와 하나님일진대 우리는 자꾸만 그분들을 어려운 설교와 대형 성전에 가두고 있다. 산에서는 자연의 모습 그대로가 부처이고 설법이다. 그러나 늘 있는 부처를 알아보고 자연의 설법을 알아듣는 몫은 각자에게 있다.

요즘 나는 산에 오는 사람들을 관찰하고 구분 짓는 버릇이 생겼다. 오히려 자연 속에서 세상 사람들이 훤히 잘 보인다. 산에서는 이성과 논리보다는 그 사람이 내쉬는 기운에 감응하면서 그 사람을 이해하게 된다. 왠지 사람을 긴장시키고 무겁게 하는 사람이 있는가 하면, 처음 보는데도 오래된 인연인 듯 친근하고 편안한 사람이 있다. 사람에 대한 평가를 일부러 하려는 의도가 아니더라도 산을 찾는 사람들을 보면 저절로 보인다. 먼저 예의와 배려가 있는 사람과 그렇지 못한 사람으로 나뉜다. 어제도 산에서 한 무더기의 쓰레기를 주워야 했다. 쓰레기도 그냥 쓰레기가 아니라 반쯤 먹다 버린 일회용 용기에 담긴 도시락이다. 또 암자 마당에 소주병과 음식물 쓰레기를 두고 가기도 한다. 한숨이 나오고 우울하다. 귀찮아서 버렸을 테지만 버리고 가는 마음은 편안할까. 이들에게 산과 하늘과 바람소리는 그저 건강을 위한 도구이거나 정복의 대상이며 눈을 즐겁게 하는 풍경일 뿐이다.

또 산에서는 설명하는 사람과 느끼는 사람이 있다. 설명하는 사람은 산과 암자에 오면 먼저 사진 찍느라 정신이 없다. 눈으로 생생하게 산을 마주하기보다 화면으로 걸러서 산을 본다. 또 차를 공부한다는 다인들 중에는 차 맛에 은은히 젖기보다는 차에 대한 지식을 자랑하기 바쁜 경우도 있다. 산에 오르면서 세속의 권력관계나 연예인 이야기에 골몰하는 사람도 있다.

이에 반해 산을 온전히 느끼는 사람은 침묵 속에서 느리게, 자세하게, 따뜻하게, 나무와 하늘을 본다. 지그시 눈을 감고 초겨울 서늘한 바람소리를 듣는다. 그의 얼굴은 깊고 고요하고 맑고 평안하다. 산의 풍경과 기운에 몰입하여 무심과 합일의 기쁨을 누린다.

산에 오는 사람들을 보면 '루빈의 잔(덴마크 심리학자 루빈이 고안한 그림으로, 보는 사람에 따라 물 잔으로 보이거나 두 얼굴이 마주보는 것으로 보이기도 한다.)'이 생각난다. 어느 하나에만 집중하면 그것만 보이고 그 나머지는 보이지 않게 된다. 눈과 마음이 딴 곳에 가 있으면 있어도 보지 못하고 들어도 듣지 못한다. 인간은 자기의 가치와 욕망에 따라

보고 싶은 것만 보고 듣고 싶은 것만 들으려는 속성을 가지고 있다. 그래서 올곧은 관심과 집중이 필요한 법이다.

미련 없이 모두 털어 내고 비워 낸 겨울산에서 우리는 무엇을 보고 무엇을 생각하고 무엇을 느껴야 하는가.

강남 아파트와
혜월 선사

지난 8월 8일 아침에 본 〈한겨레〉(인터넷판) 머릿기사는 서글픔과 연민의 감정을 불러일으키는 내용이었다. 강남의 한 아파트 주민들이 우유와 신문 회사 배달원들의 승강기 이용을 금지시켰다는데, 배달원들이 각 층마다 승강기 버튼을 눌러 주민들의 생활이 불편하고 전기료가 오르기 때문이었다. 14층을 무더위 속에 계단으로 걸어 다니라는 이유치고는 너무 사소했다.

　　한편으로는 주민들도 나름 고충이 있을 거라고 생각해 비슷한 규모의 아파트에 사는 지인들에게 물어 보았다. 좀 과하다는 의견이 대부분이었다. 기사에 딸린 댓글 역시 비판과 비난 일색이었다. '있는 사람들이 너무 한다', '당신들도 직접 계단을 오르내리며 경험해 보라' 등 그리고 강남 주민들을 집단으로 묶어 비난과 욕설 등 적의를 드러냈다. 이 댓글에서 나는 다시 또 다른 서글픔과 연민을 느꼈다.

이를 어떻게 해석하고 답을 찾아야 할까? '하나에 곧 여럿이 있다'라는 연기적 관계에서 살펴보자. 배달원과 아파트 주민과의 갈등 해결에 대한 실마리를 지혜와 자비행에서 찾아볼 수 있다. 번뇌가 깨달음이고, 예토가 정토(깨달음의 마음을 지닐 때 사바 세계가 정토 세계가 된다), 중생이 곧 부처라고 했으니 말이다.

먼저, 이 일은 우리 사회의 소소한 일상에까지 '자본과 권력'의 시스템이 작동하고 있음을 보여 준다. 개인의 교양이 문제가 아니다. 돈 있는 사람이 강자가 되고 지배자가 되어 돈 없는 사람들을 무시하고 억압하는 나쁜 자본의 논리가 사람의 정신에까지 스며든 것이다. 양쪽 모두에게 무서운 일이고 진정한 삶에 대한 위기이다. 더 심각한 것은 이 일의 진정한 해법을 찾지 않고 대립과 적대적 관계를 형성하는 것이다. '약자는 정의, 강자는 부도덕한 자'라고 편을 갈라 증오와 긴장의 삶을 만들어 낸다면 이 또한 모두의 불행이다.

여기에 반드시 우리가 극복해야 할 것이 있다. 바로 잘못된 관계의 형성이다. 나는 아파트에 드나드는 배달원들을 '사회적 약자'라고 일컫고 규정해서는 안 된다고 생각한다. 왜냐하면 '약자'라고 일컫는 순간 '강자'가 자리 잡기 때문이다. 강자와 약자의 규정과 인식은 오만한 의식과 권력욕이 작동하는 허망하고 위험한 분별이다. 대승불교에서 자비심을 강조하면서, 우선적으로 존재의 공성空性을 말하고 관계의 금 긋기를 배척하는 까닭이 여기에 있다.

이러한 것들에 대한 극복이 앞으로 우리가 지양해야 할 관계의 모습이다. 곧 다수와 소수자, 강자와 약자의 금 긋기를 원천적으로 해체하고 우리 모두를 도움과 은혜를 주고받는 '고마운 관계'로 정립하는 것이다. 아파트 주민에게 배달원들은 경제적으로 취약한 약자가 아니다. 주민들에게 우유와 신문을 공급해 주는 고맙고 귀한 존재이다. 배달원도 마찬가지다. 아파트 주민은 그저 돈 많은 우월자가 아니라, 자신들에게 경제적 도움을 주는 고맙고 귀한 존재이다. 거래의 관계는 긴장과 불화, 원망을 낳지만, 고마운 관계는 이해와 배려, 사랑을 길러 준다. 관계를 어떻게 해석하는가에 따라 우리의 삶은 극락과 지옥의 세계로 갈라진다.

'개간 선사'로도 일컬어지는 근대의 고승 혜월 큰스님의 이야기다. 스님은 부산 선암사에서 문전옥답 다섯 마지기를 팔아 그 돈으로 일꾼을 고용하여 산자락 황무지에 밭을 일구었다. 그런데 일꾼들은 일이 힘들 때마다 큰스님의 법문을 듣고 싶다는 요령을 피우며 게으름을 피웠고 고작 세 마지기만 개간하게 되었다. 다섯 마지기 판 돈은 이미 일꾼들의 품삯으로 다 써버리고 겨우 세 마지기만 개간한 것이다. 제자들이 손해를 보았다며 크게 불평하자 스님은 흡족하게 웃으면서 말했다.

"보거라. 다섯 마지기 문전옥답은 그대로 있지, 논을 판 돈은 일꾼들이 가져가서 먹고 사는 데 썼지 않느냐. 그러고도 없던 밭이 세 마지기나 생겼으니 얼마나 좋으냐?"

우리 모두가 행복하게 사는 길이 여기에 있지 않을까. 작은 이익에 집착하면 우리의 삶은 삭막해진다. 혜월 선사는 땅과 농민과 자신을 하나의 몸으로 여기며 살았던 것이다. 선사의 이야기에서 경제적으로 얽혀 있는 우리 모두의 관계를 살펴본다.

낮은 곳에서
깊어지리라

세상 속으로 내려오는 햇볕이 더없이 시리고 투명하다. 푸르른 동백잎, 호젓한 오솔길, 시골집 툇마루, 땅끝마을 보리밭, 지상에 골고루 몸을 나투어 세상의 몸이 된 햇볕은 이렇게 말한다. "나는 새로운 이름을 얻었어요. '동백꽃잎에 반짝이는 햇볕' '사람들의 신발코에서 길을 인도하는 햇볕' '고향집에 찾아온 사람들의 무릎 위를 덮어 주는 햇볕' '청보리 뿌리 속에서 숨 쉬는 햇볕' '시골 농부들의 골 깊은 손등과 이마에 깃드는 햇볕', 이렇게 무수한 이름을 얻었어요. 그러면서 나는 새삼스러울 것 없는 사실을 깨달았어요. 나의 이름은 세상의 무수한 존재들과 관계 맺으면서 탄생한다는 것을, 나는 그렇게 존재하고 그렇게 살아가고 있다는 사실을. 확연한 사실이 되었을 때, 사실은 진리가 되더군요."

이제 금강 스님을 말해야겠다. 사람에 대하여 말한다는 것은 가능한 일이고 가당한 일인가? 내 지근거리에 있는 사람들은 말하리라. 20년을 더불어 살아오면서 동상이몽同床異夢이 아닌 동몽이상同夢異床의 삶을 살아왔으니 누구보다도 금강 스님을 잘 알 것이 아니냐고……. 그렇게 말한다면 나는 금강 스님에 대해 7박 8일 쉬지 않고도 말할 수 있다. 그러나 어느 사람에 대하여 많이 안다는 것과 잘 안다는 것, 그것은 엄연 다르다. '천길 물속은 알아도 한 치 사람 마음은 모른다'는 불신과 모호의 차원에서가 아니다. 무엇에 대해 '잘 안다' 것은 어려운 일이고 불가능한 일이다. 그러므로 나는 '잘 안다'는 전제를 폐기하고 내가 알고 있는 만큼의 금강 스님을 말하고자 한다. 그와 함께 해온 일들을 전하는 것으로 말이다.

금강 스님은 해남 미황사 주지이다. 그런데 그곳에서 그는 주지 스님이라고 불리는 일이 별로 없다. 그냥 금강 스님이다. 평생 미황사를 다니고 있는 엄남포 노보살님도, 미황사가 후원하는 아랫마을 서정분교의 꼬맹이 산별이, 한길이도 제 친구 이름 부르듯 그저 금강 스님이다. 시쳇말로 주지 끗발은 꽝이다. 마음으로 부른다는 것, 자연인으로 불린다는 것은 얼마나 소박하고 정겹고 진솔한 풍경인가. 주지는 잠시 빌려 온 이름. 직책을 떠나 그 사람이 좋아서 언제 어디서나 '금강 스님'으로 불리는 그는 정말 복 많은 사람이다.

황지우 시인은 어느 시집 첫 장에 이렇게 썼다. '아버지 같은 나의 장형長兄 스님께 이 시집을 바칩니다.' 나는 금강 스님에게 어떤 수식어를 붙여 둘만의 관계를 의미 지을 수 있을까. 한때 항간에는 그와 내가 사촌간이라는 말이 떠돌았다. 주민등록증을 보면 더 그럴 듯하다. 속성이 같고 이름의 돌림자도 같으니 말이다. 그러나 그는 나에게 '동생 같은 친구, 친구 같은 동생'이다. 사제도반인 셈이다. 언젠가 내가 이런 말로 사랑을 고백했을 때 그는 무척이나 좋아했다. 광영이고 행복이라고까지 했다.

20년 전, 여러 수행처를 전전하다가 뒤늦게 들어간 중앙승가 대학, 학보사, 그곳에서 선후배 기자로 인연은 시작되었다. 금강은 입학하기 전에 해인사 강원에서 수학하고 젊은 나이에 정토구현전 국승가회라는 불교계 진보단체에서 활동하면서 불교와 사회의 만남을 체험했었다. 8·15 특별기획 '친일불교 청산'에 대한 그의 기사는 교계 안팎의 큰 호응을 받았다.

학보사에서 우리는 많은 이야기를 나누었다. 경전을 이야기했고, 분규가 끊이지 않는 불교계의 현실에 절망하고 울분을 쏟아 냈고, 앞으로 우리들의 중노릇에 대해 설계하기도 했다. 그러면서 세상 사람들에게 부끄럽지 않은 삶을 살고, 세상 사람들에 대한 연민과 사랑의 끈을 놓지 않는 중이 되자고 다짐했다. 학보사 사무실에서 초저녁부터 시작한 정담과 법담은 토론으로 이어져 새벽을 맞는 일이 다반사였다. 어쩌면 공감과 교감을 이룬 그 숱한 토론의 시간은 지금의 밑그림을 그린 것인지도 모른다.

한국사회와 불교계를 흔든 94년도 종단개혁 때 나와 금강 스님은 더불어 치열하게 나름의 역할을 담당했었다. 개혁불사가 끝나고 우리는 잠시 떨어졌다. 나는 지리산 실상사로 들어가 도법 스님을

모시고『화엄경』을 열람하면서 숙성의 기간을 보냈고, 금강은 선방
에서 화두를 들고, 백양사에서 서옹 방장 스님을 모시고 무차대회를
열어 선의 대중화에 일조하였으며, 실직자 수련회를 열어 뭇 삶의 아
픔을 함께하기도 했다. 그때부터였을까. 그가 햇볕처럼 여러 가지 모
습으로 여러 가지 이름으로 살아가기 시작한 것이.

　　떨어져 있어도 우리는 헤어진 적 없었지만 나와 금강은 해남
에서 다시금 합류하게 되었다. 내가 나의 재적 본사인 대흥사의 총무
와 부주지 소임을 보고 그가 대흥사의 소속 말사인 미황사의 주지가
되면서 우리는 수행과 전법, 자비의 구현이라는 보살행의 여정을 가
까이에서 함께하게 된 것이다.(금강 스님의 고향은 대흥사 아랫마을이다. 그
래서 나는 그의 유년시절과 학창 시절의 로맨스까지도 마을 사람들에게 수집했다. 이
것도 문의하면 성실하게 답변할 것이다.)

　　우리는 함께 적잖이 일을 '저질렀다.' 일곱 개 시군에 소속된
대흥사 본말사가 힘을 모아 조계종 제22교구 차원에서 지역사회에
불교적 역할을 다하고자 모범답안을 모색할 때 누구보다도 금강 스
님과 의기투합했다. 새벽숲길, 참사람의 향기, 한문학당, 산사음악
회 등을 같이 기획하고 논의하고 역할을 나누며 우리는 신명이 났다.
산문을 열어 세상 사람들을 맞으니 사람들은 너무도 좋아했다. 우리
가 잘할 수 있는 것들을 정성으로 잘하면 우리도 좋고 세상 사람들도
좋을 것이라는 우리의 생각은 맞아 떨어졌다.

　　처음 시도한 한문학당을 성공적으로 마치고 먹은 완도 희래
등의 자장면은 얼마나 달콤했던가. 정도리 밤바다가 백사장 달빛을

받아가며 불렀던 장사익의 〈찔레꽃〉과 정태춘의 〈떠나가는 배〉는 우리의 모세혈관 속에서 얼마나 절절했던가. 미황사 산방에서 날을 새우면서 한문학당 학동들의 얼굴과 이름을 하나하나 불러내어 그놈들의 악동짓거리와 대견하게 글 읽던 모습을 들추어내며 우리는 얼마나 행복했던가. 작은 음악회를 마치고, 서정분교 살리기를 마치고, 참선수련회를 마치고, 괘불재를 마치고 나서 끝없이 이어지던 우리의 자화자찬 앞에는 나폴레옹의 무용담도 칭기즈 칸의 승리담도 빛을 잃을 것이었다.

누구는 이렇게 말한다. 금강 스님은 이벤트에 강하고, 기획력이 뛰어나고, 일을 매우 좋아하는 사람이라고. 그러나 드러난 일을 유심히 보라. 그러면 사람이 제대로 보인다. 한 해 노동을 마치고 미황사 괘불 부처님 앞에 땀 흘려 거둔 쌀, 고구마, 김자반, 차를 올리는 사람들의 진지한 표정이나 일 년 동안 쓴 공책을 올리는 고사리손의 감동은 만물공양의식이 결코 이벤트로 불릴 수 없음을 웅변한다. 거기서 느껴지는 사람 사는 세상에 대한 깊은 성찰과 연민, 무한한 애정은 기획력이 아니라 그의 깊은 진정성이다. 금강 스님이 10년 넘게 미황사와 살아오면서 이루어 낸, 초등한문학당, 중등문화학교, 템플스테이, 참선 수련회, 서정초등학교 바로 세우기 등 다양다종한 일들이 모두 그러하다.

그가 해온 일들은 한마디로 '산중불교의 새로운 모색과 가능성'이라고 말할 수 있다. 그런데 좀 재미가 없는 표현이다. 다른 말로 하면 뭐가 될까. '세상 속으로 걸어 나온 절' '절로 오는 세상 사람들'

혹은 '마을에서 길을 찾다' '사람이 부처다.' 그리고 이 모든 것을 관통하는 축은 화엄의 세계이다. 화엄에서 말하는 하나 속에 여럿이 있고, 여럿 속에 하나가 있으며, 온전한 하나가 이루어지기 위해서는 온전한 여럿의 도움을 받아야 한다는 일즉다 다즉일一卽多, 多卽一의 그물코 인생, 그물코 사랑의 세상을 말할 것이다.

미황사, 이제 세상 사람들에게 위로와 안식의 솔바람이며 평온과 희망의 햇볕이 되어 있는 이곳은 저 홀로 미황사가 아니다. 사고의 전환 없이, 진정한 몸놀림 없이, 쉽게 얻은 이름이 아니다. 그것은 유정 무정의 뭇 삶들과의 관계 속에서, 이웃과의 따뜻한 피를 교감하면서 힘들게 얻은 값진 이름이다. 햇볕이 세상에 내려와 무수한 이름을 얻었듯이 금강의 10년 세월은 세상에서 이렇게 불린다. '땅끝마을 아름다운 절의 그 사람, 금강 스님'이라고, 이 하나의 이름에는 이미 무수한 이름이 들어있다.

한때 그는 미황사 주지를 그만두고 걸망 하나 의지하여 선방에서 평생 선수행에 몰두할까 깊이 고민했었다. 산사에서 수행하면 저자거리 대중에게 부채감이 있고, 저자거리 대중 속에서는 산사의 수행을 동경하는 이분법 속에서 그도 여느 수행자처럼 갈등했던 시기가 있었다. 이제 금강 스님은 개인이든 대중이든 삶 속에서 수행하는 길을 찾은 듯하다. 더는 머뭇거리지 않고 저어하지 않는 모습이 든든하기만 하다. 개인은 관계 속의 존재이고 그런 존재가 관계하고 있는 것이 그대로의 삶의 모습이다. 행위와 행위자가 미리 실재하지 않고 연기하여 존재하고 살아가는 것과 같이, 이미 뭇 삶과의 관계

속에 있는 금강 스님은 일과 사람이 어울리는 가운데 자신을 단련하고 성숙시키는 수행자인 것이다. 그는 일로써 지혜와 자비심을 파종하고 일로써 지혜와 자비심의 결실을 수확하고자 한다.

일이 자신을 성숙시키는 수행이 될 수 있다는 것은 온전히 타당한 것일까. 불교 수행법인 팔정도(깨달음을 얻기 위한 여덟 가지 바른 자세)와 육바라밀(열반으로 가는 여섯 가지 수행)은 언제 어디서든지 구체적으로 '참살이'로 살아갈 것을 제시하고 있다. 참선 많이 하고 경전에 해박하더라도 자기 속에 갇혀 경직된 표정으로 살아간다면 수행은 아무 의미가 없다. 세상 속에서 사람과 더불어 살아가면서 바른 안목과 자애로움으로 웃음을 주고 겸손과 평정심으로 회향할 수 있다면 그것이 참살이 아니겠는가.

어느 날, 땅끝마을 지는 해를 황홀하게 바라보다가 그와 이런 말을 나누었다. 우리가 해온 일들은 칭찬받을 일이 아니라 지극히 당연하게 해야 할 일, 누구든 마음 내면 할 수 있는 평범한 일 아닌가. 우리보다 훨씬 어려운 환경에서도 헌신적인 삶을 살고 있는 사람들은 얼마나 많으며, 우리보다 앞서 이런 일들을 해 온 사람들 또한 얼마나 많은가. 깊은 철학과 신념, 투철한 진단과 안목을 가지고 지속 가능한 체계를 세우며 사회에 헌신하는 사람들에 비하면 우리는 얼마나 부족한가. 그러니 세상의 인정에 자만해서는 안 된다고, 끝까지 겸손하자고. 쉼 없이 연구하자고. 넓게 보고 높게 볼망정 낮은 곳으로, 낮은 곳으로 흘러 내려가자고. 그리하여 가장 낮은 곳에서 더 없이 깊어지자고.

거래의 관계는 긴장과 불화, 원망을 낳지만,
고마운 관계는 이해와 배려, 사랑을
길러 준다. 관계를 어떻게 해석하는가에 따라
우리의 삶은 극락과 지옥의
세계로 갈라진다.

내가 뿌린 말의 씨앗들은
어디서 어떻게 열매 맺었을까

지난해 12월경 어떤 스님으로부터 편지 한 통을 받았다. 그즈음 나는 일지암에서 진행하는 '청년출가, 암자수행 30일' 프로그램에 참가자를 모집하는 중이었다. 편지는 어느 일간 신문에 실린 청년출가수행 기사를 접하고 보낸 것으로, 내게 참회와 성찰을 요구하는 내용이었다. 글의 행간에는 나를 향한 서운함과 분노가 배어 있었다.

대강의 사연인즉, 직지사에서 행한 승가고시 면접장에서 당시 면접위원인 나에게 심한 모멸감을 느꼈다는 것이다. 모멸감을 느낀 이유는 내가 불교의 궁극적인 목적을 물었고, 그 스님은 깨달음의 성취라고 답했고, 다시 나는 거두절미하고 그것만으로는 안 된다고 야멸치게 잘랐다는 것이다. 스님은 마음에 큰 상처를 입었고, 서운하고 분한 감정을 못 이기고 내게 많은 원망을 했다고 했다. 편지 말미에는 보다 겸손하고 자애롭게 사람을 대하라고 충고하면서, 이 편지로 나를 향한 원한의 마음을 접겠다고 했다.

편지를 받고 당황했다. 스님의 얼굴은 떠오르지 않지만 내가 그렇게 말한 기억은 또렷했다. 그런데 그 스님에게만 그 질문을 한 것은 아니다. 평소 스님들은 물론 주위의 불교 신도들과 물음을 주고받으며 이야기를 나누곤 했다. 불교 수행의 최종 목적이 '깨달음'이라고 말하는 분에게는 자칫 깨달음에만 갇히게 될 것을 염려하여 깨달음에만 머물지 말고 자비를 실천할 것을 권했다. 또 처음부터 도심 포교와 사회복지 등 대외적인 일에 강한 신념을 보이는 스님들에게는 먼저 경학 연찬과 참선 수행으로 내실을 튼튼하게 다질 것을 조언했다. 윗세대 분들의 불교적 삶의 행적과 내 삶의 과오를 토대로 후학들이 가야 할 방향을 제대로 잡고, 균형과 조화를 이루는 삶의 지향과 방식을 말하고 싶었다. 그것은 승가공동체에서 나의 책임이자 자비라고 생각했기 때문이다.

그런데 진정 어린 조언이라고 생각한 나의 '발언'이 결과적으로 상대에게 마음의 상처를 준 것이다. 편지를 보낸 스님 말고도 더 많은 사람들이 상처를 받았을지도 모른다고 생각하니 가슴이 철렁했다. 본의는 아니었지만 전달 방식에 문제가 있었던 것은 분명했다. 나는 스님에게 정중한 사과의 편지를 보냈다. 보다 겸손하고 자애롭게 처신하겠노라고 했다. 또 나의 표정과 말로 상처를 받은 모든 분들께도 진심으로 참회했다.

이 일로 자비에도 기술이 필요하다는 것을 크게 깨달았다. 나는 참으로 서툴고 어설펐다. 그 뒤 '말'에 대해 생각해 보는 시간이 많아졌다. 많은 사람들과 말을 주고받아야 하는 나의 처지에서 본다면 말의 내용과 품격은 파장이 클 수밖에 없다. 말을 조심해야 한다. 지금도 나는 불보다 말이 더 무섭다. 꺼진 불도 다시 보고 한 말도 다시 생각한다. 그리고 좋은 말을 하기보다는 말실수를 줄이는 것에 더 신경이 쓰인다.

말에 대한 조심과 경건, 소중함은 '청년출가, 암자수행 30일' 동안에 틈틈이 낭독한 발원문에서 더욱 절실해졌다. 이 발원문은 미산 스님이 아름답게 가꾸고 있는 수행공동체 상도선원에서 일상 법회 때 사용하고 있다. 표정 없고 온기 없이 훈육의 냄새가 나는 많은 발원문을 대하다가 이 '슬기로운 말의 주인이 되기 위한 명상 발원문'은 매우 신선하고 큰 감동으로 다가왔다.

제가 이 세상에서 태어나
수없이 뿌려 놓은 말의 씨앗들이
어디서 어떻게 열매를 맺었을까 생각해 봅니다.
무심코 버린 말의 씨앗일지라도
그 어디선가 뿌리를 내렸을지도 모른다고 생각하면
왠지 두렵고 불안합니다.
더러는 허공으로 사라지고
더러는 다른 이의 가슴속에서 좋은 열매를
또는 언짢은 열매를 맺기도 했을
언어의 나무
매일 돌처럼 단단히 결심해도

슬기로운 말의 주인이 되기는
얼마나 어려운지 모릅니다.

우리의 삶은 어찌 보면 '보고, 듣고, 생각하고, 말하는 것'이라고 할
수 있다. 이것을 교학적으로 말하면 여섯 개의 감관 기능이 그에 대
응하는 여섯 개의 대상을 마주하여 느낌을, 개념을, 의도를, 분별과
인식을 만들어 내는 활동이다. 여기서 우리는 형성된 느낌, 개념, 의
도, 분별과 인식 등을 몸이나 말로 표현한다. 분노와 적의를 표현하
면 폭력과 폭언이 된다. 좋은 감정과 사랑을 표현하면 자비와 애어愛
語가 된다. 표현은 곧 업業의 다른 이름이다. 일상에서 대부분의 표현
은 말이다. 말을 조심해야 하고 말을 잘 해야 하는 이유가 여기에 있
다. 말은 뱉는 순간 서로가 반응하게 되고〔順現報〕, 아니면 며칠 후,
몇 년 후에도 반응과 결과를 가져온다〔順生報〕.

　　그동안 참 많은 말을 했다. 그중에서도 정직하지 못한 말을 많
이 했다. 제대로 이해하지 못한 경전 구절을 아는 것처럼 그럴듯하게
포장하여 법문과 강의라는 이름으로 일방적으로 늘어놓았다〔死句〕.
말은 진지한 성찰과 사유를 통하여 체험된 자기 언어로 표현할 때 이
해와 공감을 이룬다〔活句〕. 눈 밝은 사람들은 금방 알았을 것이다. 그
저 잘 짜인 내 말의 허구와 허상을 눈치 채고 실소했을 것이다. 오싹
하고 두렵다. 격물格物하지 못했으니 치지致知하지 못했고, 당연히
성의誠意와 정심正心을 이룰 수 없었으며, 참다운 수신修身에는 한걸
음도 나아가지 못했다. 아무리 말로 포장해도 세상을 결코 속일 수는

없다. 아니 세상은 속아 주지 않는다. 다만 침묵하거나 속은 체하고 있을 뿐이다. 오로지 정직한 삶, 정직한 말이 설득과 공감의 정도임을 뒤늦게 절실하게 깨닫는다.

　　말을 하는 기술도 너무 안이하고 배려가 없었다. 후회하고 자책한다. 비록 나의 의도가 불순하지 않고 이웃을 위한 것이었을 테지만, 얼굴 표정과 말의 표현은 이웃의 마음을 미처 헤아리지 못한 때가 많았다. 기분 나쁘고 모멸감을 느꼈을지라도 차마 나에게 항변하지 못한 많은 사람들을 생각하니 가슴이 아프다. 『잡아함경』의 말씀이 떠오른다. 부처님은 남에게 충고할 때는 몇 가지 조건을 갖추어야 한다고 했다. 먼저 사실 관계를 정확하게 파악하고, 말할 때를 잘 가리며, 근거를 가지고 조리 있게 말하며, 부드럽게 이야기하고, 자비심을 늘 품고 말해야 한다는 것이다.

　　　　향기롭고 지혜로운 말의 주인이 되기 위해
　　　　먼저 침묵하는 지혜를 깨우쳐야 합니다.

　　　　거짓된 말 한마디가 삶을 헛되게 하고
　　　　진실한 말 한마디가 삶을 알차게 합니다.

　　　　허영에 찬 말 한마디가 근심과 두려움을 주고
　　　　신념에 찬 말 한마디가 희망과 광명을 줍니다.

　　　　부주의한 말 한마디가 싸움의 불씨가 되고
　　　　칭찬의 말 한마디가 삶의 길을 평탄케 합니다.

잔인한 말 한마디가 삶을 파괴하고
사랑 담긴 자비의 말 한마디가 삶을 복되게 합니다.

겸허한 말 한마디가 우정을 두텁게 하고
덕스러운 말 한마디가 편안함과 넉넉함을 줍니다.

차분한 말 한마디가 고요함을 자아내고
깊이 있는 말 한마디가 잔잔한 기쁨을 줍니다.

때에 맞는 위트 있는 말 한마디가 긴장을 풀어 주고
조리에 맞는 말 한마디가 지혜를 자아냅니다.

말은 곧 마음에 닿아 있고, 말은 곧 삶을 가꾸는 씨앗이라는 것을 말해 주는 발원문이다. 무엇보다도 침묵하면서 마음을 경건하게 하고, 침묵의 힘으로 생명과 세상을 정직하게 보는 눈을 길러야 하리라. 침묵의 바닥에 고인 생각과 감정을 진실하고 아름답고 따뜻한 체온이 있는 말로 건져 올려야 하리라.

그리고 '하지 않아야 함'과 '해야 함'의 동시적 실천이 말의 용법에도 그대로 적용되어야 한다. '하지 않아야 할 것'은 '해야 할 것'과 마찬가지로 소중한 가치이다. 공자는 『논어』에서 말했다. "자기가 원하지 않은 것은 남에게도 강요하지 말라〔己所不欲 勿施於人〕." 우리가 선한 일을 많이 하지 못해서 문제와 갈등이 생기는 것은 아니다. 오히려 도덕과 윤리의 규범에서 벗어난 행동을 하고, 개인과 집단의 문화적 차이를 생각하지 않고 행동함으로써 오해와 고통이 따른다. "열 가지 선행은 열 가지 선하지 않는 행을 하지 않는 것"이라는 경전 구절도 있다.

'말'도 마찬가지다. 인정받고 과시하고자 하는 욕구로 허위와 허영에 찬 말을 하지 않는 것이 이웃에게 수군거림을 당하지 않고 무시당하지 않는 처신일 것이다. 이웃의 가슴에 못 박는 말을 하지 않는 것, 삿된 이익을 취하고자 거짓과 이간의 말을 하지 않는 것이 말을 '잘하는' 것이다. 이 바탕 위에 위로의 말, 격려의 말, 사랑의 말, 정의로운 말, 용기 있는 말이 놓여야 한다. 금상첨화! 비단 위에 아름다운 무늬를 수놓을 때 말은 예술이 된다. 침묵해야 할 때 침묵하고, 말해야 할 때 말하라. 말을 다스려 마음을 다스려라. 말을 가꾸어 삶을 가꾸어라. 이것이 팔정도의 정어正語 수행이다. 슬기로운 말의 주인이 되기 위한 명상 발원문은 이렇게 맺는다.

나날이 새로운 마음, 깨어 있는 마음,
그리고 감사한 마음으로

좀 더 신선하고 분별력 있으며
겸허하고 인내로운 말로
밝고 풍요로운 언어생활을 하겠습니다.

그리하여 해처럼 맑게 빛나는 삶,
노래처럼 즐거운 삶을 살아가겠습니다.

나무 시아본사 석가모니불.

자비에도 기술이 필요하다. 말을
조심해야 한다. 지금도 나는 불보다 말이
더 무섭다. 꺼진 불도 다시 보고
한 말도 다시 생각한다. 그리고 좋은 말을
하기보다는 말실수를 줄이는 것에
더 신경이 쓰인다.

아름다운 만남은
어떻게 오는가

얼마 전 해남 미황사 괘불재에 참여한 20여 명의 지인들이 내가 사는 일지암을 찾아왔다. 팔도 사방에서 온 그들은 하는 일도 각양각색이다. 시인과 목사, 농부와 소리꾼, 주부와 공무원, 바느질하는 공예인과 언론인 등, 저마다 다른 업으로 살아가고 있지만 그날 밤은 하나의 업을 도모하기 위해 산중 암자에 모여들었다. 그들은 평소 차를 즐기며 마음 살림을 알뜰히 가꾸고 있는, 굳이 이름을 붙이자면 '차인'들이다. 이른바 차의 성지, 일지암에서 하룻밤을 달이랑 별이랑 사람이랑 차랑 더불어 즐기고자 모여 든 것이다. 모두들 고요한 얼굴빛에 겸허한 몸짓, 속 깊고 뜻 깊은 말 씀씀이로 서로의 마음을 편하고 즐겁게 해 주는 이들이었다.

　　가난한 산중 암자에 찾아온 그들에게 내가 해 줄 것이라고는 그저 잠자리와 공양간을 내주는 일밖에 없다. 거기에 환한 얼굴과 따뜻한 눈길과 손길만 보태면 지상 최고의 안식처가 된다. 어느 곳이든 즐거움이 극에 달하면 십만 억 국토 건너 서쪽에만 극락정토가 있는 것은 아니리라.

그날 그들은 무려 새벽 3시까지 저마다 가져온 차를 나누며 시와 노래와 이야기로 별빛 쏟아지는 가을밤을 보냈다. 그날 밤 마신 차 종류만 아마 열세 가지가 넘지 않을까. 또 녹차와 꽃차를 함께 곁들여 마시는 차 맛은 신묘의 경지는 아니어도 미묘한 맛과 멋에 이르렀다. 마주보는 사람들의 얼굴이 다정스러워지고 풀벌레 울음소리 맑을 때 시와 노래로 화답하지 않으면 가을밤 산중에 깃들 자격이 없는 것인지도 모르겠다. 이때 어김없이 버들치 시인 박남준이 나직하고 애절한 목소리로 시를 읊조렸다.

> 몸이 서툴다 사는 일이 늘 그렇다
> 나무를 하다 보면 자주 손등이나 다리 어디 찢기고 긁혀
> 돌아오는 길이 절뚝거린다 하루해가 저문다
> 비로소 어둠이 고요한 것들을 빛나게 한다
> 별빛이 차다 불을 지펴야겠군
>
> 이것들 한때 숲을 이루며 저마다 깊어졌던 것들
> 아궁이 속에서 어떤 것 더 활활 타오르며
> 거품을 무는 것이 있다
> 몇 번이나 도끼질이 빗나가던 옹이 박힌 나무다
> 그건 상처다 상처받은 나무

이승의 여기저기에 등뼈를 꺾인
그리하여 일그러진 것들도 한 번은 무섭게 타오를 수 있는가

언제쯤이나 사는 일이 서툴지 않을까
내 삶의 무거운 옹이들도 불길을 타고
먼지처럼 날았으면 좋겠어
타오르는 것들은 허공에 올라 재를 남긴다
흰 재, 저 흰 재 부추밭에 뿌려야지
흰 부추꽃이 피어나면 목숨이 환해질까
흰 부추꽃 그 환한 환생

_ 박남준, 「흰 부추꽃으로」 전문

그리고 이어 노래에 특별한 내공이 있는 벗들이 수줍은 몸짓으로 시
작해서 묻어 둔 끼를 애절하게, 때로는 발랄하게 뿜어냈다. 노래가
이어지고 시가 이어지고 간간히 썰렁한 객담도 끼어들면서 그렇게
그날 모임은 새벽을 맞았다. "이 가을 저녁, 인간으로 태어난 것이
결코 가볍지 않다."는 고바야시 잇싸의 하이쿠가 결코 가볍지 않은
그런 가을밤이었다.

다소 늦은 아침 공양을 마치고 국화향기 묻어나는 가을 햇살
듬뿍 받으며 세간의 벗들은 산을 내려갔다. 가슴에는 무심하고 가벼
운 텅 빈 충만을 느끼며 간간히 시린 하늘을 바라보는 벗들의 눈에
흰 구름 둥실 나들이 하고 있었다.

벗들이 떠나간 암자의 뜰은 고요하고 적막하다. 성급하게 피
어난 동백꽃이 투명한 햇살에 선연하다. 벗들이 떠나갔지만 쓸쓸하

거나 허망한 기분이 들지 않는다. 아쉬움과 그리움이 애틋하게 남아 있을 뿐이다. 붙들어 매지 않고 얽어매지 않는 관계의 나눔이기 때문일 것이다. '응무소주 이생기심應無所住 而生其心', 그 무엇에 머물지 않고 마음을 내라는 『금강경』의 일침이 바로 이런 경지일까. 사람과 사람 사이, 사이가 좋으려면 서로를 묶지 않아야 하지 않을까. 설령 진리와 사랑이란 이름으로도 말이다.

벗들을 보내고 홀가분하고 기분 좋은 감정에 자족하면서 일지암 초당에서 홀로 차를 마신다. 여럿이 마시는 차는 마음과 정을 나누는 기쁨이 있고, 홀로 마시는 차는 비움과 고요함에 머무는 기쁨이 있다. 백자의 순결한 빛 위에 따라 놓은 연초록빛 차는 그 자체로도 맑은 명상의 세계로 나를 인도한다. 이렇게 차를 마시는 산중의 한가로움은 값을 매길 수 없는 최상의 기쁨이다. 부질없는 생각을 내려놓고 침묵과 무심의 덕성을 갈무리하는 데에는 차 마시는 일 이외에 더 좋은 방법이 없다.

이런 순간, 좋은 차 한 잔이 내게로 오기까지의 숱한 정성과 만물의 숨결에 대한 감사를 빠뜨릴 수 없다. 한국의 다성으로 불리는 초의 선사는 『다신전』에서 좋은 차를 만들기 위해서는 어느 한 가지도 소홀히 할 수 없는 공력이 함께해야 한다고 했다. 우선 찻잎을 따는 시기도 때를 잘 맞추어야 한다. 곡우 전후에 딴 차가 제일인데, 이때 딴 차를 우전이라 한다. 또 불의 온기도 중요하고 찻잎도 알맞게 덖어야 한다. 차를 우리는 물은 차의 품성에 맞아야 한다. 이렇게 한 잔의 차에는 때와 불과 물이 찻잎과 더불어 자기의 본성을 지키면서도 기꺼이 자기를 고집하지 않고 서로에게 호응하여 신묘한 맛을 만들어 내는 우주의 질서와 이치가 있다.

그러나 아무리 좋은 차가 만들어지더라도 이를 즐기는 사람의 깊은 생각과 격조와 멋이 따르지 않으면 차는 한낱 음료에 지나지 않는다. 다산 정약용 선생이 강진 유배 당시 백련사의 혜장 선사에게 차를 보내 달라는 내용의 글을 보낸 「걸명소乞茗疏」에는 차 마시는 기쁨과 운치의 절정이 담겨 있다. "마음이 고요하고 욕심이 없을 때, 아침 햇살이 처음 빛날 때, 흰 구름이 맑게 갠 하늘에 둥실둥실 떠 있을 때, 낮잠에서 처음 깨었을 때, 밝은 달이 푸른 시냇물에 맑게 비출 때, 작은 구슬 같은 눈발이 날릴 때에 산사에서 등불 켜고 자순차紫筍茶의 향기를 맡고자, 활활 타는 불로 새 샘물을 길어다 끓이니 들에서 먹는 상서로운 맛이로다."

인간의 무욕과 자연의 무위가 함께하는 차 맛을 다산은 충분히 누리고 있었다. "고해의 좋은 양식은 시주의 보시가 가장 중하니 마땅히, 내가 목마르게 바라는 것을 생각해서 은혜 베풀기를 아끼지 마오."라고 간절하게 차를 구하고 있다. 오죽 차를 좋아했으면 유학자가 스님에게 상소문의 형식을 빌려 차를 보내 달라고 했겠는가.

다산이 차를 탐한 것 이상으로 차에 목을 매단 사람이 또 있었으니 그는 다름 아닌 추사 김정희였다. 추사는 평생 지기였던 해남 대흥사 일지암의 초의 선사에게 차를 청하는 편지를 보냈다. 그 편지 역시 다산의 「걸명소」를 뛰어넘는 거의 협박에 가까운 내용이었다. 추사가 초의에게 보낸 편지는 44통인데, 그중에 11통이 차를 보내

227

달라는 것이다. 추사는 24세에 중국의 연경에서 당대의 학자 옹방강과 완원을 만나 학문의 눈이 크게 열렸다. 그때 완원에게 희대의 명차 '용단승설차龍團勝雪茶'를 대접받았는데 추사는 흠뻑 취하여 차 맛을 알게 되었다. 추사는 이후 '승설도인勝雪道人'이라는 호를 사용할 정도로 차를 애호하게 되었다.

"편지를 보냈건만 한 번의 답장도 받지 못했구려. 생각건대 산 속에 바쁜 일이 필시 없을 터인데 세상 인연과 어울리지 않으려 하여, 내가 이처럼 간절한데도 먼저 금강金剛으로 내려가 버리시는 겐가? 다만 생각해 보니 늙어 머리가 다 흰 나이에 갑작스레 이와 같이 하니 참 우습구려. 기꺼이 사람을 양단간에 딱 끊기라도 하겠다는 겐가. 이것이 과연 선禪에 맞는 일이요? 나는 대사는 보고 싶지도 않고, 대사의 편지 또한 보고 싶지 않소. 다만 차에 얽힌 인연만은 차마 끊어 없애지 못하고, 능히 깨뜨릴 수가 없구려. 이번에 또 차를 재촉하니 보낼 때 편지도 필요 없고, 단지 두 해 동안 쌓인 빚을 함께 보내되 다시 지체하거나 어긋남이 없도록 해야 할 것이오. 그렇지 않으면 마조의 할(고함소리)과 덕산의 몽둥이를 받게 될 터이니, 이 한 번의 할과 한 방의 몽둥이는 수백천 겁이 지나도 피해 달아날 도리가 없을게요. 다 미루고 이만 줄이오."

추사가 초의에게 보낸 글의 행간에는 눈물겨운 애틋함이 배어 있다. 그대를 보고 싶지도 않고 그대의 편지도 기다리지 않는다는 그리움의 절창. 추사는 절해의 유배지 제주에서 깊은 밤 호롱불 아래서 초의가 보내 준 차를 마시면서 무슨 생각에 잠겼을까. 호기박람하던 젊은 날의 자신을 돌아보았을까. 학문의 깊은 이치를 더욱 궁구했을까. 아니면 백성과 조선의 앞날을 걱정했을까.

오늘도 찻상 앞에서 다산과 혜장, 추사와 초의의 만남을 그려본다. 그들은 사상과 신분을 넘고 넘어 선 너머의 자리에서 만났다. 그들의 만남은 조화와 중정(中正. 치우침 없이 다른 것과 어울리는)의 차 맛과 닮았다. 물이 물을 잃지 않으면서 불에게 자신을 맡기고, 불이 불을 잃지 않으면서 물의 몸을 덥혀 주고, 찻잎이 찻잎을 지키면서 불과 물에게 신묘한 맛을 만들어 내는 이치와 같다. 정녕 그들은 그렇게 눈 내리는 깊은 밤, 남도의 산사에서 말없이 말을 나누고 한 수의 시와 한 폭의 수묵화로 마음을 건넸을 것이다.

차의 품성은 고요하고, 맑고, 향기롭다. 그리고 깊고 조화롭다. 오늘, 나는 차 한 잔을 마주하며 차의 품성에서 우리의 모습을 생각한다.

달은 어디에나 있지만
보려는 사람에게만 뜬다

35년 전 출가한 나는 지금 산승山僧이 아니다. 그렇다고 부처님을 등지고 환속한 것은 아니다. 3년 전, 내가 늘 깃들어 살고 있는 땅끝마을 두륜산을 떠나왔으니 산승이라고 이름 붙일 수는 없고, 조계사가 자리한 수도 서울에 살고 있으니 수도승이라 함이 마땅하겠다. 산승과 수도승은 출가 수행자를 분류하는 스님 세계의 객쩍은 은어다. 산중에 사는 스님들에게 "스님들은 피나게 정진해도 수행의 소득이 없을 수 있으나 우리 수도승은 굳이 참선하고 경을 읽지 않아도 저절로 도가 높아진다."고 놀려 먹으며 힘든 도시생활을 스스로 위로한다.

출가 수행자가 산사를 떠나 도심에서 살아가는 일은, 새가 숲을 떠나 낯선 세상에서 날갯짓하는 것과 같다. 그러니 온갖 시비와 복잡함이 얽혀 있는 도심 한복판에서, 출가할 당시의 초심을 잃지 않고 삶의 변화와 성숙을 일구어 내야 하는 수도승 생활은 여간 조심에 조심을 더하지 않을 수 없다.

이제 수도승의 옷을 입은 지도 어느덧 3년을 넘었다. 돌이켜 보면 적잖은 변화가 있었다. 수행은 다름 아닌 바로 지금 여기서 삶의 진행이라는 신념으로 살아왔다. 무엇보다도 유약하고 모호한 태도를 극복하며 보다 단단해진 것 같다. 일을 통해서 세속 사람들의 어려움을 이해하고 그들의 마음까지 보듬게 되었다. 사람과 일을 통해서 새로운 눈으로 경전을 보는 힘도 얻었다.

그러나 잃은 것도 많다. 내면의 빛이 바랜 경향도 더러 있는 것 같다. 나를 아끼는 이웃들의 말을 빌자면, 감성의 물기가 많이 빠지고 여유의 멋도 많이 사라졌다고 한다. 때로는 사무적이고 몸에 힘이 들어갔다고 한다. 굳이 고민할 필요 없이 다 맞는 말이다. 매우 죄송한 일이다. 힘이 잔뜩 들어간 나의 말과 표정에 상처를 입은 분들에게 진심으로 참회의 마음을 전한다.

그래서 퇴색한 감성과 여유를 찾기 위해 서울에서도 나름 안간힘을 쓴다. 그중 하나가 억지로라도 시간을 내어 산책하는 일이다. 한밤중, 새벽녘, 저물 무렵을 가리지 않고 산책을 즐긴다. 사람에 걸리지 않는 독신과 독거가 이래서 더없이 좋다.

오늘도 새벽녘에 북촌을 거쳐 삼청공원을 지나 경복궁 돌담 길까지 걸었다. 조금은 서늘한 공기가 정신을 맑게 한다. 비록 겉으로는 아스팔트와 보도블록 위를 걷고 있는 것 같지만 나는 달빛을 밟고 걸어간다. 지상에 내린 달빛에 눈길 주고 마음을 얹으니 나는 분명 하늘의 달빛 위를 걷고 있는 것이다. 길을 가면서도 수시로 얼굴을 들어 하늘을 본다. 그러자니 모든 게 새삼스럽다. '어! 서울에도 하늘이 있네. 달이 있네, 나무가 있네, 꽃이 있네. 아하! 정녕 마음을 열고 보니 눈이 열리고, 열린 눈으로 세상을 보니 하늘의 달과 지상의 꽃이 보이네.' 홀연 가슴이 울컥하고 눈시울이 뜨거워지려 한다. 더불어 내 곁에 함께있는 모든 것들이 더없이 고맙고 사랑스럽다. 마음 열고 눈을 주면 세상 만물은 그대로가 나와 함께하는 한 생명 한 호흡이라는 오묘한 이치를 가슴으로 깨닫는다.

달빛을 밟고 가려니 달빛에게 고맙기도 하려니와 미안해지려 하기도 한다. 달 아래서는 잡념과 시비와 번뇌가 절로 사라진다. 달은 그 존재만으로도 힐링이다. 이 고마운 마음을 어떻게 전해야 할까. 그래서 나는 오늘 새벽 덕스러운 만월보살滿月菩薩님에게 시를 올렸다.

한빛 황토黃土재 바라
종일 그대 기다리다,
타는 내 얼굴
여울 아래 가라앉는,
가야금 저무는 가락,
그도 떨고 있고나.

몸으로, 사내장부가
몸으로 우는 밤은,
부연 들기름불이

지지지 지지지 않고,
달빛도 사립을 빠진
시름 갈래 만(萬) 갈래.

여울 바닥에는
잠 안 자는 조약돌을
날 새면 하나 건져
햇빛에 비쳐 주리라.
가다가 볼에도 대어
눈물 적셔 주리라.

_ 박재삼,「내 사랑은」전문

달을 생각하면, 달 아래 서면, 나는 제일 먼저 이 시가 생각난다. 시골 농촌마을에서 유년을 보냈던 나는 유달리 달을 좋아했다. 크레파스로 그림을 그려도 초가지붕 위에 달을 많이 그렸다. 가난한 가족이 마당에 평상을 펼쳐 놓고 옥수수를 구워 먹으며 도란도란 이야기꽃을 피운 것도 보름달 아래였다. 그런 날, 모기를 쫓으려 풀 더미에 불을 지피고 매운 연기 사이로 떠오른 보름달을 보며 무한한 상상의 날개를 달곤 했다.

　　세상의 모든 것을 버리고 출가한 이후에도 나는 달만은 버리지 못하고 늘 함께 살았다. 새벽 예불을 위해 산사의 경내를 돌며 목탁을 치면서 염불하다가 산 위에 걸린 달빛에 취하여 그만 염불을 놓치기도 하였다. 언젠가는 늘 하는 독경이 싫증나서 불경대신 박재삼 시인의「내 사랑은」을 목탁에 맞추어 낭송하기도 했다. 까닭 없이 마음이 많이도 아팠던 20대 시절에 나는, '몸으로, 사내장부가 몸으로 우는 밤은'이라는 구절이 가슴에 꽂혀, 마치 무엇에 홀린 듯 주문처럼 읊고 또 읊어댔다. 그래서 언젠가는 달빛 젖은 조약돌 하나를 건져 내 볼에 대어 보기도 했다. 나는 그때 처음으로 달이 그토록 뜨겁다는 것을 알았다.

하지만 달은 뜨거운 것만은 아니었다. 태양처럼 눈부셔 바라보기 힘든 게 아니라 마음 내킬 때마다 바라볼 수 있는 편안한 대상이다. 그래서 달빛으로 세상 읽기가 가능하다. 하얀 달빛은 온 누리를 맑고 은은하게 정화해 준다. 손님처럼 찾아온 번뇌가 묻은 마음바탕을 깨끗하게 헹궈 준다. 굳이 세탁소를 가지 않아도 무겁고 축 늘어진 번뇌의 옷을 깔깔하게 말려 준다. 이렇게 보자면 '달'은 우리 삶과 의식의 심층구조이자 '랑그(Langue, 머릿속에 기억되어 있는 추상적 언어의 모습, 그 사회에서 공인된 언어)'이자 시니피에〔signifié, 기호의 의미를 말함. 즉 하나의 시니피앙(signifiant, 기호)에 시니피에(의미)는 보는 사람마다 다를 수 있다〕의 기능을 담당하고 있다고도 할 수 있다. 그래서인지 예로부터 절집에서는 달을 소중하게 생각해 왔다. 경전에서도 선시에서도 달의 대목을 찾아보는 건 어렵지 않다. 호탕무애한 도심道心의 세계를 달을 통해 드러내고 있다. 야보 도천의 시다.

대그림자 섬돌을 쓸어도 먼지 하나 일지 않고　竹影掃階塵不動
달빛이 물 밑을 뚫어도 물결 하나 일지 않네.　月穿潭底水無痕

여기에서는 세상에 어떤 일에도 마음 기울지 않고 마음 얽매이지 않는 자유의 경지를, 달을 빌려 노래하고 있다. 이웃을 위해 연민과 자애의 마음을 나누더라도 그 마음은 늘 '먼지 하나 일지 않고 물결 하나 일어나지 않는' 그런 무심과 무욕의 바탕에 서 있을 것을 말하고 있다. 비우고 비운다는 건 바로 텅 빈 충만이다. 이 텅 빈 충만이 물결 하나 일지 않게 하는 것이다.

요즘은 산중에도 사람들의 방문이 많아졌다. 번잡한 일상을 내려놓고 마음을 가다듬고자 산사에 머문다. 그들은 이렇게 말한다. "여기에 오니 달을 보게 되네요." 나는 그들의 말과 표정에서 애틋한 감회와 쓸쓸함을 읽는다. '아니, 서울에는 달이 안 뜨나?' 그렇다. 달은 어디에도 있는데, 달은 보는 사람에게만 뜬다. 보고자 하는 사람에게만 달은 밝게 빛나고 있는 것이다.

정말이지 그런 것 같다. 무엇이 있어도 있는 경우가 있고, 무엇이 있어도 없는 경우가 있다. 그것은 어떤 신비한 현상이 아닐 것이다. 마음을 열고 눈을 열고 귀를 열면 바로 그 앞에 있는 것이고, 그렇지 않으면 눈앞에 있어도 볼 수 없고 들을 수 없고 느낄 수 없는 것이다. 비록 삭막한 서울일지라도 조금만 눈을 주면 길가의 가로수를 볼 수 있고 골목길의 담쟁이넝쿨을 볼 수 있다. 집 앞에 누군가 가꾸는 화분의 배추와 고추도 볼 수 있다. 나는 아주 짧은 순간에도 그것들에 눈을 주고 말을 건넨다. 그러면 그것들은 이미 내 마음에 들어와 있다. 유정무정의 모든 생명은 이렇게 눈으로 연결되어 한 호흡으로 숨 쉬고 있다.

왜 붓다의 말씀은 광장에서 길을 잃었을까. 사람들에게 유익하지 않고 매력이 없기 때문이다. 경전을 열람하고 해석하고 풀이하는 자의 책임이다…… 예수와 붓다는 결코 특별하지 않다. 상식과 보편의 세계를 떠나 있지 않다. 많은 사람들이 연민, 지혜, 자애, 겸손, 청빈, 순결, 평등, 정의, 평화를 저버릴 때 그 자리를 강건하게 지킨 그들이다. 그것이 예수와 붓다의 특별함이다…… 사람들에게 찬탄받고 존경받으려는 마음도 종교인이 반드시 버려야 할 품목이다…… 자비와 지혜, 혹은 깨달음과 사랑은 선후나 우열로 나뉠 수가 없는 가치이다. 마치 평화 없이 자유가 있을 수 없고 자유 없이 평화로울 수 없으며, 존중 없이 평등이 있을 수 없고 평등 없이 상생이 있을 수 없는 이치와 같다.

4

스님의 반성문

아름다운 풍경이
종교를 망친다

석가모니 부처님 당시 산자야는 6대 사상가 중 한 사람이었다. 산자야의 으뜸가는 제자 사리푸트라(사리불)가 어느 날 저잣거리에서 한 수행자를 만난다. 그는 다른 수행자와 확연하게 다른 모습이었다. 매우 엄정하고 기품이 넘쳤다. 그 모습에 감동한 사리푸트라가 수행자에게 물었다.

"당신의 태도는 우아하고 안색은 밝게 빛나고 있습니다. 당신의 스승은 누구이며 어떤 가르침을 받았습니까?"

그러자 그 수행자가 말했다.

"나의 위대한 스승 석가모니 부처님은 항상 이렇게 말씀하셨습니다. 모든 법은 인연을 따라 생기고 모든 법은 인연을 따라 없어진다고 말입니다."

부처님의 제자 앗사지 비구의 한마디에 사리푸트라는 사상의 구심점이 무너지는 동시에 형언할 수 없는 감동을 받고 스승 산자야와 결별을 선언했다. 그러고는 절친한 동료 목갈리나(목련)와 함께 부처님을 찾아가 귀의했다. 그 뒤 이 두 사람은 부처님의 10대 제자로 불교교단 형성에 지대한 업적을 남겼다.

이 두 사람이 부처님께 귀의한 직접적인 동기는 연기법의 이치를 듣고 사상적 전환을 이룬 데 있다. 그러나 수행의 내공이 우아한 풍모로 드러난 앗사지 비구에게 주목하지 않았다면, 사리푸트라는 부처님의 핵심 가르침을 묻지도 않았을 것이다. 아름다운 풍경이 사람을 끌리게 한 것이다. 명실상부! 그래서 '속살림'과 '겉보매(겉으로 드러나는 모양새)'의 융합이 어김이 없을 때 우리는 누군가를 믿고 따르는 것이 아닐까. 그러나 때로는 '아름다운 풍경'이 속박이 되고 함정이 되는 경우도 있다. 나는 30년이 넘는 세월 동안 보아왔다. 절집을 배경으로 하는 몇 개의 아름다운 그림이 얼마나 허구적이고, 대중에게 눈속임이 되고, 나아가 우리의 삶을 왜곡하고 포장하고 있는지를. 더 혹독하게 말한다면 '그저 아름답게 보이는 풍경'이 불교를 망치고 있다고 생각한다.

그간 세상의 지면과 화면에 보이는 불교는 어떤 모습이었나. 그것은 끊이지 않는 종단의 내분과 추문, 그리고 수려하고 정갈한 산사와 거기에 깃들어 살아가는 이들의 세속과는 전혀 다른 일상이다. 그래서 대중은 이 두 개의 풍경이 늘 낯설고 혼돈스럽다. 그래도 지치고 힘든 삶을 위로받기 위해서 아름다운 풍경에 마음을 기댄다.

산중의 새벽 3시, 청아한 목탁과 염불소리에 삼라만상이 고요히 몸을 털고 일어난다. 이어 심장을 흔드는 법고의 울림, 범종 소리가 천상과 지하에 있는 뭇 생명들을 맑게 깨운다. 가사를 두른 많은 스님들이 지극한 정성으로 부처님께 예불을 올린다. 조금은 애절한 듯한 장중한 화음이 사뭇 경건하다. 예불이 끝나면 낭랑한 목소리로 경전을 독송한다. 이어지는 아침공양. "이 음식이 어디서 왔는가? 내 덕행으로는 받기가 부끄럽네. 육신을 지탱하는 약으로 알고 깨달음을 이루고자 이 공양을 받습니다." 공양게송 한마디에 엄숙함이 서려 있다. 밥 한 톨 남기지 않고 먹는 발우공양에 모두가 감동을 받는다. 그리고 도량에서 낙엽을 쓰는 풍경이 펼쳐진다. 투명한 아침 햇살과 더불어 빈 공간을 빗질하는 무심한 몸짓이 한 폭의 그림이다. 낙숫돌에 떨어지는 빗소리 들으며 차를 마시는 운치도 더없이 환상적이다.

간혹 밭에서 스님들이 농사짓는 모습도 볼 수 있다. 밀짚모자 쓰고 채소를 거두는 모습이 보기 좋다. 간혹 이에 적절한 한마디가 곁들여진다. '하루 일하지 않으면 하루 먹지 않는다〔一日不作一日不食〕'는 백장청규〔百丈淸規〕를 말하면서 수행과 노동이 하나라고 한다. 사람들의 눈에는 산중 스님들이 한가하게 도만 닦지 않는다고 생각한다. 선원에서 참선 정진하는 풍경은 또 어떠한가. 하안거와 동안거에 산문을 나가지 않고 결가부좌한 채 화두 타파에 전념하는 단단한 저 결기, 장군죽비에 등짝을 맞아가며 졸음과 싸우는 혹독한 정진, 저 극심한 고행의 모습에 사뭇 비장한 감회가 서린다. 그리고 검은 고무신을 신고 겹겹으로 기운 누비옷을 휘저으며 오솔길을 걷는 수행자의 모습에는 어떤 군더더기도 느껴지지 않는다. 이 아름다운 풍경들에서 세간의 사람들은 왜 눈길을 주고 마음을 움직이는 것일까. 그리고 왜 그토록 템플스테이에 관심을 갖고 참여하는가. 그것은 단순히 풍경을 넘어 스님들이 무욕과 자족의 삶을 살아가고 있다고 생각하기 때문이다. 탐욕과 경쟁의 세계에서 그것들을 미련 없이 놓아 버리고 스스로 기꺼이 가난을 선택한 삶이 좋아 보이기 때문이다. 욕망의 단절을 상징하는 스님들의 삭발염의한 겉모습에서 공경심과 함께 알 수 없는 압도감을 느끼게 된다. 그리고 참된 자아의 완성을 향하여 팽팽한 긴장의 정신줄을 놓지 않는 수행정신에 공감하기 때문이다. 그래서 세속적 삶을 성찰하고 조금이나 수행자의 모습을 닮아가고 싶어서 풍경에 몰입하고 산을 찾는다.

그런데 정직하게 묻는다. 진실로 이와 같은가. 다시 정직하게 묻는다. 진실로 이와 같은가. 또 다시 정직하게 묻는다. 진실로 이와 같은가. 부처님께 예경하고 3천 배를 하면서 우리는 삶터에서 어떻게 처신하고 있는가? "예배는 자신의 참된 성품을 공경하고 무명을 꺾는 일이다." 서산 대사의 『선가귀감』의 한 구절이다. 자신을 정화하고 이웃 사람을 부처로 알아 겸손하고 경건하게 대하고 있는가. 나는 승속을 막론하고 겸손하고 친절하고 배려하는 모습보다는 엄숙하고 딱딱하게 굳은 모습을 많이 본다. 부처님께 드리는 예경의 정신이 이웃에게 이어지지 않는다면 아름다운 풍경은 왜곡이고 포장이다.

산중이나 도심에 자리한 절을 가보면 많은 곳에서 검박하고 절제된 아름다움을 보기가 힘들다. 음식은 낭비되고 있으며 연료사용은 세간보다 심하다. 문화라는 이름으로 사치에 가까운 과다한 장식물이 보이기도 한다. 고급 승용차, 부도와 비석, 장례식 등 각종 행사는 어떠한가. 거의 헝겁스러운(혼이 나가도록 절겁하는 태도가 있음) 허례허식이 상류에 있다.

　　이미 절집의 일상 문화가 '대한민국 평균으로 살아가기'의 도를 넘어섰다. 이럴진대 밥 한 톨, 고춧가루 하나 남기지 않는다고 그림으로 보여 주는 발우공양이 무슨 의미가 있겠는가. 검소와 절제, 자족의 삶이라고 공감을 얻겠는가. 발우공양 정신이 불필요한 소유와 과다한 소유를 내려놓은 청빈의 '빈 그릇 운동'이 되지 못한다면, 대중을 희롱하는 '눈속임'이 될 것이다. 생명 생태적 삶을 살지 못하면서 전통과 관습으로 행하는 발우공양은 그야말로 그저 아름다운 풍경 한 장면에 머무는, 한 컷의 사진일 뿐이다. 생각해 보면 등골이 서늘해지는 무서운 일이다. 절집에서의 울력 역시 정말 노동의 정신에 합당한지 묻고 싶다. 나는 노동을 말하면서 거창하게 막스 베버나 칼 마르크스를 거론하고 싶지 않다. 불교의 영역에서, 보살수행의 길에서 노동의 의미를 찾고자 한다. 내가 보살수행에서 바라본 노동의 의미는 이렇다. 몸을 움직이는 기쁨을 느낄 것, 몸을 기꺼이 움직이므로 귀족적이고 관념적인 잔재를 털어 낼 것, 몸의 활발한 작동과 사유가 동시에 진행되어 정신의 깊은 성숙으로 이어질 것, 나아가 뿌리고 가꾸고 거두는 과정에서 모든 존재가 참여하는 관계의 법칙과 소중함을 깨달을 것, 그리하여 소비적 욕망을 줄이고 상생하는 질서를 배우고 실천할 것, 그리고 무엇보다도 내게 밥을 먹여 주는 근로 노동자들의 고마움에 고개 숙일 것, 그리하여 내가 어떤 일을 하더라도 그 일이 대중이 실감하는 최소한의 '밥값'이 되는 일이다.

일상에서는 비움과 나눔을 실천하지 않으면서, 대중울력이라는 이름으로 간간히 행하는 감자 캐기 같은 것을 보여 주는 것으로 어설프게 일과 밥값을 말하지 않아야 한다. 세상 사람에게 보여 주는, 보여지는, 무난하고 아름다운 풍경에 자가당착 도취하지 않아야 한다. 세상 사람들은 감히 하지 못한, 삭발염의한 용기만으로도 응당 공양받을 자격이 있노라는 홧홧거리는 자격 운운으로 스님들의 직무유기를 합리화하지 않아야 한다. 낯가리기 잔치(체면치레로 하는 잔치)는 이제 멈출 때가 되었다.

그러나 한쪽에서는 어느 해부턴가 지면과 화면에서 다뤄지는 부처님 오신 날 행사의 소재와 배경이 달라지고 있다. 대중에게 의미와 감동을 주는 삶을 꾸준히 실천하는 절과 스님, 불교 신도의 모습을 담고 있다. 외국인 노동자, 다문화 가정, 생명생태 운동, 북한과 오지에 가서 봉사하는 이들의 삶이 공감과 감동을 주고 있다.

분명히 마음에 새기자. 세상은 그저 아름답기만 한 풍경에 더 이상 눈길을 주지 않는다. 무엇이 생생한 진실이고 무엇이 보여 주기 위한 연출인지를 사람들은 금방 알아차린다. 맑은 차 한 잔에 은은하게 미소 지으면 자비로운 수행자이고, 억울하게 억압받는 사람들과 함께 울고 분노하면 수행자에게 어울리지 않는 풍경이라고 할 것인가. 아름다움은 진실한 눈물과 뜨거운 땀으로 세상에 출현한다.

오늘 붓다의 말씀이
매력적이지 않은 이유

내 앞에는 경전이 놓여 있다. 아함에서 화엄까지, 경율논 삼장에서 선대 조사의 어록까지. 그 가르침은 종횡으로 경계가 무한하고 뜻은 심오하다. 깊고 깊어서 그만 바닥이 명징하게 드러나 보이는 깊음이며, 넓고 넓어서 뭇 존재의 자리에 서 있는 넓음이다. 그렇다. 팔만대장경은 언제 어디서나 모두의 눈앞에 펼쳐 있기에 심심미묘하다. 광대무변하다.

그런데 지금 나는, 경전을 앞에 두고 가슴이 먹먹하다. 뭇 생명의 가슴에서 광휘를 뿜어내야 할 문자가 빗장을 걸고 세상으로 나오지 않기 때문이다. 아니다. 경전이 번역의 옷을 입고 설법의 걸음으로 세상으로 나오기는 했다. 그러나 세상이 그에게 눈길을 주고 귀를 열어 주지 않는다. 하여, 오늘 경전은 광장에 있으나 밀실에 갇혀 있다.

왜 붓다의 말씀은 광장에서 길을 잃었을까. 이유는 간명하다. 사람들에게 유익하고 매력이 없기 때문이다. 그렇다면 석가모니 붓다와 그의 말씀이 유익하고 매력이 없는 것인가. 모두가 말할 것이다. '아니다'라고. 그러면 다시 물을 것이다. 매력을 상실한 책임이 누구에게 있느냐고. 이 또한 모두 한 목소리로 말할 것이다. 경전을 열람하고 그것을 이해하고 해석하고 풀이하는 자의 몫이라고.

불교 신도이면서 사찰 법회에 나가지 않는 사람들이 있다. 그들 중에는 수계를 받고 사찰에서 운영하는 불교대학에서 교리공부를 받은 이들도 있다. 때때로 보시도 하면서 불교 신도임을 드러내기도 하지만, 재적 사찰을 정하고 정기적인 법회와 신행은 하지 않는다. 이유를 물었더니, 스님의 법문이 가슴에 닿지 않고, 또 그 사찰이 지향하는 신행이 자신의 삶에 도움을 주지 못하기 때문이라고 답한다. 이들이 혹 오만하거나 교리와 지식 위주의 불교관을 가지고 있는 것은 아닌가 싶지만 아니다. 그들의 말을 자세하게 들어 보면 그럴 만하다. 사찰에서 듣는 법문은 대체적으로 준비를 많이 하지 않는 것 같다고 한다. 성의 없는 법문이란 무엇보다 현실에서 벗어난 이야기다. 어떤 주제로 이야기할 것인가에 대한 고민과 연구에 안이하다는 뜻이다.

법문은 곧 삶의 물음에 대한 응답이며 세상 사람들의 마음의 병에 대한 진단과 처방이다. 그래서 우리는 붓다를 세간의 문제를 잘 이해하고 해소해 주는 '세간해世間解'라고도 부른다. 붓다의 말씀이 나에게 유익하고 매력이 있다는 것은 곧 그의 말씀을 통해서 내 삶의 문제가 해결의 실마리를 찾을 수 있다는 뜻이다. 그리고 그 말씀을 실천하면서 내가 보다 변화하고 성숙해져, 환희와 감동의 참된 결실을 맺을 수 있는 것이다.

법문을 듣고자 하는 사람들의 마음이 이렇듯 소중하고 절실함에도 법문의 실상은 어떠한가. 교리에 대한 박제된 해석, 기계론적인 인과법문, 바른 통찰과 실천을 결여한 기도와 공덕, 세상에 대한 연민과 바람을 외면한 마음 수행, 설화와 큰스님들의 일화와 기행만을 말하고 있다. 이런 말을 들으면 불교는 마치 먼 나라 다른 세상에 살고 있다는 생각마저 든다.

불교가 어떤 종교인가! 석가모니 붓다 이래로 지금까지 세계종교로 자리 잡고 있는 종교이다. 불교가 세계종교가 된 이유는 가르침이 시대와 역사를 아우르는 보편적이고 대중적인 종교이기 때문이다. 보편성과 대중성은 당대의 현실과 바람에 지혜와 자비로 응답했을 때 획득되는 것이다.

"나의 가르침은 희론(戱論, 세간의 헛된 말장난)이 아니다. 맹목적으로 와서 믿으라는 것이 아니다. 시간을 요하는 것이 아니다. 지금 여기서 볼 수 있는 법이며, 누구라도 와서 보라는 가르침이다. 그 결실은 현실에서 곧바로 사실로 경험할 수 있는 것이며, 향상으로 인도하는 법이다."

이처럼 초기경전에서는 붓다의 가르침이 '지금' '여기' '사람'에게 유용하다는 것을 말하고 있다. 삶을 '향상'으로 인도하기 위하여 붓다와 제자들은 사람들의 마음을 헤아리고 그곳에 살고 있는 사람들의 언어로 이야기했던 것이다.

"비구들이여, 전도를 떠나라. 많은 사람들의 안락과 행복을 위하여. 두 사람이 한 길을 가지 말라. 비구들아, 처음도 좋고 중간도 좋고 끝도 좋으며, 조리와 표현을 갖추어 법을 설하라. 또 원만무결(圓滿無缺, 원만하여 부족함이 없다)하고 청정한 행을 드러내 보여라. 사람들 중에는 마음에 더러움이 적은 이도 있으니 법을 들으면 깨달을 것이다. 나도 법을 설하기 위하여 우루웰라의 세나니가마로 가리라."

붓다의 전법선언에는 보편 법을 전하는 목적과 방법이 분명하게 제시되어 있다. 보통 사람들의 안락과 행복을 위하여 논리적이고 효율적인 언어로 법을 설명하라는 것이다. 여기서 오늘 우리가 주의하고 주목해야 할 대목은 바로 '말'의 중요성이다. 세계의 모든 종교와 통틀어 불교만큼 방대한 분량의 전적을 가지고 있는 종교는 없다. 달리 말해서 불교는 말씀의 보물창고라고 할 수 있다. 불교는 곧 말의 종교인 것이다. 사르나트 사슴동산에서 붓다의 가르침은 붓다의 말을 통해 세상에 출현했으며, 이후 제자들은 붓다의 말씀을 듣고 사유하고 실천하며 비로소 번뇌의 속박에서 벗어났다. 말을 듣고 그 가르침을 침묵으로 사유했으며, 침묵의 사유로 걸러지고 체험된 진리를 다시 말로 전했다. 말과 침묵, 언어의 덫에 갇히지 않는 '이언진여離言眞如'와 언어에 갇히지 않으면서도 진리를 언어로 드러내는 '의언진여依言眞如'의 경계가 분명하면서도 그 경계의 소통이 자유로웠던 것이다.

또 제자들은 법에 대한 의심은 말을 통해서 물었으며 토론하고 수정하고 확신했다. 대화와 토론은 수행의 중요한 방법이었다. 붓다와 제자들의 문답, 동료 수행자들과의 대화와 토론, 세상 사람들에게 전하는 삶의 진리, 이 모두가 말이 있었기 때문에 가능했다. 그 '말'은 그냥 발성어가 아닌 진리를 담은 것이었다. 그래서 대승경전은 말에 '문자 반야(般若, 산스크리트어에서 나온 말로 지혜를 뜻함)'라는 날개를 달아 주었던 것이다.

그러나 이렇게 방대한 경전에서 보듯이 말의 소중함과 효용을 잘 알면서도 불교는 말의 한계와 함정 또한 놓치지 않는다. 불교가 전법의 종교임과 동시에 수행과 철학의 종교라는 것이 여기에서 확연해진다. 그래서 붓다는 때로는 침묵으로 법을 드러내고 응답했다. 중관불교와 유식불교는 언어와 그 개념의 한계와 위험성을 논리적인 체계를 갖추어 경고한다. 더 나아가 선종불교는 사유와 언어를 넘어 '마음에서 마음으로' 영역을 확장한다. 어떻게 보면 불교는 말과 침묵, 말의 긍정과 말의 부정이 두 축의 수레바퀴로 전개된 역사라고도 할 수 있다.

선禪의 정신과 수행이 면면히 이어진 한국불교에서 늘 언어와 문자는 경계의 대상이었다. '사교입선(捨教入禪, 교학을 먼저 공부하고 참선 수행을 함) 불립문자(不立文字, 문자를 먼저 내세우지 않음)'의 언명에서 보듯이 오늘에 이르러서도 언어와 문자, 곧 '말'은 늘 위험과 부정의 대상이다. 그러면서도 선종은 방대한 양의 전등사서(傳燈史書, 전법 내력에 대해 기술한 책)를 가지고 있으니 참으로 묘하다. 이는 자칫 수행자가 지식에 의존하여 주체적이고 활발하고 창의적인 정신을 외면하고 타성의 늪에 빠지는 것을 경계한 것이지 결코 언어와 문자의 효용을 부정한 것이 아님을 알 수 있다.

　　　여기서 우리는 명심해야 한다. 말의 함정에 빠지지 말고 말을 활발하게 살려내야 한다. 말은 더없이 소중하고 가치 있는 것임을 확신해야 한다. 언어와 문자에 대한 경계와 부정은 곧 언어와 문자에 대한 혐오와 불신이 아니다. 예를 들어 여기 '불을 조심하라, 불을 가까이해서는 안 된다'라는 문장이 있다. 그러면 이 문장을 어떻게 읽어야 하는가. 불을 사용하지 말라는 뜻으로 읽어야 할까. 아니면 불의 위험성을 잘 알고 조심해서 사용하라고 읽어야 할까. 또 '몸은 더러운 것이며 혐오스러우며 마침내 낱낱이 흩어질 것이다'라는 말은 어떻게 해석할까. 몸을 학대하고 미워하고 무관심해야 하는가. 아니면 몸에 대한 맹목적 탐닉과 집착에서 벗어나 몸을 잘 운용해야 하는가. 답은 분명하다. 그것에 대한 '잘못된 견해와 집착'에서 떠나야 하는 것이지 '그것'의 거부나 부정이 아니다. 『화엄경』에는 이렇게 쓰여 있다. "도가 언어에 있는 것은 아니다. 그렇다고 해서 언어를 떠나서 있는 것은 아니다."

맑은 차 한 잔에 은은하게 미소 지으면
자비로운 수행자이고, 억울하게 억압받는
사람들과 함께 울고 분노하면
수행자에게 어울리지 않는 풍경이라고
할 것인가. 아름다움은 진실한 눈물과 뜨거운
땀으로 세상에 출현한다.

말은 곧
삶의 전부이다

오늘, 우리가 살아가면서 말에 주목해야 하는 이유는 '말은 곧 삶의 전부'이기 때문이다. 불교에서 말은 그저 소통의 수단과 도구가 아니다. '말'은 곧 '생각'이다. 다시 말해 '생각'이 곧 '말'이다. 예를 들어 내가 누구에게 거칠고 모진 말을 하고 있다고 하자. 그러면 매우 거칠고 모진 말은 거칠고 모진 생각과 별개의 영역에서 발화된 것일까?

　아니다. 누구에 대한 미움과 분노가 그대로 드러난 것이다. 그래서 나가르주나의 『중론』에서 '생각이 형성되지 않는다면 언어도 존재하지 않는다心行處滅 言語道斷'라고 하는 것이다. 프랑스의 철학자 메를로 퐁티도 말과 생각의 연관성에 관련하여 이렇게 적고 있다.

　말하는 사람은 말하기에 앞서 생각하지 않으며 말하는 동안에도 생각하지 않는다. 말하는 사람의 말이 생각 자체인 것이다.(……)
생각은 내적인 것이 아니다. 또한 그것은 세계와 말의 밖에 있지
도 않다. 그 점에서 우리를 속이는 것, 표현 앞에 대자적으로 존
재한다는 생각을 우리로 하여금 믿게 하는 것, 이것은 이미 구성
된 것이자 이미 표현된 생각들이며, 이것들을 우리는 말없이 스
스로에게 회상시키고 이것들에 의해서 우리는 스스로에게 내적
인 삶의 환상을 제공한다.

_ 『지각의 현상학』 중에서

'말하는 사람의 말이 생각 그 자체'라는 것, 또한 '생각은 내적인 것
이 아니다. 또한 그것은 세계와 말의 밖에 있지도 않다'는 메를로 퐁
티의 통찰과 지적은 의미심장하다. 결국 내가 몸담고 있는 세상에 대
한 성찰과 모색, 그에 대한 인식과 애정, 그리고 삶에 대한 모든 생각
이 바로 '말'이다. 그러므로 팔만대장경에 담긴 모든 '말'은 바로 붓
다와 선사의 '삶'이며 '생각'이며 '몸짓'이며 '세계'인 것이다.

　오늘날 우리가 법을 설하고 법을 듣는 자리에서 '무엇을 말하
고, 어떻게 말하고, 누구에게 말하고, 왜 말해야 하는가'라는 고민이
중요한 이유가 바로 여기에 있다. 지금 우리와 함께 살아가는 사람에
게 말해야 하고, 그들의 관심에 대해 말해야 하고, 그 사람들의 고민
을 해결해 주고 눈을 열어 주는 말을 해야 한다. 그리하여 사람들에
게 감동을 주는 말을 해야 한다. 다시 말하면, 생각이 곧 말이다. 나
의 말은 곧 내가 몸담고 있는 세계 속에서 내 삶의 총체적 집약이고
드러남이다. 그럼에도 어찌 법회 준비를 소홀히 하고 법문의 주제와
내용, 전개 방법에 철저하지 않을 수 있겠는가.

또 '오늘'의 말, '우리들'의 말로 법을 설하고 토론하는 것도 중요하다. 불교계 안팎에서 불교가 어렵다는 볼멘소리를 종종 듣게 된다. 사용하는 말이 너무 이질적이고 어렵다는 것이다. 이질적이라는 말은 지나친 한자와 거르지 않은 불교전문술어가 빈번하게 사용되어 말하고자 하는 요지와 맥락을 이해할 수 없다는 뜻이다. "이 세상은 비로자나불의 법신이 상주하는 정토입니다." "중중무진 법계연기의 화엄세계입니다." "일체가 공합니다. 인도 공하고 연도 공하고 과도 공합니다." "일체가 공하니 선도 생각하지 말고 악도 생각하지 마십시오." "불법은 중도가 제일의제이니 이것도 저것도, 옳고 그름도 다 내려놓고 중도적으로 보십시오." "일념과 무량겁이 상즉상입합니다." 이런 술어들이 법문 중에 일상적으로 사용되면 불교 밖의 다른 학자들도 이해하기 어려울 것이다.

붓다는 일반 대중의 언어로 말하고 대중의 눈높이에 맞추어 법을 설했다. 실제 붓다는 출가한 수행자들과 보통 사람들에게 법을 말할 때 그 시대에 널리 보편화된 용어를 사용했다. 논리적이고 체계적으로 설득했으며, 당시 사람들에게 익숙한 사례와 비유로 소통하고 공감했다. "나무는 기운 쪽으로 넘어진다."며 올바른 생각과 꾸준한 정진을 당부했고, "바람을 향해 흙을 던지면 도리어 자기에게 흙이 온다."라며 타인을 비방하지 말라고 하였다. 연못에 잠긴 돌을 두고 '돌아, 떠올라라. 돌아, 떠올라라' 하면 결코 떠오를 수 없다면서 자기가 행하는 업의 중요성을 역설했다. 또 길에 버려진 비린내 나는 새끼줄과 향내 나는 종이를 들어서 사람의 인격은 환경과 습관에 따라 형성되는 것이지 결코 선천적으로 영원히 고정된 실체가 아니라고 하였다. 이렇듯 쉬운 비유를 들어 계급의 허상을 타파했으며, 연기와 무상, 무아의 진리도 현실에서 대중들이 이해할 수 있는 사례와 비유를 들어 이해시켰다.

불교가 석가모니 붓다 당시에 대중적인 종교로 자리 잡을 수 있었던 것은, 붓다가 깨달은 법의 보편성과 위대함. 승단의 도덕적 권위, 그리고 시대의 관심과 요구를 대중의 언어로 설명하고 소통했기 때문이다. 오늘날 법정 스님, 법륜 스님, 정목 스님, 혜민 스님의 대중 집회와 글들이 큰 호응을 받는 이유도, 오늘 우리들의 관심과 오늘 우리들의 눈높이와 오늘 우리들의 언어로 사람들에게 다가선 데 있다.

언어와 문자가 권력인 시대가 있었다. 어려운 한자를 독점하던 중세 시대에 동아시아에서는 문자를 해독하는 자가 권력을 차지했다. 또 서구에서는 성서의 해석을 사제들이 독점하면서 교회는 세속에까지 절대적이고 독점적인 권위를 형성했다. 그러나 독점은 독선과 독재를 낳으며 인권을 침해하고 억압과 긴장의 적대적 관계를 형성하고 다수의 권리와 행복을 억압한다. 그래서 언어와 문자의 대중화는 세속에서는 민주화를 이루고 종교에서는 진정한 신앙이 자리 잡을 수 있는 터전이 된다. 16세기 초반 마르틴 루터는 라틴어로 된 성경을 독일어로 번역하면서 가톨릭의 권위주의를 해체하고 신앙을 민중에게 돌려주었다.

이제 불교인들은 말의 혁명적 운용을 통해 사고의 혁명을 이루어야 한다. 단순히 한글로 번역된 경전으로 공부하고 우리말을 사용한다고 해서 말의 혁명이 이루어지는 것은 아니다. 대중의 삶과 생각에 주목하고 집중했을 때 마침내 말은 혁명을 이룰 수 있다. 대중의 관심을 외면하면 우리는 대중에게 외면당한다. 대중의 언어를 사용하지 않으면 대중은 우리에게 말을 걸지 않는다. 말은 나에 대한 진지한 모색과 혁명이며 대중에 대한 애정이다.

자! 이제 우리는 늘 오늘을 탐색하고 우리들의 언어로 말해야 하지 않겠는가.

성 프란치스코 기도문과
반야심경

오 주여 나를 평화의 도구로 써 주소서.
미움이 있는 곳에 사랑을
다툼이 있는 곳에 용서를
분열이 있는 곳에 일치를
의혹이 있는 곳에 믿음을 심도록
나를 도와주소서.

오 주여 나를 평화의 도구로 써 주소서.
오류가 있는 곳에 진리를
절망이 있는 곳에 희망을
어둠이 있는 곳에 광명을
슬픔이 있는 곳에 기쁨을 심게 하소서.

오 주여 나를 평화의 도구로 써 주소서.

위로받기보다는 위로하며

이해받기보다는 이해하며

사랑받기보다는 사랑하며

자기를 온전히 줌으로써

영생을 얻기 때문이니

오 주여 나를 평화의 도구로 써 주소서.

종교를 떠나 모두가 공감하는 성 프란치스코의 기도문이다. 그리스도를 신앙하지 않는 곳에서도 종종 이 기도문이 걸려 있는 것을 볼 수 있다. 이 기도문이 모두의 호응을 받는 이유는, 시적인 운율 속에 모두에게 울림을 주는 보편적인 가치가 담겨 있기 때문이다. 더불어 누구나 이해할 수 있는 쉬운 말로, 사람이 살아가는 사회와 역사, 일상의 현실에서 구체적으로 실천해야 할 지침을 제시하기 때문이다.

나는 이 기도문에서 사랑과 평화를 바라는 간절한 마음을 읽는다. 미움, 다툼, 분열, 의혹, 오류, 절망, 어둠, 슬픔은 곳곳에서 수시로 발생하는 삶의 모습이다. 그 속에서 나와 타자는 고통스럽고 괴롭다. 자본주의 사회에서 살아남기 위한 집단의 몸부림은 미움과 다툼을 낳는다. 국가와 국가는 전체를 위한다는 명분으로 경제적 식민지를 만들고 전쟁도 서슴지 않는다. 경전에서 말하는 오탁악세(五濁惡世, 혼탁하고 악한 세상)다.

그러나 모순과 고통 속에서도 사람들은 희망을 바라고 대안을 찾는다. 사랑, 용서, 일치, 믿음으로 희망과 기쁨이 넘치는 세상을 꽃 피우겠노라고 발원한다. 좋은 세상을 만들기 위하여 위로하고 이해하고 사랑하며 온전히 주는 삶을 살아가겠노라고 다짐한다. 이러한 발원과 실천이야말로 아파하는 모든 생명의 현실이고 미래이다.

오늘날 그리스도교가 세속 권력에 관여하면서 숱한 역사적 오점을 남기면서도 보편적이고 대중적인 종교로 자리매김한 것은 청빈한 생활 속에서 성찰과 사랑을 동시적으로 수행한 영지주의의 힘도 한몫했을 것이다. 또 하나는 대중의 언어로 말했기 때문이다. 15세기 마르틴 루터는 종교개혁과 함께 어려운 라틴어 성경을 독일어로 번역하면서 보통 사람들도 성경을 읽을 수 있도록 했다. 누구나 쉽게 이해할 수 있는 대중의 언어로 성경을 읽고 해석한다는 것은 곧 대중의 주요 관심사에 대한 접근을 이루어냈음을 말한다. 문제에 대한 응답! 그리고 대중적 언어의 사용은 그리스도교의 최대의 강점이다.

프란치스코의 기도문을 음미할 때마다 나는 아침저녁 독송하는 '반야심경'을 생각했다. 이 기도문과 반야심경은 여러 면에서 묘한 대조를 이룬다. 반야심경은 요즈음 한글로 번역하여 독송하고 있지만 한문이 더 익숙하다. 기도문은 지식과 종교에 관계없이 대중이 이해하기 쉬워야 한다. 반야심경은 대중이 이해하기에는 너무 어렵다. 기도문은 이해와 함께 감동을 줘야 한다. 이해하기 어려운 반야심경은 감동으로 다가오지 않는다. 왠지 모든 삶을 부정하는 소리로 오해하기도 한다. 기도문은 분명한 실천을 제시하면서 희망을 보여주어야 한다. 반야심경은 불교와 수행승의 세계에서 통용하는 진리 같아서 심오한 것 같지만 낯설다. 기도문은 민족과 종교를 넘어 유익하고 친근한 우리 모두의 기원이어야 한다. 광장과 거리에서 만나는 프란치스코 기도문과 산사와 불교에 갇혀 있는 반야심경!

반야심경과 프란치스코의 기도문을 비교하는 까닭은 두 종교의 사상적 우열을 논하기 위한 것이 아니다. 두 글의 차이점을 통해 오늘을 살아가는 불교 신도들의 지향점을 다시 설정해 보고 싶기 때문이다. 기도문은 가치의 판단과 선택이 분명하다. 다시 말해 바람직하지 못한 삶을 분명히 규정하고, 바람직한 삶을 제시한다. 현실의 진단과 가치의 선택이 명확하다.

반야심경은 일체 존재가 고정되고 결정된 불변의 실재가 아님을 통찰하고 있다. 다시 말해 우리 인간사의 모든 사건과 결과가 미리부터 존재하고 영속하는 실재가 아님을 확연하게 깨달으면, 모든 번뇌와 집착의 속박에서 해방되고 괴로움을 소멸할 수 있다고 말한다. 예를 들어 '화를 잘 내는 사람'이 있다면, 그는 원래 고정되고 결정된 불변하는 화내는 존재가 아니라는 것이다. 그의 사고와 습관 등 반복된 행위의 집적물이 만들어 낸 것일 뿐이다. 이 점을 인식한다면 '화를 잘 내는 사람'에서 벗어날 수 있다. 대승불교의 공사상空思想이 위대한 점은 고통을 근원적으로 해소할 수 있는 풍부한 철학적 바탕이 있기 때문이다.

모든 존재가 공성空性이기 때문에 인간의 고통을 해결할 수 있다고 반야심경은 가르친다. 그렇다면, 이것만으로도 과연 모든 사람들이 자유와 행복의 길로 함께 가자는 대승불교의 지향에 부합하고 있는 것일까. 공空과 함께 자비의 날개를 달고 있는 것일까. 만약 누군가 말하기를, '반야심경은 모든 이들의 존재가 공임을 알고 무지와 집착에서 벗어나 대자유와 안락을 성취할 수 있는 길을 제시한다. 그래서 지혜와 자비를 실천하는 대승보살의 원력을 가지고 있다' 라고 했다고 하자. 그러나 우리 인간의 삶은 반야심경의 한 구절인 '오온이 공한 것을 통찰하면 모든 고통에서 벗어날 수 있다'는 한 문장으로 단순하게 환원할 수 있는 것이 아니다. 동서고금에서 보는 인간의 삶은 실로 복잡하다. 다양한 환경에 따라 다양한 삶이 전개되고 다양한 문제가 곳곳에 존재한다. 그래서 하나의 해답으로 문제가 해결되지 않는다. 문제를 파악하는 '지혜바라밀'과 문제를 눈높이에 맞게 해결해 주는 '방편바라밀'이 요구되는 것은 이 때문이다.

프란치스코의 기도문을 반야심경의 사상과 문법으로 이렇게 바꾸어 보았다.

> 오 부처님 나는 평화를 구현하는 자비의 보살이
> 되고자 발원합니다
> 미움과 사랑이 본래 없고
> 다툼과 용서가 본래 없고
> 분열과 일치가 본래 없습니다.
> 의혹이 본래 없으니 심을 믿음도 존재하지 않습니다.
> 그리하여 내가 할 일도 본래 없습니다.
>
> 오 부처님 나는 평화를 구현하는 자비의 보살이
> 되고자 발원합니다
> 오류가 본래 없기에 진리가 본래 없고

절망이 본래 없기에 희망도 본래 없고
어둠이 본래 없기에 광명 또한 본래 없습니다.
그리하여 슬픔도 본래 없기에 심어야 할 기쁨도 본래 없나이다.

오 부처님 나는 평화를 구현하는 자비의 보살이
되고자 발원합니다
위로받는 자와 위로하는 자가 본래 없고
이해받는 자와 이해하는 자가 본래 없고
사랑받는 자와 사랑하는 자가 본래 없나이다.
온전히 줄 자기가 본래 없기에
얻어야 할 영생도 본래 없나이다.

그 무엇이 존재하지 않기 때문에 그 무엇에 의존하여 발생하는 그 무엇도 본래 없다는 공의 이치는 부정할 수 없는 존재의 법칙이다. 마치 쓰레기를 버리지 않았기 때문에 쓰레기장이 존재하지 않듯이, 화를 내지 않으면 화를 내는 사람이 존재하지 않듯이, 차별이 아예 존재하지 않는다면 평등이라는 말이 탄생하지 않는 것과 같다.

우리가 유념해야 할 것은 반야심경의 공의 이치는 존재의 법칙을 여실히 보는 '사실의 판단'이다. 따라서 반야심경의 공사상은 모든 이항대립이 본래 존재하지 않는다는 '사실의 판단'으로서 철학의 최고봉에 서 있다. 선과 악, 아름다움과 추함, 차별과 평등, 분열과 평화가 본래 존재하지 않는 세계, 불교에서는 이를 '진제眞諦'라고 부른다. 언어와 개념과 사념조차 붙일 수 없는 세계. 그런데 분명한 사실은 지금 우리가 몸담고 살아가는 삶의 모습은 아니라는 것이다. 진제의 세계는 우리가 바라는 세계다.

우리 인간의 삶은 현실이고 실존이다. 우리는 이 세계를 속제俗諦라고 부른다. 속제의 세계에서 우리 모두는 밥을 먹고 살아야 한다. 밥을 먹기 위하여 노동을 해야 한다. 사용자와 노동자가 '존재'한다. 갈등과 반목이 존재한다. 국가와 민족이 존재한다. 신념과 문화의 차이가 다른 종교가 존재한다. 그래서 분열과 갈등이 존재하고 전쟁이 발생한다. 이런 사회에서 개인은 고통스럽다. 서로 미워하고 질투한다. 서로를 속이기도 한다. 절망과 어둠 속에서 힘들게 살아간다. 그들은 위로받고 싶어 한다. 이해받고 싶어 한다. 사랑받고 싶어 한다. 존엄한 존재로 살아가고 싶어 한다. 차별받지 않고 평등하게 대접받고 싶어 한다. 이렇게 속제의 세계, 중생의 세계는 그 무엇을 발원하는 사람들이 살아가는 세계다. 그래서 사람들의 바람을 이루어 주겠노라는 대승보살의 '원願바라밀'이 요구되는 시대에 우리는 살고 있는 것이다. 그런데 이렇게 수많은 문제를 안고 살아가는 현실에서 모든 것이 본래 없는 것이라는 '사실의 판단' 하나만으로 모든 인간의 모든 고뇌가 해결될 수 있을까.

예를 들어 우리 사회는 청소년에서부터 노인에 이르기까지 우울증에 걸린 사람이 많다. 또 여러 문제를 해결하지 못하고 절망 끝에 자살하는 비율도 심각하다. 명문 대학을 나온 청년이, 해고 노동자들이 생을 마감하는 죽음의 행렬이 이어지고 있다. 이런 비통한 현실에 처한 사람들 앞에서 "우울과 자살은 본래 텅 비고 공하여서 본래 없는 것이다. 생사가 본래 공적한 것이다. 생과 사는 하늘에 뜬 구름과 같다."라고 말할 수 있는가. 만약 그렇게 생각한다면 어리석고 무모한 사람이거나, 아니면 자비심이 없는 사람이다.

　사실의 판단만으로는 문제가 해결되지 않는다. 우리에게 필요한 것은 가치의 판단이다. 모든 존재는 여러 원인과 조건으로 '만들어졌기' 때문에 연기緣起의 세계에 있으며, 만들지 않으면 본래 없는 것이라는 공空의 세계라는 '사실의 판단' 위에 '가치의 판단'을 세워야 할 때이다.

　'자, 세상의 법칙이 이러이러하다, 그러니 어떻게 살아야 하는가'라는 질문에 대한 답은 가치의 판단이다. 사실의 판단은 이렇다. "차별과 평등이 본래부터 존재하는 것은 아니다. 그러나 인간의 탐욕과 구조의 문제 등 여러 원인의 결과로 차별은 존재하고 있다." 그럼 가치의 판단은 어떤 것인가. "차별받는 사람은 고통스럽다. 사람은 저마다 존엄하게 살아갈 권리가 있다. 차별은 본래 존재하지 않으나 인간의 탐욕과 사회구조가 그것을 만들었다. 그러므로 차별을 만들어 내는 원인을 소멸시키고 평등한 사회를 만들기로 한다."

　깨달음은 '사실의 판단'이며, 자비는 '가치의 판단'이다. 오늘날 우리 불교 신도들은 '사실의 판단'을 최종의 지향점으로 삼고 매달리고 갇혀 있다. 대승보살은 새의 양 날개로 사바를 횡단하고 수레의 두 바퀴로 중생과 역사의 복판을 운행하는 것임을 알아야 할 것이다.

　사바를 횡단하는 대승의 양날개. 『유마경』과 『반야경』, 『화엄경』 등 모든 대승경전은 수레의 두 바퀴, 새의 양 날개로 수행할 것을 권하고 있다. 『유마경』에서 보살은 다음과 같이 수레의 두 바퀴로 세간을 장엄(莊嚴, 훌륭하게 꾸미거나 배치함)하고 있다.

보살은 생사에 있으나 오염된 행동을 하지 않습니다.
보살은 열반에 있으나 적멸에도 취하지 않습니다.
보살은 비록 상〔相, 관념〕을 떠났지만 중생을 제도합니다.
비록 모든 법이 불생불멸임을 알지만 훌륭한 상호로
장엄합니다.
비록 모든 법이 텅 빈 모습임을 알지만 중생에게 응하는 것이
보살의 행입니다.
비록 모든 불국토가 영원히 적멸한 것이 공과 같음을 관찰하나
가지가지 청정한 불국토를 나타내는 것이 보살의 행입니다.
비록 불도를 얻어서 법륜을 굴리고 열반에 들어가나
보살도를 버리지 않는 것이 보살의 행입니다.

또 『금강경』은 다음과 같이 새의 양 날개로 '머묾'과 '나아감'에 자재하고 있다. "보살은 그 어떤 것에도 갇히거나 묶이지 않고〔應無所住〕, 기꺼이 마음을 내어 실천한다〔而生其心〕." 마지막으로 『유마경』과 『금강경』의 문법으로 기도문을 만들어 대승보살의 정신을 살려보자.

미움과 사랑이 본래 없지만 미움이 있는 곳에 사랑을 심겠습니다.
그리하여 마침내 미워하는 자도 사랑하는 자도 없는,
사랑이 넘치는 세상을 만들겠습니다.
분열과 일치가 본래 없지만 분열이 있는 곳에 일치를 심겠습니다.
그리하여 마침내 분열과 일치라는 말도 없는,
평등과 평화의 세상을 만들겠습니다.
위로받는 자와 위로하는 자가 본래 없지만 아픈 사람에게
위로의 손을 내밀겠습니다.
그리하여 마침내 위로받는 자와 위로하는 사람도 없는,
늘 자비와 헌신이 넘치는 세상을 만들겠습니다.

종교는 아무 힘이 없음으로 강한 힘을 갖는 것

이천에 있는 어느 사찰의 초청을 받아 법회를 갔다. 내가 20대 초반이던 무렵 3년여를 산 인연으로 꽤 많은 사람들이 모였다. 도자기의 고장답게 흙의 질박한 성품을 닮아서인지 모인 사람들의 얼굴은 한결같이 너그럽고 평화로웠다. 조화로운 삶을 주제로 이야기를 나누며 옛날을 회상하니 즐거웠다.

　　법회를 마치고 나오는데 어깨띠를 두른 사람들이 기다렸다는 듯이 다가와 90도로 인사하며 명함을 건네더니 어느 절 신도회장의 아들이다, 불교재단의 대학을 나왔다며 열심히 불교와의 인연을 강조했다. 어디 여기뿐이랴. 6월 지방선거를 앞두고 전국의 사찰과 교회는 예수님, 부처님과의 끈끈한 연대를 강조하며 믿음을 자극하는 사람들이 끊이지 않고 있다. 이들에게 신도의 숫자는 곧 표로 환산된다. 당선이 눈앞의 목표인 이들이 성직자들에게 상당한 공을 들이는 것은 어찌 보면 당연한 일이다.

문제는 이를 계기로 자신의 종교적 위세와 세속적 이익을 높이고자 하는 일부 종교인들이다. 그들은 '표'라는 절대적 무기로 정치인을 겁박한다. 같은 종교의 성직자들이 담합하여 그 지역 정치인들에게 당선을 미끼로 개종을 권유하기도 한다. 한 인간의 가치와 신념이 표 앞에서 갈등하고 고뇌한다. 헌법에 보장된 종교의 자유와 행복추구권이 무력해지는 순간이다.

『맹자』에서 양혜왕이 맹자에게 묻는다.

"이렇게 불원천리하고 찾아오셨으니 우리나라에 여러 이로움을 주시겠지요."

맹자가 답한다.

"왕께서는 어찌하여 이로움을 이야기하십니까. 제가 말씀드리려는 것은 인의仁義밖에 없습니다. 왕께서 어떻게 내 나라를 이롭게 할까 하시면 대부들은 어떻게 내 집을 이롭게 할까 하고, 서민들은 어찌 내 한 몸을 이롭게 할까 하여 나라는 온통 아래위로 이利를 빼앗는 것으로 위태로워질 것입니다. 그러니 왕께서는 인의만을 말씀하실 일이지 어찌 이로움을 이야기하십니까."

성직자들이 공동선을 구현할 자질과 능력이 있는 정치인인가 따지기보다 자기 종교의 영토 확장에 유리한 후보를 지지하라고 한다면 그는 곧 양혜왕이 되는 것이다. 종교의 얼굴을 한 양혜왕에게 맹자라면 뭐라고 말할까.

"그대께서 어떻게 하면 내 종교가 국교가 될까 하신다면, 개별 교회와 사찰은 어떻게 하면 내 교회와 절이 신도 수가 많을까 할 것이고, 신도들은 종교의 힘을 빌려 어떻게 하면 내 가정과 내 한 몸만을 이롭게 할까 하여 종교 간에 사람 간에 온통 이권의 이전투구가 될 것입니다. 그러니 그대는 오직 정치인에게 모든 지연, 혈연, 학연, 종교연을 떠나 평등과 공존의 행복만을 말씀하실 일이지 어찌 내 종교의 이로움만을 이야기하시겠습니까."

나치 정권에 항거하다 처형당한 독일의 신학자 본회퍼는 미친 사람이 차를 몰며 사람을 살상하는 경우 그리스도인의 의무는 죽은 사람을 위해 장례식을 치르는 것이 아니라 그 운전자를 차에서 내리게 하는 것이라고 했다.

'중생'과 '어린 양'을 태우고 중앙선을 넘나들며 과속으로 충돌과 위험 속에 차를 몰고 있는 종교인이여, 이제 그만 차에서 내리시라. 선교와 포교를 명분으로 내세우지만 시민의식을 마비시키고 민주주의를 흔드는 이런 선교와 포교를 과연 부처님과 예수님이 바라실까. 종교는 삶에 지친 사람들의 위로처이다. 힘없는 사람들의 의지처이다. 종교는 아무 힘이 없음으로 하여 가장 특별한 힘을 갖는다. 종교인의 특권은 정치인에게 쉽게 기생하는 게 아니라 정치인을 가볍게 초월할 수 있다는 데 있다.

"그대는 오직 모든 지연, 혈연, 학연, 종교연을 떠나 모든 국민의 평등과 공존의 행복만을 말씀하실 일이지 어찌 내 종교의 이로움만을 이야기하십니까."

자신을 초월하는 자 앞에는 어떤 권력도, 어떤 미끼도 작용하지 못한다. 이때야 비로소 종교인은 성직자聖職者라는 말을 감당하게 된다. 종교인은 양혜왕이어서는 안 된다. 양혜왕을 뛰어넘어야 한다.

삶의 기적은
합당한 진리 위에서 일어난다

도심에 살다 보면 갈수록 눈에 띄게 늘어나는 어떤 모습을 보고 듣게 된다. 노숙자, 범죄자, 그리고 확성기를 들고 다니며 외치는 종교전도자가 그들이다. 이들은 대한민국의 경제적 총생산량과 사람의 불안이 동행하는 모순을 상징적으로 보여 주고 있다.

최근 내가 사는 조계사와 인사동 주변에도 이들 숫자가 늘어나고 있다. 우정국 주변에는 노숙자들이 조계사 주변에서 무료급식을 하며 오래 전부터 터전을 잡고 살아가고 있다. 얼마 전부터는 일주문 앞에서 좌선 흉내를 내며 시주를 청하는 사람까지 등장했다. 또 문화의 거리로 불리는 인사동에 천당과 지옥을 운운하는 사람이 등장한 것도 예전엔 없던 풍경이다.

이들을 보면 마음이 불편하다. 성스러운 말씀을 전하는 종교전도자들의 표정은 굳어 있고 날을 품고 있고 웃음기가 없다. 시선은 방향을 잃고 오로지 한 곳만 맹목적으로 바라보고 있다. 그리고 삶에 대한 체념과 도피로 자신의 삶터에서 이탈되어 있다. 조그만 희망의 불씨조차 피운 의지와 용기를 잃어버린 사람들, 그들이 우리와 한 시대 한 공간에서 살아가고 있다. 그들의 도피와 이탈은 그들만의 문제가 아니다. 우리 모두가 가해자이고 피해자이다.

매우 조심스럽지만 그들의 이탈과 성자들의 삶을 견주어 보기로 하자. 혹자는 이런 견줌을 불경스럽다고 생각할지 모른다. 그러나 '성자들이 뭐 그렇게 특별한 분들인가' 하는 의문이 든다. 그분들이 우리와 비교해 특별하지 않아야만 우리에게도 희망이 있기 때문이다. 한편으론 '성자들은 매우 특별한 분'이기도 하다. 그분들이 매우 특별해야만 우리가 희망의 세상을 꿈꾸고 가꿀 수 있기 때문이다.

성자들도 우리와 같이 세상을 보고, 듣고, 느끼고, 생각하면서 살았던 '사람'이다. 그들도 부조리한 사회 속에서 살았고, 억압하는 사람과 억압당하는 사람들을 보았으며, 비난과 모함을 들으면서 살았다. 그래서 괴로워했고 더없이 슬픈 마음을 일으켰다. 이러한 사실은 요즘 우리들과 비교해 한 치도 다름이 없다.

그런데 그들은 우리와 달리 어떤 점이 특별했을까. 성자들은 이기적 욕망과 집착에서 자유로웠다. 분노와 절망보다는 자애와 희망의 등불을 밝혔다. 나와 너, 민족과 계급, 피부와 남녀의 금 긋기를 부정하고 평등과 상생의 세계를 꿈꾸고 가꾸었다. 우리와는 다른 아주 특별한 삶이다.

나아가 한번 생각해 보자. 붓다의 출가와 구도, 광야에서 40일간 금식하며 절실하게 간구했던 예수의 고행, 55세 나이에 바른 세상을 구현하고자 14년 동안 천하를 떠돌았던 공자, 진리 앞에 목숨까지 초연했던 소크라테스, 이들 성자들은 물론 간디와 슈바이처와 같은 선각자들까지, 그들이 지혜와 더없는 자애의 열정으로 희망했던 세상은 어디일까. 그들이 이루고자 했던 해탈과 정토, 하나님의 나라, 도덕과 예의의 나라는 어디에 있을까. 답은 분명하다. 죽어서 가는 천당과 극락이 아니다. 비밀스럽고 불가사의한 어떤 정신과 관념의 영역이 아니다. 그것은 '지금, 여기, 우리'가 살고 있는 세상이다. 그래서 『유마경』은 말한다. "중생의 국토가 보살의 불국토다. 중생의 마음이 보살의 깨달음이다."

　　묻는다. 역겨운 냄새가 나는 쓰레기장과 향기로운 꽃이 피어 있는 꽃밭이 어디에 의지하고 있는가. 답한다. 그 의지처는 땅이다. 그렇다면 다시 묻는다. 그 땅이 본래부터 쓰레기장이었고 꽃밭이었던가. 본래 그런 모습이 아니었다면 꽃밭과 쓰레기장은 어떻게 만들어졌는가. 거듭 답한다. 쓰레기를 던지니 쓰레기장이 되었고 꽃씨를 심고 가꾸니 꽃밭이 되었다.

　　자! 이제 분명해졌다. 중국 작가 루쉰魯迅의 말대로 길은 어디에도 없고, 그러므로 길은 어디에나 있다. 그 길은 나와 우리가 살고 있는 세상에서 절망을 희망으로 바꾸어 가꾸는 일이다. 지금, 여기에서 사람의 길을 만들어야겠다. 그래서 신앙한다는 것, 수행한다는 것, 깨달음을 구한다는 것, 해탈과 하나님 나라에 이른다고 하는 것은 다름 아닌 '지금, 여기, 우리'의 길이다.

　　그러나 우리의 종교 현실은 여전히 비현실적인 공상을 좇고 있다. 구원의 세계가 죽어서 가는 세계라고 말하고 믿는 종교인이 있다. 우리의 신을 믿고 기도하지 않으면 불행하고 지옥에 떨어지고, 믿고 기도하면 천당에 간다고 겁박하거나 믿는 종교인이 있다. 인간은 사악한 마음을 가진 자이고 죄지은 자라고 세뇌하면서 늘 회개하고 욕망을 억압하라고 강요하는 종교인이 있고 자신을 그렇게 단정 짓는 신자가 있다. 기도나 헌금을 많이 하면 부자가 되고 은혜를 받는다고 설교하는 종교인이 있고 그렇게 부자를 꿈꾸는 신자가 있다. 지금도 반공과 멸공을 부르짖으면서 생명과 환경, 인권과 정의와 복지를 실천하는 사람들을 종북좌파라며 증오와 대립으로 몰아가는 일에 앞장서는 종교인이 있다. 이쯤 되면 세계 으뜸의 고학력 문명사회 대한민국의 종교지능 지수는 여전히 두 자리 수라 말할 수밖에 없다.

　　예수와 붓다는 결코 특별하지 않다. 상식과 보편의 세계를 떠나 있지 않다. 많은 사람들이 연민, 지혜, 자애, 겸손, 청빈, 순결, 평등, 정의, 평화를 저버릴 때 그 자리를 강건하게 지킨 그들이다. 그것이 그들의 특별함이다.

　　삶의 기적은 현실에서 지극히 합당한 진리의 실천으로만 이루어진다. 이슬람의 창시자 무함마드의 일화가 있다. 알라의 계시자라고 소문난 무함마드에게 사람들은 신비한 기적을 기대했다. 그래서 무함마드는 많은 사람들을 모아놓고 "산아, 내게로 오라."고 기도했다. 몇날 며칠 동안 계속된 기도에도 산은 무함마드에게 다가오지 않았다. 사람들은 수군거리고 비웃기 시작했다. 그러자 무함마드는 "산이 내게로 오지 않으면 내가 갈 수밖에 없노라."고 말하고는 걸어서 산으로 갔다.

석가모니 붓다에게도 비슷한 일화가 있다. 부처님의 위신력으로 사람들이 죽어서 천상에 태어나기를 원하는 가미니라는 청년에게 붓다는 다음과 같이 말한다. "게으르고 온갖 나쁜 업을 지은 사람이 축원을 받는다고 해서 천상에 태어날 수는 없다. 비유를 들면, 저쪽에 깊은 못이 하나 있는데 어떤 사람이 거기에 크고 무거운 돌을 던져 넣었다 치자. 마을 사람들이 못 가에 모여서 '돌아, 떠올라라' 하고 축원을 하였다. 그 크고 무거운 돌이 축원을 했다고 해서 그들의 소원대로 떠오를 수 있겠느냐?"

설사 기도로 산이 무함마드에게 다가오고 연못에서 돌이 떠오른다고 해서 우리에게 무슨 이득이 있겠는가. 어리석은 생각으로 탐욕과 집착의 노예가 되어 서로 갈등하고 투쟁한다면 바로 그곳이 지옥인 것이다.

종교는 현실을 잠시 잊게 하는 판타지의 세계가 아니다. 판타지는 정직하고 지혜롭게 살아가야 하는 현실을 다시 또 다른 판타지로 재구성한다. 판타지는 허구다. 판타지는 망각과 환상의 마약을 사람에게 계속 주입한다. 괴로움은 어떤 신비한 이적과 단순한 위로와 왜곡된 환상과 도피로 해결되는 것이 아니다.

다시 한 번 서늘하게 새기자. 우리의 삶은 '지금, 여기, 우리'를 벗어나지 못한다. 지혜와 자애와 불굴의 정진으로 '지금, 여기, 우

리'의 자리에서 삶을 정직하게 대면하고 해결해야 한다. 여기에 옛
선시禪詩 한 구절을 붙인다.

"하필이면 서쪽만 극락세계이랴. 흰 구름 걷히면 청산인 것을."

두 개의
검정고무신

때로는 이웃의 시선에서 자신도 몰랐던 내 모습을 발견하게 되는 경우가 있다. 그것은 평소에 자각하지 못했던 내 모습과 감추고 싶은 내 얼굴일 수도 있다. 그래서 나의 시선과 이웃의 시선을 열린 마음으로 정직하게 받아들여야만 한다.

내게는 이웃의 눈에서 우리 승가의 모습을 새삼스레 보게 된 두 가지 기억이 있다. 한번은 몇 년 전 내소사에서 주한 외국인 30여 명을 대상으로 2박 3일 템플스테이를 진행해 달라는 요청을 받았을 때였다. 스님들의 도움을 받아가며 외국인들과 새벽예불부터 잠자리에 들 때까지 경건하고 정성스럽게 때론 유쾌하게 하루하루를 보냈다. 모두가 더없이 아름다운 산중의 정취에 취하였고, 일상의 수행에서도 모두가 적극적으로 참여하고 행복해했다.

그런데 마지막 날, 소감을 발표하는 자리에서 한 외국인이 말했다. "여기 스님들이 너무 럭셔리해요." 아니! 내소사 스님들이 사치스럽다니, 대체 외국인의 눈에 스님들이 가진 무엇이 그토록 눈에 거슬렸을까. 이야기를 들어보니 절의 사무실과 방마다 있는 컴퓨터 그리고 휴대전화와 자동차를 가지고 있는 스님들의 모습이 이해하기 어렵다고 했다. (고맙게도 그 절에 고급 승용차는 없었다.)

그때까지 외국인들이 알고 있는 불교 수행자는 세상을 떠난 고행자였다. 철저하게 현대문명과 거리를 두고 은둔하는 명상가의 모습이었다. 그래서 우리 스님들에게서도 극단적인 무소유와 청빈 속에서 '명상'하는 '은둔'의 '고행자'를 보고 싶어 했던 것이다. 그 뒤 나는 내 주위 사람들도 외국인들과 같은 생각을 가진 이들이 적지 않다는 것을 알았다. 그렇다면 과연 세상 사람들의 생각은 옳은 것인가. 이런 수행자의 모습은 누가 어떻게 만든 것인가. 그리고 이런 생각에 동의하고 그렇게 살아가는 것이 붓다의 가르침의 정신에 맞는 것이고, 출가수행자의 본분이며, 이웃대중에게도 유익한 것인가, 라고 묻지 않을 수가 없다.

우리 승가의 모습을 다시 보게 된 또 하나의 기억은 1970년대 송광사 구산 방장스님의 수행과 덕화에 감응하여 구도의 길을 걸었던 외국인 출가수행자들을 통해서다. 그들 대부분은 서구 문화권에서 높은 교육을 받은 지성인이었으며, 자본과 성공의 세계를 추구하는 삶의 방식에 회의를 품어 진정한 인간의 길을 묻는 청년구도자였다. 얼마 전, 몇 년간 한국의 여러 절을 편력하면서 수행한 그들의 글을 우연히 볼 수 있었다. 책장을 펼치기 전 그들의 눈에 비친 한국불교는 어떤 얼굴이었지 궁금했다.

"한국 스님들은 무엇보다도 일상이 가난하고 소박하다. 한 톨의 밥도 함부로 버리는 일이 없다. 사소한 물건에도 공사의 구분이 엄격하다. 그리고 심성은 매우 착하고 부드럽다. 때로는 상식을 벗어나 기행을 하는 수행자도 보게 되는데, 그들 역시 알고 보면 순진하기 그지없다. 겸손하고 서로를 배려하며 맑고 단순하게 살아간다. 검정고무신에 누더기 옷을 입고 살아가지만 무엇보다도 여유롭고 당당하다. 마치 단아한 산과 같다는 느낌을 받는다. 그렇지만 선뜻 이해가 가지 않는 부분도 있다. 그것은 세상 사람들에게 거의 관심이 없는 그들의 태도이다. 한국 대부분의 절은 시골에 있고, 그 절 아래에는 많은 마을이 있다. 그들의 살아가는 모습은 매우 가난하다. 먹고사는 일에 매우 힘들어한다. 많은 가정이 빚에 시달리고 있고, 돈이 없어 아이들에게 교육을 시키지 못한다. 그런데 내가 만난 한국스님들은 이들에게 거의 눈길을 주지 않았다. 마을사람들의 사는 모습을 화제로 삼지도 않았다. 참 많이 의아했다. 검소하고 맑은 심성을 가진 스님들이 힘겨운 마을사람들을 걱정하지 않는 것이 말이다."

지금 나는 외국인 수행자들의 정직한 시선에서 또 다른 우리들의 얼굴을 본다. 이웃에게 관심과 애정을 거두어 버린 유아론적이고 소승적인 우리들의 얼굴을. 오늘 내 이웃에게 비친 '자족'과 '여유'에 갇혀 '방관자'로 남아 있는 한국불교의 오늘의 얼굴을.

다시, 청빈과 자족의 삶을 넘어 이웃을 향한 간절한 관심과 따

독일의 신학자 본회퍼는 미친 사람이 차를
몰며 사람을 살상하는 경우
그리스도인의 의무는 죽은 사람을 위해
장례식을 치르는 것이 아니라 그 운전자를
차에서 내리게 하는 것이라고 했다.
'중생'과 '어린 양'을 태우고 중앙선을
넘나들며 과속으로 충돌과 위험 속에 차를
몰고 있는 종교인이여,
이제 그만 차에서 내리시라.

뜻한 애정을 동시에 구족(具足, 잘 갖추고 있음)하고 실현해야 하는 지점에서, 문득 불교 너머 밖으로 시선이 간다. 보편의 진리가 불법이고 '나와 이웃'의 삶을 동시적으로 완성하는 사람이 보살이 아닌가. 100년 전 이 땅에 온 엘리제 쉐핑(1880~1934), 한국 이름은 서서평이다. 그녀의 행적을 살펴보면 그녀가 '조선의 테레사'임을 누구나 공감할 수 있다. 아니 테레사 수녀(1910~1997년)보다 먼저 태어났고, 1930년 인도의 빈민가로 파견된 테레사보다 18년 앞선 1912년에 이 땅에 와서 사랑과 헌신으로 가난하고 고통받는 조선의 민중을 구원했으니, 테레사 수녀를 '조선의 엘리제 쉐핑'이라고 부르는 것이 맞다.

서서평은 독일에서 태어나 아홉 살 때 미국으로 건너와 간호사로 지내던 중 개신교에 투신하게 된다. 그리고 조선에 선교사로 파견되어, 우리나라 여성운동의 산실인 부인조력회와 조선여성절제회, 조선간호부회, 여전도연합회 등을 창설하고 이 땅에 헌신하였다. 무엇보다 서서평은 마음과 몸을 조선의 사람으로 살았다. 당시 많은 선교사들이 조선을 미개한 나라로 여기고 우월적이며 계몽적인 입장에서 철저하게 미국인으로 살아간 것과는 정반대의 삶을 살았다. 그들은 몇 개의 호화 별장을 소유하고, 지리산 아래서 조선인들에게 등짐을 지워 물품을 남시루봉 정상 부근에 지은 별장까지 나르게 하고, 그곳에서 호화 파티를 즐겼다. 그러나 서서평은 검정고무신을 신고, 옥양목 치마를 입고, 보리밥과 된장국을 먹으며 나환자와 걸인들과 함께 살았다.

서서평은 광주, 전남 지역에서 헌신했다. 1930년 그곳은 45

만 가구 220만 명 인구 가운데 88만 명이 굶주림에 시달렸고, 걸인은 11만 명에 이르렀다고 한다. 그는 1년에 100일 정도 나귀를 타고 병자와 여성을 돌보고 교육시켰다. 서서평의 일기에는 당시 조선의 참담한 삶이 역력하게 기록되어 있다. "한 달간 500명의 여성을 만났는데, 성한 사람은 하나도 없고 굶주리거나 병들어 앓고 있거나 소박맞아 쫓겨나거나 다른 고통을 앓고 있었다."

서서평은 당시 '큰년이' '작은년이' '개똥어멈'으로 불린 이름도 없는 여성들에게 이름을 지어 주고 불러 주며 인간의 자존감을 세워 주었다. 그는 나환자의 자녀를 비롯해 14명의 고아를 양자로 삼아 키웠으며, 소박맞고 쫓겨난 38명의 미망인을 데려와 함께 살았다. 평등과 박애의 정신으로 사랑스럽지 못한 자를 사랑스런 존재로 만든 그는 1934년 자신의 주검마저 송두리째 병원에 기증하고 떠났다. 그에게 남겨진 것은 반쪽짜리 담요 한 장과 잡곡 한 바가지가 전부였다.

서서평, 그는 스스로 가난을 선택했다. 가난하게 살았지만 결핍을 느끼지 않았다. 소유에서 자유로웠다. 나아가 그는 가난의 자족에도 매이지 않았다. 아픈 사람과 함께 살며 아픔을 어루만졌다. 『금강경』이 어디 장경각에만 있겠는가. '마땅히 그 무엇에 붙들리지 말고 자비심을 행하라'는 가르침이 서서평의 일생에서 생생하게 보여지고 있잖은가. 그는 성공이 아닌 섬김의 삶에서 스스로를 낮추고 비웠다. 비움 속에서 나누고 나눔 속에서 비웠다. 대승의 길이 어디 『대방광불화엄경』에만 있으랴. 세상이 환상인 줄 알지만 삶과 역사를 만들어 가고, 나와 네가 본래 없는 줄 알지만 나와 이웃이 교감하고 감동하는 삶을 엮어 가며, 고통이 본래 없는 줄 알지만 무지와 탐욕으로 생긴 고통을 소멸하고자 하는 보살행이 조선의 사람 서서평에게 있지 않는가.

『유마경』은 말한다. "보살은, 모든 것이 덧없는 줄 알지만 선행을 쌓는 일에 싫증을 내지 않는다. 모든 것이 괴로움인 줄 알지만 기꺼이 생사 가운데 들어간다. 열반이 적정한 줄 알지만 짐짓 궁극의 적멸에 안주하지 않는다. 세상을 벗어난 한적함을 알지만 몸과 마음으로 늘 노력하고 실천한다. 사람들로 왁자지껄한 장소를 찾지만 정작 번뇌와 혼돈을 훌쩍 넘는다. 무아인 줄 잘 알지만 사람들에 대한 자비심을 잃지 않는다."

'우리들의 세계'에 안주하고 자족하면 세상 사람들은 우리들을 '당신들만의 세계'로 밀어낸다. 그리고 서로가 낯설어진다. 서로에게 무관심해지고 자신의 속내를 감춘다. 단절과 고독과 고립의 세계가 만들어진다.

산중 수행자의 검정고무신과 서서평의 검정고무신, 이 두 개의 검정고무신은 지금 어디로 향하고 있는가.

수행한 이여!
그대의 삶은 어떻게 달라졌는가

내 머릿속 기억의 호수에는 잔잔한 풍경 하나가 심어져 있다. 몇 해 전 청매나무 꽃향기가 코끝을 찌르는 산중 봄날의 어느 오후, 산승 몇이서 차를 마시며 담소를 나누고 있었다. 시나브로 한가로움과 정감이 무르익을 무렵, 돌연 산사의 고요를 깨는 큰소리가 담장 밖에서 들려왔다. 귀를 기울인즉, 어느 문화답사 모임의 인솔자가 요란한 확성기로 탑비에 대해 설명하고 있었다. 생뚱맞은 불협화음에 직선적인 성격을 가진 한 스님이 대뜸 일어나더니 문을 열고 나갔다. 우리는 약속이나 한 듯 긴장된 표정으로 서로를 쳐다보았다. 곧 봄날 산중의 평화로움을 앗아간 그들에게 불호령이 내려질 터였다.

그런데 어찌된 일인지 귀에 거슬리는 확성기 소리는 계속 이어지고, 스님의 불호령은 들리지 않았다. 짐작과는 다른 상황이 전개

된 것이다. 우리는 찻잔을 내려놓고 문 밖 동향을 주시했다. 계속되던 확성기 설명이 잠시 멈추자 마침내 그 스님의 목소리가 들려왔다.

"안녕하세요? 이 절 참 좋지요? 어디서 오셨습니까?"

이어 조금 어색하고 긴장한 듯한 대답이 이어졌다.

"네, 저희는 ○○대학 사회교육원 문화답사모임에서 왔습니다."

"네, 아주 잘 오셨습니다. 안에서 잠시 들었는데요, 탑비 설명을 참 잘 하시네요. 이 절에 사는 저도 모르는 사실을 알고 계시네요. 내용도 알기 쉽고 재미있게 설명하시고요."

"고맙습니다. 스님, 과찬이십니다."

"해박하고 목소리도 참 좋은데, 원래 음성으로 말씀하시면 그 좋은 목소리가 더욱 살아날 것 같습니다."

그제야 무슨 말인지 깨달은 인솔자가 거듭 말했다.

"아이고! 스님, 정말 죄송합니다…… 죄송합니다."

"아닙니다. 미처 생각하지 못하신 것이겠지요, 혹 점심 전이면 공양하고 가십시오."

"네, 저희는 먹었습니다. 다음에 시간 내어 스님과 차 마시고 좋은 말씀도 듣겠습니다."

그날 매화나무 아래 스무 명 남짓한 이들의 얼굴은 환한 미소로 꽃피웠고, 은은한 매화향기를 마음속 가득 담아갔다. 나는 그때 분명하게 알았다. 수행의 힘은 이렇게 깊은 사유와 따뜻한 자비심으로 오는 것임을. 극락과 지옥은 바로 그 자리에서 나누어지는 것임을.

수행한 자여, 그대의 삶은 어떻게 달라져 있는가, 나는 묻고 싶다. 자본과 욕망이 무한 질주로 치달으며 그것의 무한충족이 삶 전체가 되어 버린 세상. 욕망의 충족에서 만족과 여유를 얻지 못하고, 허물어진 경계선에서 오히려 결핍과 불안에 시달리는 세상. 그래서 사람들은 길을 찾는다. 잃어버린 '참 나'를 회복하기 위해 종교의 문을 두드리고 수행을 한다. 모든 종교에서는 명상을 통하여 마음을 다스리는 법을 알려 주고 영성을 강화한다고 한껏 목소리를 높인다. 서점가는 온통 명상과 심리치료에 대한 책들로 넘친다. 몸과 정신을 집중하고 향상시키는 요가의 열풍도 만만찮다. 기도와 전도를 대세로 하는 서양종교까지도 영성과 깨달음을 강조하고 있다. 힘들고 삭막한 세상에 분명 대안과 희망이 될 수 있겠다는 생각도 든다.

그러나 종교에 몸담고 있는 수행자와 불교 신도들의 수행 현장과 그 속내를 들여다보면 염려와 안타까움이 생긴다. 그 간절한 열정과 정진에도 불구하고, 옆에서 함께 부대끼다 보면 왜 수행을 하는지에 대한 설득력을 찾는 데 어려운 경우가 많다. 그 많은 시간과 에너지를 쏟아 내며 참선하고 염불하고 기도하는 데도 좀처럼 수행의 향기를 느낄 수가 없다. 아니 종교나 특별한 수행이 없이도 평범하게 살아가는 사람들보다 아집과 독선, 허세와 탐욕이 많은 사람을 보기도 한다.

툭 터놓고, 단도직입으로, 단순하고 정직하게 물어 본다. 수행자여, 당신은 왜 수행하고자 하는가. 어떻게 수행하고 있는가. 어디서 수행하고 있는가. 그리고 수행한 당신의 삶은 어떻게 달라져 있는가. 수행하기 전에 이러한 물음을 진지하게 자신에게 던져 보았는

가. 그리고 그 답을 찾으며 수행하고 있는가. 자칫 삶이 괴롭고 혼란 스러워, 아니면 범속한 삶이 무의미하여 깨달음에만 매달려 무작정 수행에 전념하고 있는지 않는가. 수행의 개념을 바르게 세우고 난 다음에 정진하고 있는지를 점검해 볼 일이다.

얼마 전 어느 분이 내게 한탄과 하소연을 했다. 그분은 평소 잘 알고 지내는 주지 스님의 요청으로 자원봉사를 할 기회가 있었다. 마침 주지 스님은 장기간 출타하고, 몇몇 스님과 직원들이 절을 지키며 템플스테이에 온 분들을 정성껏 맞이했다. 그때 그 절에는 20년 동안 하안거와 동안거를 한 번도 거르지 않고 참선 정진한 스님 한 분이 머물고 있었다. 늘 진지하고 근엄한 얼굴, 신중한 거동, 과묵한 언행, 공양 시간 외에는 방에서 하루 종일 면벽참선하는 모습에 저절로 존경심이 솟았다고 한다. 수행자의 참모습을 새삼 실감한 것이다.

그 즈음 그 지역에 폭풍과 장마가 들이닥쳤다. 뒷산 숲이 통째로 흔들리고 기왓장이 날아가고 그야말로 아수라장이었다. 급기야 정전까지 되었다. 전기가 공급되지 않으니 촛불을 켜고 생활했고, 난방은 물론이고 수세식 화장실도 사용하지 못했다. 모든 스님과 직원들이 혼신의 힘을 다했지만 워낙 강한 태풍인지라 좀처럼 복구가 되지 않았다.

20년 안거한 스님은 이런 혼란의 와중에도 방안에서 요지부동이었다. 대중들은 다소 의아했지만 참선에만 몰입하는 스님이라서 애써 마음에 두지 않았다. 그런데 한밤중에 그 스님이 갑자기 사무장을 찾아와 자신을 인근의 다른 절로 데려다 달라고 했다. 이유인

즉, 어둡고 답답하며 화장실도 불편하고 따뜻한 물로 씻을 수도 없으니 짜증이 나 견딜 수가 없다는 것이었다. 사무장이 지금은 밤도 깊고 절 복구가 먼저이니 내일 아침 모셔다 드리겠다고 하자, 그 스님은 크게 화를 내며 당장 인근의 큰절로 가자고 했다.

그 신심 깊은 불자는 내게 말했다.

"스님, 저는 아직도 잘 모르겠어요. 수행이 무엇인지, 수행은 왜 하는지……."

수행은 곧 내 삶의 참된 변화와 완전한 내적 혁명이다. 수행은 언젠가의 지향점이 아니라 지금 여기서 실현해야 할 삶 그 자체이다. 거짓에서 진실로, 탐욕에서 비움으로, 분노에서 자애로, 차별에서 평등으로, 불안에서 평안으로, 사견에서 정견으로, 늘 지금 이 자리에서 개선되고 탈바꿈하는 우리 삶의 모든 것이다. 중생에서 부처의 삶을 그대로 살아가는 것이 곧 수행이다.

그러므로 이런 삶을 이루어 내는 모든 실천, 곧 생각과 움직임이 수행이다. 오랜 세월 무수한 시간을 참선하고 경전을 능숙하게 외우고, 3천배를 1,000일 동안 한다고 하자. 그럼에도 당신이 헛된 꿈에서 벗어나지 못하고 당신의 생각과 언행이 자비롭고 정의롭지 못하다면, 그런 수행이 무슨 의미가 있을까. 설령 당신이 부딪치며 살아가는 일상의 현장에서 늘 바른 안목을 가지고 생각과 언행이 청정하고 고결하며, 어떠한 시련과 장애에도 평정과 자애의 마음을 가지고 있다면, 참선하고 염불하고 경전을 읽지 않는다고 해도 무슨 허물이 있겠는가.

1980년대 18년 동안 중국의 수용소에서 갇혀 있다가 탈출한 남겔 사원 출신의 평범한 어느 스님은, 수용소에 있을 때 가장 힘든 일이 무엇이었느냐고 묻는 달라이라마의 물음에 이렇게 고백했다. "자칫하면 그들을 미워할 뻔했습니다. 그들에 대한 자비심을 잃지 않으려는 일이 가장 어려웠습니다." 이것이 바로 수행이고 수행의 결과가 아니겠는가. 세상을 벗어난 한적한 깊은 산중에서 번거로운 일 싫어하고 그저 고요히 내면을 관조하는 그 자체가 수행의 목적이 될 수는 없다. '탐욕과 성냄과 자만과 위선이 떨어져 나간 사람, 거칠거나 속되지 않고 분명하게 진실을 말하고, 말로써 사람의 감정을 상하게 하지 않는 사람, 바라는 것 없고 기대도 없고 감정에 사로잡히지 않는 사람, 아무런 집착도 없고 의혹이 없어 집착과 근심을 초월해 더러움이 없이 맑은 사람, 자비로운 생활을 하고 부처의 가르침을 행하는 사람이 진정한 수행자'라고 『법구경』은 말하고 있다.

　　올해 교수들이 꼽은 사자성어는 '파사현정破邪顯正'이다. 수행은 어떤 특정한 수행법 그 자체에 목적이 있는 게 아니다. 그 수행을 통해 현재의 나를 점검하고 성찰하여 변화와 성숙을 이루어 내는 일에 있다. 어둠과 밝음이 별개의 두 모습이 아니듯 삿됨을 즉시 부수는 일이 진실을 드러내는 일이고, 진실을 드러내는 일이 곧 삿됨을 부수는 일이다. 수행은 바로 이런 것이다.

　　당신은 지금 어딘가에 있을 것이라는 '참나'를 찾고자 하는가. 지금 여기서 늘 깨어 있는 그대의 온전한 삶! 그것이 '참나'가 아니겠는가.

냉철한 통찰이 함께하지 않는
명상은 환각제일 뿐이다

제자가 스승에게 여쭈었다. "더위를 어떻게 피해야 합니까?" 스승은 대답한다. "더울 때는 더위와 한몸이 되고 추울 때는 추위와 한몸이 되는 거지." 합일과 몰아의 경지로 몸이 덥다는 '사실'과 마음이 괴롭다는 '느낌'을 분리하라는 큰스님의 차원 높은 피서법이다.

그러나 찜통더위에 몸살을 앓고 있는 지금 우리에게 이 피서법은 통하기 어려운 방법이다. 푸른 산 깊은 계곡에 자리한 산사도 예외는 아니다. 그래서 부처님은 이 세상을 사바세계라고 했는지 모른다. 사바란 참고 견디며 살라는 뜻이다. 사계절 더위 속에 살아가야 하는 인도인들은 극락세계를 청량세계라고 부르기도 한다.

올여름도 많은 사람들이 바다로 계곡으로 해외로 피서를 떠난다. 그런데 이 더위에 특별한 피서를 하는 사람들이 있다. 적지 않은 사람들이 번뇌를 씻어 내기 위해 산사의 참선수련, 천주교의 관상수도, 각종 마음수련에 참여하며 명상에 몰두한다. 종교를 넘어 영성과 힐링의 바람이 어디에나 불고 있다.

나는 여러 해 동안 땅끝마을 대흥사에서 세속의 벗들과 참선수련을 진행했다. 수련회 참가자들은 평범한 사람들이지만 뜻과 행위는 아주 특별한 사람들이었다. 경쟁과 욕망이 지배하는 세상의 늪에서도 올곧고 맑은 삶을 가꾸려는 그들의 의지는 견고했다. 처염상정處染常淨! 진탕 속에서도 더러움에 물들지 않고 정결하고 청초한 자태를 뽐내는 연꽃처럼 그들의 얼굴은 고결했다. 휴가를 맞아 일터를 벗어나 편히 쉬고 싶은 유혹을 떨치고 산사를 선택한 그들의 선택은 예사로운 일이 아니다.

세속의 수행자는 순수한 집중과 응시를 통하여 자신을 힘들게 하는 감정과 습관의 허물을 소멸시키는 작업에 전념한다.

> 번뇌를 벗어나는 일은 쉬운 것이 아니니
> 한바탕 고삐를 잡고 힘쓸지어다.
> 뼛속까지 사무치는 추위를 견디지 않고서
> 어찌 코끝을 찌르는 매화향기 맡을 수 있으랴.

추위와 더위는 내가 이겨 내야 할 또 다른 내 안의 '나'라고 할 수 있다. 중국 황벽 선사의 선시와 같이 세속의 수행자는 심장까지 스미는 더위와 더불어 삶의 고통을 부르는 욕망과 집착을 온몸으로 안으며 한바탕 몸살을 앓는다. 또한 그들은 온전히 비움, 낮춤, 내려놓음, 살

핌으로 내면의 평온과 희열을 맛본다. 채우고 드러내는 것이 아니라 비우고 내려놓음으로써 길을 찾는다. 진정한 승자는 자신의 악습과 유혹을 이기는 사람이기 때문이다. 땀에 흠뻑 젖어 명상하는 그들의 모습은 차라리 향기롭고 서늘하기까지 하다.

그러나 십 년 넘게 참선수련회를 같이 하면서 수행의 함정을 발견한다. 수행 혹은 명상하는 뜻은 무엇인가. 우리를 고통스럽게 하고 불안하게 하는 문제의 핵심을 바로 보고 그 원인을 해체하는 것이 아닌가. 명상은 번거로운 세속 잡사를 벗어나 잠시의 안온과 평안을 추구하는 것이 아니다. 정직하고 당당하게 불편한 진실과 마주하지 않고 문제의 핵심을 외면하고 그저 고요함이 주는 평온에 매몰되는 것은 명상수행이 아니라 환각이다.

명상수행의 또 다른 위험은 모든 고통과 불안의 원인을 자신의 탓으로만 돌리는 일이다. '모든 것은 마음에서 나온다'는 말의 의미를 그릇되게 파악하기 쉽다. 마음은 세상과 관계없이 존재하는 그런 주관적 결정체가 아니다. 우리의 생각, 감정, 의지, 행위의 모든 것은 바로 세상과 관계 맺으면서 만들어진다. 그런데 고통과 불안의 원인을 내 마음으로 환원하여 해결할 수 있는가.

비움과 냉철한 통찰이 함께하지 않으면 명상수행은 또 다른 환각제가 된다. 수레가 가지 않는다면 소를 때려야 하는가, 수레를 때려야 하는가.

봄꽃은 다른 꽃의 향기를
탐하지 않는다

땅끝마을의 봄소식은 대흥사 천불전 담장 곁의 청매화 한 가지에 제일 먼저 찾아왔다. 모진 추위를 견디고 망울을 터뜨려 환하게 피어난 꽃을 보노라니 그저 반갑고 고맙다. 꽃은 그 모습과 향기만으로도 보는 이에게 기쁨이 된다. 사람도 이와 같아야 하리라. 꽃 앞에 서면, 수행자는 삶의 향기로 말해야 한다는 옛 스님의 말씀이 거듭 절실하게 다가온다.

수행은 늘 깨어 있는 삶을 사는 일이다. 깨어 있다는 것은 늘 자신을 성찰하고 생각을 높이며 끊임없이 성숙시키는 것이다. 성찰은 자신이 서 있는 자리를 살피는 것이다. 사색은 사물과 일에서 참되고 깊은 의미를 찾는 일이다. 그래서 한세상 의미 있고 감동적인 삶을 살고자 하는 사람이라면 종교적 울타리를 초월하여 누구라도 수행자가 되지 않을 수 없다. 늘 깨어 있는 노력 없이 타율적 의무와 습관의 노예가 되어 살아간다면 인생의 생기와 향기는 사라질 것이다. 우리는 멈출 줄 모르는 속도와 낮출 줄 모르는 성장에 갇혀 '정신 없이' 세상을 살아간다. 이런 때야말로 수행과 혁명이 필요하다. 수행은 모든 생명이 함께하는 길 위에서 자신이 가진 고유한 개성과 가치를 꽃피우는 나만의 길이다. 진달래, 개나리, 장미, 호박꽃, 매화는 제각기 그들만의 이름과 향기를 가지고 있으면서도 다른 꽃들의 향기를 탐하지 않는다. 참으로 오묘한 어울림이며 화음이다.

　수행은 또 자신의 이름과 향기를 간직하고 뿜어내는 일이다. 이름과 향기를 버리지 않는다는 것, 그것은 바로 '지조'라고 이를 수 있다. 올곧게 자신의 가치와 신념을 지켜내는 사람을 지사라고 한다. 그래서 옛사람은 대나무와 매화 등 사군자에서 지사의 풍모를 찾았고, 뜰 앞에 그것들을 심어 두고 보면서 자신을 성찰하고자 했다.

　매화를 노래한 시 중에서 나는 조선시대 신흠의 시를 좋아한다. '매화는 평생을 추위에 살아도 향기를 팔지 않는다'는 구절에서 이 땅의 숱한 지식인과 독립운동가들의 혹독한 인고의 세월을 생각한다. '풍란화 매운 향기 님에게 견줄쏜가. / 이날에 님 계시면 별도 아니 더 빛날까. / 불토가 이 위 없으니 혼아 돌아오소서.' 위당 정인보가 만해 한용운의 지사적 삶을 풍란화에 비유하여 지은 추모시다. 매운 향기라니, 그렇다. 일제와 조금도 타협하지 않고 곤궁과 고독의 시대를 당당하게 살아간 만해의 모습은 칼날 위에 부는 훈풍이고 얼음 위에 핀 꽃이다.

그런데 지금 우리 시대는 추위를 견디지 못하고 향기를 파는 사람을 어렵지 않게 볼 수 있다. 한 시대를 같이 살아가는 이 땅의 지식인과 정치인, 노동운동가 등 이른바 사회지도자들이 평소의 가치와 신념을 저버리고 아무런 부끄러움 없이 정반대의 행보를 하고 있는 것을 쉽게 볼 수 있다. 우리 역사는 지조를 버린 이들을 변절자라고 부른다. 간혹 서울 나들이를 갔다가 보게 되는 종합편성채널에는 변절자들의 해괴하고 교묘한 논리가 판을 친다. 그들을 보고 있으면 분노를 넘어 서글픈 생각마저 든다. 조용히 생각해 본다. 왜 변했을까. 방법은 바꿀 수 있어도 길은 바꾸면 안 되는 것인데, 왜 자신이 평소 걸어오던 길을 바꾸었을까. 결코 놓을 수 없는 권한 행사, 더 풍족한 경제생활, 아니면 그보다는 잊히는 것에 대한 두려움 때문인가. 그럴 것이다. 그러나 지조를 버린 그 사람들은 무엇을 얻고 무엇을 잃었을까. 그들은 믿음이라는 이름과 존경이라는 향기를 잃었다. 그들이 얻은 것은 변절자의 초라한 모습뿐이다.

　　올해도 어김없이 매화는 그윽한 향기로 찾아왔다. 봄의 초입, 잠시 매화나무 앞에 서서 많은 생각에 잠긴다.

초심은 늘 현재진행형이어야 한다
행자에게 보내는 편지 1

행자님.

유난히 추운 겨울을 거쳐 이제 어느덧 봄의 길목에 들어섰습니다. 이제 머지않아 강둑에는 파릇파릇한 새싹이 돋아날 것입니다. 또 화려하고 소담한 꽃들이 이 산천을 수려하게 장엄하겠지요. 지난 3월 15일 황악산 직지사 도량에서 102명의 새내기 스님들이 탄생했습니다. 행자님들은 지난 6개월의 힘든 기초수행 과정을 마치고 어엿한 사미, 사미니가 되었으니 출가수행자로서 우리 교단의 새싹이며 꽃이 되었습니다. 먼저 축하의 인사를 드립니다.

"어서 오라, 그대들이여! 아주 잘 왔다." 그 옛날 석가모니 부처님이 발심한 출가자에게 주신 환대의 인사입니다. 오늘, 석가모니 부처님과 이 땅의 불교대중이 마음을 하나로 모아 청정·자애·헌신의 길을 서원한 보현행자들을 환영합니다.

"102명의 사자들이여! 아주 잘 오셨습니다."

왜냐하면 이 길은 가슴 벅찬 환희의 삶을 살고자 하는 사람들이 늘 가고 있는 '옛 길이요, 오늘의 길이요, 미래의 길'이기 때문입니다.

초발심한 행자님!

그렇습니다. 출가는 곧 길이고 길을 가는 여정입니다. 행복과 안락을 성취할 수 있는 길, 그러기에 마땅히 선택해야 할 길입니다. 진실한 마음과 올곧은 실천으로 삶의 혁명과 결실을 맺을 수 있는 길, 그래서 마땅히 가야 할 길입니다. 나와 이웃 사람 그리고 산하대지의 초목과도 더불어 환희로 어울리는 길, 그러므로 마땅히 동행해야 할 길입니다. 조선시대 서산대사는 『선가귀감』에서 출가의 큰 의미와 결의를 다음과 같이 말씀하고 있습니다.

"출가하여 승이 되는 일이 어찌 작은 일이랴! 편안하고 한가함을 구하기 위함이 아니요, 따뜻한 옷과 잠자리와 배불리 먹기 위함이 아니다. 명예와 이익을 구함도 아니다. 생사를 벗어나기 위함이요, 번뇌를 끊기 위함이다. 부처님의 지혜를 잇기 위함이요, 삼계를 벗어나 중생을 제도하기 위함이다"

이제 우리는 이렇게 당당하고 빛나는 길을 걷는 수행자가 되었습니다. 행자님과 우리 모두는 세세생생 진리를 추구하는 순례 길의 벗이 되었습니다. 나는 여러분들을 '초발심 행자'라고 부르고 싶습니다. 나 또한 그렇게 불리고 싶습니다. 왜냐하면 '초발심'과 '행자'라는 어감이 참 정겹기 때문입니다. 초발심! 가만히 불러보면 풋풋하고 순결한 풀 향기가 날 듯합니다. 초발심! 또렷하게 발음하면 첫 새벽의 설렘과 결기가 다가옵니다. 또 초발심과 행자를 붙여 '초발심 행자'라고 부르면 어떤가요? 순정무구하면서 강건한 장부의 기상이 용솟음치지 않습니까?

수덕사의 설정 큰스님은 방장에 오르실 때 "나는 대중과 수행하는 '방장행자'다."라고 했습니다. 여러분을 생각하는 지금, 나의 뇌리에 설정 큰스님의 단아한 모습이 생생하게 떠오릅니다. 큰스님의 신실한 마음이 큰 감동과 고요한 울림으로 다가옵니다. 큰스님이 '나는 방장 행자'라고 선언한 깊은 속내를 나는 알 듯합니다. 그것은 아마도 부처님의 제자로서 세세생생 '하심' '초심' '항심'을 지키면서 수행하겠다는 원력이라고 생각합니다.

그렇습니다. 수행자는, 무엇보다도 초발심 행자에게 하심下心은 원력의 큰 집을 지을 수 있는 단단한 터 닦기가 되겠지요. 하심은 이웃과의 관계에서 나를 낮추는 일입니다. 그러면 낮추는 일은 어떻게 이루어질까요? 하심이 단순히 몸을 숙이는 겸손이 아니라면, 나의 교만심을 내려놓고 이웃을 존중하는 마음에서 우러나오는 마음의 가짐이고 마음의 몸짓이겠지요. 그래서 인도의 마하트마 간디는 하심을 이렇게 말했습니다. "진리를 수행하는 자는 가장 낮은 사람의 발밑에 존재해야 한다." 행자님이 평생 이렇게 하심으로 공부한다면 나에게도 이롭고 이웃에게도 이로운 아름다운 출가공동체를 이룰 수 있습니다.

그리고 다음, 초발심 행자가 지켜야 할 초심初心은 무엇인가요? '초심'이란 글자 그 의미대로 평생 부처님 가르침대로 살겠다는 처음의 마음입니다. 그런데 초심이란, 최초의 발상이라는 단순한 의미는 아니겠지요. '나는 왜 존재하는가', '나는 무엇을 하면서 사는 것이 나답게 사는 길인가', '나는 어떻게 살아갈 것인가' 이런 근원적인 문제에 정직하게 직면하면서 고뇌하고, 묻고, 그리고 결론을 맺고 결단한 마음이 바로 초심입니다. 그래서 초심은 늘 현재진행형입니다. "심심으로 욕락을 버리고 일찍 발심한 젊은 출가자들은 영원한 것과 영원하지 않은 것을 똑똑히 분간하면서, 걸어가야 할 길만을 고고하게 찾아서 가라." 위에서 언급한 서산대사의 『선가귀감』과 함께 직지사 수계교육장에 쓰여 있는 우바리 존자의 말씀입니다. 생생하게 기억하지요? 가장 핵심적이고 영원한 가치가 있는 길의 선택, 그리고 그것을 이루겠다는 마음이 바로 초심입니다. 초심은 집의 주춧돌입니다. 주춧돌 없이 깨달음과 혁명적 삶의 역사의 집은 완성될 수 없습니다.

행자님!

초심과 함께 늘 쉬지 않고 꾸준하게 정진하는 마음이 바로 항심恒心입니다. 하심이 하심을 잃지 않고, 초심이 초심을 잃어버리지 않으려면 한결같은 정진을 해야 합니다. 도중에 그만두거나, 혹은 하는 공부가 시들해지고 빛이 바랜다면 이미 출가한 수행자가 아니고 다시 범속한 일상의 집에 갇히게 될 것입니다. 그래서 부처님과 선대의 선지식은 항심을 때때로 거듭거듭 강조했습니다. "한 방울의 물이 비록 적지만 차고 차고 마침내 항아리를 채운다." 행자시절 읽었던 『법구경』의 말씀이 생각날 겁니다. 또 대웅전 처마 밑의 돌을 유심히 본 적이 있습니까. 낙숫물이 한 곳에 거듭거듭 쉬지 않고 떨어져 마침내 구멍이 생긴 흔적을 보았을 겁니다. 게으르지 않는 부지런한 정진, 곧 항심은 주춧돌 위에 기둥을 세우고 대들보를 놓으며 집을 짓는 일입니다.

이제 사미, 사미니계를 받고 102명의 초발심 행자님들은 첫 공부길에 들어섰습니다. 풋풋하고 설레던 초심이 어느덧 느슨해지고 일상화되었는지 점검하고 순간순간 다잡아야 할 것입니다. 앞으로 그대들은 그대 자신의 '온전한 삶'으로 말하길 원합니다. 진실한 마음씀으로 말하고, 지극히 낮은 몸으로 말하고, 비움과 나눔으로 말하고, 세상의 아픔에 그대 가슴이 온전히 아픈 몸짓으로 말하길 원합니다. 그리하면 그대의 모든 삶 하나하나가 그대로 수행이고 부처의 길이 될 것입니다.

천 길 낭떠러지에서 한 걸음 내딛다
행자에게 보내는 편지 2

행자님.

4월은 온통 개나리, 백목련, 벚꽃들로 가득합니다. 화사한 눈부신 꽃들은 마치 대낮에 등불이 걸린 듯 환하게 비춰 줍니다. 꽃그늘에도 그윽한 향기가 배여 있습니다. 이런 축제의 봄날, 행복은 한겨울 모진 추위를 감내한 결실입니다. 사람의 성숙과 결실도 한 송이 꽃과 같습니다.

이제 우리 초발심 행자님들 대부분은 불교공부를 위하여 각 승가대학에서 터를 잡고 반쯤의 설렘과 반쯤의 염려로 시작하고 있겠지요. 모든 것이 낯설고 그래서 매사 서툴 것입니다. 하지만 곧 익숙해지고 느긋하게 적응할 수 있을 것입니다. 그러나 일상의 일과에 순응하면서도 늘 점검하고 다잡고 새로이 거듭거듭 세워야 할 것이 있습니다. 바로 출가정신입니다.

그래서 오늘은 출가한 지 얼마 되지 않은 길목에서 다시 출가에 대해 생각해 볼까 합니다. 대략 출가는 그동안 깃들어 머물던 삶의 디를 떠난 것을 말합니다. 더 진정한 의미는 세속으로 상징되는 모든 가치와 삶의 방식을 부정하고 새로운 인생의 가치와 방식을 선택함을 의미합니다. 출가는 포기이자 선택이며, 선택이자 포기입니다. 곧 출가는 선택과 포기의 동시적 결단입니다. 버려야 할 것을 버리지 않고 새로운 것을 찾는다는 것은 과욕 이전에 큰 어리석음입니다. 이제 행자님은 그동안 복잡하게 자신을 얽어맨 세속을 떠난 홀가분함에 젖어있기 보다, 참다운 수행자로 큰 성취를 얻기 위해, 진정으로 버려야 할 것이 무엇인지 깊이 생각해야 할 시점에 서 있습니다. 버리지 않고서는 결코 얻을 수 없는 길, 출가의 길임을 다시 새겨야 할 것입니다.

포기와 선택이 곧 출가라는 말을 생각해 보니 사냥꾼에게 사로잡힌 원숭이의 이야기가 떠오릅니다. 동남아 지역에서 독특한 원숭이 사냥법이 있습니다. 원숭이들이 많이 사는 숲에 덫을 설치합니다. 아주 무거운 바구니에 원숭이들이 좋아하는 먹이들을 가득 담아 둡니다. 원숭이는 아주 좋아하며 바구니에 손을 집어넣고 먹이를 잡습니다. 그런데 원숭이는 바구니에서 손을 빼지 못합니다. 왜냐하면 그 바구니는 무엇을 움켜쥐었을 때는 나올 수 없도록 만들어졌기 때문입니다. 그런데도 원숭이는 먹고 싶은 욕심에 움켜쥔 손을 끝까지 풀지 않고 빼내려고 낑낑거립니다. 낑낑거리는 소리를 듣고 달려온

300

사냥꾼이 냉큼 원숭이를 잡습니다.

　　오늘날 많은 사람들이 어리석은 생각과 욕망을 놓지 못하여 고통과 불행의 덫에 걸려 허우적거립니다. 그 모습이 제 죽을 줄 모르고 먹이에 집착하여 움켜쥔 손을 놓지 못하는 원숭이와 무엇이 다르겠습니까. 세속의 집을 떠나 삭발하고 절집에서 산다고 하여 출가라고 할 수 없겠지요. 버릴 것을 버리지 못한다면 마치 낡은 옷 위에 새 옷을 걸치는 격입니다. 그래서 석가모니 붓다는 카필라 성을 나와 출가할 때 다음과 같은 고백을 합니다.

"이 세상에는 세 부류의 수행자가 있다. 첫째는 탐욕이 부질없음을 통찰하지 않고 몸과 마음에 욕망을 품고 수행하는 사람. 둘째는 마음으로는 욕망이 부질없다고 생각하면서도 몸으로 욕망을 행하는 자. 셋째 몸과 마음에 욕망을 멀리하고 수행하는 자. 나는 이 중에서 세 번째 수행자의 대열에서 깨달음을 추구하리라"

　　행자님도 세속에서 듣고 보았겠지만 오늘날 우리 사회의 적지 않은 종교인들이 세간 사람들보다도 더 많은 권력과 재물과 명예를 탐하고 있습니다. 종교인의 범죄도 늘어가고 있습니다. 우리를 절망하게 하는 것은 그렇게 본분에서 이탈하면서도 전혀 부끄러움을 모르고 성스러움으로 포장하고 있다는 것입니다. 이런 현실에서 행자님은 오히려 출가의 긴 여정에서 우리의 스승께서 결심하신 '몸과 마음에 욕망을 포기하는' 출가를 거듭거듭 하기를 바랍니다.

　　아득한 벼랑 끝에서 나뭇가지 붙잡은 손을 놓아라.

懸崖撒手丈夫兒
천길 꼭대기에서 서슴없이 한 발 내딛어라.
百尺竿頭進一步

예로부터 선가에서는 출가대장부가 당당한 자기 삶의 주체로서 대자유의 결연한 몸짓을 이렇게 선언하고 있습니다. 한 점 미련 없이 털어 버리고 놓을 수 있는 자만이 성취할 수 있는 출가의 길입니다.

그렇다면 행자님! 이제 우리는 무엇을 포기하고 선택해야 할까요. 먼저 나는 출가를 '위대한 포기와 선택'이라고 정의합니다. 그 선택은 바로 '삶의 가치와 방향, 그리고 삶의 방식의 전환'입니다. 세속을 떠난다는 말과 삶의 가치와 방향, 방식을 바꾼다는 말을 놓고 생각할 때 출가가 무엇인지 구체적으로 체감하는 온도가 다릅니다. 그래서 앞으로 행자님이 공부할 때는 늘 오늘의 언어와 사유의 방식으로 모든 명제들을 정립하고 배열하기 바랍니다.

삶의 가치와 판단은 무엇인가요? 그것은 무엇이 옳고 무엇이 아름다우며, 무엇이 나와 우리 모두를 행복하고 평화롭게 할 것인가에 대한 답일 것입니다. 삶의 진정한 방향은 무엇인가요? 진정한 삶의 가치를 실현할 수 있는 곳과 그곳 사람들의 대열에 동행함을 말하는 것입니다. 바람직한 삶의 방식은 무엇인가요? 그것은 진정한 가치를 드러내고 얻어 가는 일상의 구체적인 규범이고 실천입니다. 그러나 선택이 아무리 훌륭하더라도 버려야 할 것을 버리지 못한다면 그 선택은 진정한 출가라고 할 수 없습니다.

이제 행자님, 우리가 버려야 할 것들을 두서없이 생각해 보기로 하지요. 장자가 "학문하는 자는 더하는 것으로서 공부하고 도를 수행하는 자는 덜어가는 것으로서 공부한다."고 했듯이, 출가수행자는 버려야 할 것을 많이 버릴수록 자유와 기쁨은 한없이 늘어나게 됩니다. 나는 우리가 버려야 품목들이 우리가 살아가는 현실에서 체감할 수 있는 매우 사실적인 것들이어야 한다고 생각합니다. 단순하게 '세속적인 욕망의 포기'라는 한 줄의 선택에만 머문다면 우리 삶이 구체적으로 공감을 얻을 수 없습니다. 먼저 우리 현실의 삶터에서 매우 행복하고 좋아 보이는 것에 대한 반시대적인 반성적 사유가 선행되어야 합니다. 그동안 매우 익숙하고 당연하게 생각하고 집단적으로 동의한 것들에 대한 비판적 사유와 뒤집기가 있어야만 미련 없이 버려야 할 것을 버릴 수 있습니다.

현대사회에서 우리 모두는 너무도 많이, 깊이, 자본의 사유와 자본의 방식에 길들여 있습니다. 출가자는 대량 생산, 대량 소유, 대량 소비가 행복이고 삶의 순환이라고 보는 자본주의적 사고와 방식에서 떠나야 합니다. 세속은 말할 것도 없고 오늘날 우리나라를 비롯한 세계의 많은 종교집단들이 교회를 세습하고, 과다한 건축불사에 매달리고, 돈에 집착합니다. 그 병폐의 원인은 어디에 있을까요? 겉으로는 청빈과 사랑을 외치면서도 뿌리 깊이 박혀 있는 자본에 중독되어 있기 때문입니다. 사랑을 내걸고 포교를 내걸며 교세확장의 성장과 독점에 매몰되어 있는 종교계의 현실은 종교인들이 자본의 허망함과 부질없음을 통찰하고 버리지 못하기 때문입니다. 자본의 교묘한 위장과 전이가 종교계에 많이 스며들어 있습니다. 그러므로 우리는 자본을 중심에 두고 사고하고 사는 방식을 버리고, 깨달음과 나눔을 중심으로 살아가는 선택을 해야 합니다. 이 길이 바로 출가입니다.

초발심 행자님!

수행자는 돈에 묶이면 즉시 도가 묶이게 됩니다. 돈에서 자유로우면 도가 자유롭습니다. 또한 자본과 더불어 권력의 유혹에서도 벗어나야 진정한 출가입니다. 출가교단도 조직사회이기 때문에 교단을 유지하고 본연의 가치를 구현하기 위한 방편으로 법과 제도와 소임이 있습니다. 그런데 깨달음과 나눔의 가치를 구현하기 위한 제도와 소임을 세속의 권력과도 같이 사고하고 사용할 위험이 늘 따르고 있습니다. 세속의 부질없는 권력욕은 말할 것도 없고 앞으로 인연이 있어 직책을 맡게 되면 권좌가 아닌 수행과 자비를 구현하는 방편으로 대하기 바랍니다. 만약 세속에서 못다 이룬 소유와 지배의 욕망이 그대로 종교의 틀에서 변형된다면 이는 버려야 할 것을 버리지 못하는 출가정신을 위반하는 것입니다.

행자님, 출가수행자의 길을 걷노라면 세속에서 생각하지 못한 함정에 빠지기 쉽습니다. 그것은 뭇 사람들의 대접과 찬사와 존경입니다. 세상 사람들은 출가 수행자를 믿고 존경합니다. 그것은 수행자가 청빈을 지녔고 깊은 지혜로 자비를 구현한다고 믿기 때문입니다. 그런데 세속의 사람들이 보내는 기대와 찬사에 자칫하면 우쭐해하고 교만해질 위험이 내 경험으로 비추어 보아도 늘 잠복해 있습니다. 어떤 사람은 이를 두고 종교인들의 '아주 특별한 권력'이라고도 합니다. 공경은 타인의 몫이고 무심과 하심은 수행자의 몫입니다. 찬탄받고 존경받으려는 마음도 수행자가 반드시 버려야 할 품목입니다.

행자님!

이렇게 글을 쓰고 있노라니 버려야 할 것이 크게 혹은 세세하게 많습니다. 또 버려야 할 것들 중 이런 것은 어떻습니까. 게으름도 버려야 하고, 남과 비교하여 우쭐해하고 우울해하는 습성도 버려야 하고, 남의 시선과 평가에 일희일비하는 감정도 버려야 하고, 용기 없는 행위도 버려야 하고, 무관심과 무책임도 버려야 하고, 자기 삶의 테두리에 갇히고 이웃의 삶을 배타하는 속좁은 소견도 버리고……

그런데 행자님! 버려야 할 것들을 곰곰이 눈여겨보노라면 문득 이런 생각이 듭니다. 이렇게 버려야 할 것들과 이별하지 않는다면 세속에서도 결국은 살아가는 일이 힘들고 불안할 수밖에 없다는 것입니다. 그래서 오늘날 인류문명을 염려하는 사람들이 각자의 분야에서 반성하고 비판하며 대안을 모색하고 실천하고 있습니다. 그렇다면 우리 출가수행자는 얼마나 좋은 환경인가요. 자본의 시스템과 규칙이 만들어 내는 경쟁과 속박에서 벗어나 있으니 말입니다. 그럼에도 출가해서 버릴 것을 버리지 못하고 미련을 두어 그것들과 교묘하게 손을 잡는다면 세속의 벗들은 이렇게 돌직구를 날릴 것입니다. "이렇게 살 거면 왜 출가하셨습니까?" 그러니 포기할 건 포기하면서 그 자체로 당당해지고 빛나는 수행자가 되기를 바랍니다.

행자님!

이제 갓 풋풋한 초발심에 설레고 의욕이 넘치는 행자님에게 지나치게 무거운 부담을 주어 우울하게 하지는 않았는지 소심한 마음이 저어됩니다. 하지만 평생을 더불어 수행하는 선배이자 도반으로서 노파심과 애정임을 알아준다면 마음에 큰 위안이 되고 기쁨이 될 것입니다. 행자님이 공양간에서 공양 지으면서 틈틈이 읽었던 『초발심자경문』의 한 구절을 되새겨 봅니다. "세속의 삶을 그리워하지 않는 것을 '출가'라고 한다〔不戀世俗 是名出家〕."

아름다운 봄날입니다. 산속 나무와 절집 안의 꽃들에게도 눈길을 주면서 공부하면 참 멋지겠습니다. 아울러 산 너머 들판에도, 절집 너머 세간에도 따뜻한 눈길을 주면서 공부하는 것은 더더욱 멋지겠습니다.

깨달음이 이기는가, 사랑이 이기는가
행자에게 보내는 편지3

매서운 바람이 산중을 휘감고 있습니다. 지구 온난화로 한겨울에도 따뜻한 날씨가 찾아오지만 그래도 눈보라와 함께 오는 추위는 여전합니다. 산중에 사는 묘미는 늘 변화가 무궁하다는 것이지요. 하얀 눈 속에 함초롬히 피어 있는 차꽃에서 인동초의 지조와 인고의 향기가 느껴집니다. 차갑고 투명한 밤하늘에 오롯하고 고아하게 떠 있는 달 위로 흰구름이 유유히 흘러가는 모양을 바라보며 새삼 무애 (無礙, 막히거나 거칠 것이 없음)와 소요(逍遙, 자유롭고 천천히 거닐음)의 경지를 느낍니다. 어젯밤은 무수한 별들이 금방이라도 쏟아질 듯 또렷했습니다.

한겨울 산중에 사는 수행자의 정신을 깨우는 큰 죽비는 단연 황벽 선사의 선시입니다. '뼛속까지 사무치는 추위를 견디지 않고서 어찌 코끝을 찌르는 매화향기 얻을 수 있으랴.' 그렇습니다. 오랜 세월 미망과 집착에 뒤엉킨 번뇌를 벗어나는 일은 쉬운 일이 아닐 터이니 수행자는 늘 자신을 담금질하고 새롭게 태어나는 정진에 게으름이 없어야 합니다. 사람이 거듭나고 새롭게 나기 위해서는 온전히 그 무엇에 자신을 던져야 합니다. 자신을 그 무엇에 던지고자 하는 사람은 크나큰 침묵에 들어야 하고, 그 침묵 속에서 용광로처럼 타오르며 자신을 탐구해야 합니다. 그리고 한줌의 재마저 남기지 않고 자신을 태워야 합니다. 크게 버리고, 크게 던지고, 크게 비운 자리에서 비로소 은은한 향기와 신령한 울림이 있습니다.

오솔길을 하얗게 덮은 눈을 보노라면 떠오르는 시가 있습니다. '눈 덮인 밤길을 갈 때는 어지러이 걷지 말라. 오늘 내가 걷는 이 길이 뒷사람의 이정표가 되리니.' 나는 이 시를 대할 때 세 가지 다짐을 합니다. 내 삶을 함부로 헛되이 살아서는 안 된다는 것, 그리고 더불어 사는 사람 속에서 신중하게 처신해야 한다는 것, 또한 수행자로서 주어진 책임을 다해야 한다는 것입니다. 내가 옛 사람들의 행적을 살펴서 비판하고 흠모하면서 지금 이 길을 가고 있듯이 후대의 사람들도 나의 삶을 엄정하게 살필 것입니다. 특히 수행자의 마음 씀과 언행 하나하나는 때로는 이웃에게 희망을, 때로는 실망을 주기 때문에 늘 조심에 조심을 더해야 합니다.

우리가 자주 듣는 말이 있습니다. 왜 사는가. 무엇을 위해 살아야 하는가. 어떻게 살아야 참된 삶인가. 쉽게 물을 수 있지만 답은 영원한 미궁일 수 있습니다. 하나로 물을 수 있지만 답은 여러 개일 수 있습니다. 그래서 화두입니다. 이 물음은 동서고금 모든 사람의 철학이며 종교입니다. 이 의문을 해결하기 위하여 싯다르타는 모든 것을 버리고 출가했으며 행자님과 나도 싯다르타의 삶을 이정표로 출가수행의 길을 선택하였습니다.

그럼, 이 의문을 해결하기 위해 출가 수행하여 깨달음을 이루고 뒷사람에게 길을 안내한 석가모니 부처님은 어떤 답을 우리에게 주었을까요. 답은 분명합니다. 왜 사느냐, 무엇을 위해 사느냐의 답은 이렇습니다. 그것은 인생의 근원적인 문제라고 할 수 있는 생로병사에서 비롯된 불안과 슬픔을 해결하기 위하여 출가했으며, 그 해결이 바로 해탈과 열반의 성취입니다. 해탈과 열반의 세계는 모든 고통과 억압이 사라지고 자유롭고 평화로우며, 깊고 고요하고 생기 넘치며, 투명하고 안온하며, 비어 있으면서도 충만합니다. 또 해탈과 열반을 성취한 사람들이 사는 세상은 모든 욕심과 탐욕을 떠났으면서도 우정과 사랑을 나누며 기쁨의 빛으로 살아갑니다. 우리는 이러한 세상을 극락정토라고 하며 바라고 이루기를 기도합니다.

그렇다면, 어떻게 하면 해탈 열반의 세계에 도달할 수 있을까요. 걸어야 할 길 또한 분명합니다. 나와 세계가 어떻게 존재하고 어떻게 운행 되는지, 존재의 법칙을 아는 것입니다. 그 존재의 법칙으로 살아가는 것입니다. 존재의 법칙을 탐구하는 일이 철학이며, 법칙에 부합하여 실천하는 일이 수행입니다. 이 대목에서 불교의 수행체계와 결합시켜 보기로 하지요. 신해행증信解行證! 익숙하게 들어 보셨을 것입니다. 믿음과 이해, 실천과 증험의 과정을 통해서 우리는

행복하고 좋아 보이는 것에 대한
반성적 사유가 선행되어야 합니다.
매우 익숙하고, 당연하게,
집단적으로 동의한 것들에 대한 비판적
사유와 뒤집기가있어야 버려야 할 것을
버릴 수 있습니다.

해탈 열반의 세계, 현세정토의 세계를 성취할 수 있습니다.

　　여기서 우리가 중심을 세워야 할 부분은 바로 이해와 실천입니다. 이해는 존재의 법칙을 아는 철학(解)과 실천인 수행(行)에 해당합니다. 존재의 법칙을 투철하게 한 점 의심 없이 알았다면 우리는 이를 인생의 이정표로 확신하고 받아들입니다. 그리고 존재의 법칙대로 살아가면 인생의 소중한 가치를 실현할 수 있다는 신념(信)을 가질 수 있습니다. 불교의 믿음은 성자가 말했다고 무조건 받아들이는 믿음이 아닙니다. 의심하고 거듭 묻고 보편적 이치에 합당하면 그것을 진리로 승인하는 믿음입니다. 그리고 존재의 법칙대로 살아가면서 존재의 법칙을 체험(證)합니다. 우리에게 철학과 수행이 얼마나 소중하고 절실한 것인지 조금은 알 수 있을 것입니다.

　　행자님!

　　다시 정리해 볼까요. 존재의 법칙은 구체적으로 어떤 것일까요. 무엇을 이름하여 존재의 법칙이라고 할까요. 경전에서는 연기, 공, 중도, 사성제라고 말합니다. 이러한 존재의 법칙을 의심 없이 이해하고 모든 의혹이 사라지고 번뇌와 불안이 사라진 경지를 '깨달음'이라고 합니다. 또한 존재의 법칙을 이해하는 능력을 '지혜'라고 합니다. 부처님은 존재의 법칙을 깨닫기 위해서 노력하는 실천행을 제시하고 있습니다. 그것은 바로 팔정도, 사무량심, 사섭법, 육바라밀 등이지요. 그런데 이러한 실천행은 두 가지 모습을 가지고 있습니다. 존재의 법칙을 의심 없이 이해하고 자기화하기 위하여 실천하는 것과, 깨달은 이후에도 그대로 삶의 모습으로 표현하는 것입니다. 즉

팔정도와 육바라밀 등을 실천하여 깨달음을 이루고, 깨달음을 이룬 뒤에도 수행자는 '특별한 모습'이 아닌 바른 생각, 바른 말, 바른 행동으로 여여하게 삶을 장엄해 간다는 것입니다.

그런데 행자님! 수행자가 온갖 방편실천행으로 존재의 법칙을 깨닫기 위해서 갖춰야 할 엄숙한 마음 하나가 있습니다. 그것은 바로 자비심입니다. 수행은 지혜와 자비심을 실천하는 일입니다. 자비는 수행과 다른 이름의 같은 실천입니다. 자비심은 모든 이웃에 대한 연민입니다. 연민은 이웃의 슬픔과 아픔에 내 가슴이 절로 슬프고 아픈 마음입니다. 어떤 이해 관계와 보상에 관계없는 마음이지요.

얼핏 생각하면 깨달음과 자비심은 늘 동시에 늘 한 곳에서 동행하기 어렵다고 생각할 수도 있습니다. 흔히들 깨달음은 자기 자신의 영역이고 냉철한 이성의 영역이며 최우선적 가치라고 생각합니다. 그리고 자비는 이웃에 대한 영역이고 감성의 영역이며 자기완성 이후에 인연 따라 행하는 부수적 가치라고 생각합니다. 그래서 깨달음과 실천, 지혜와 자비의 이항을 양립하여 말하면서도 어딘가 모르게 늘 어색한 동행을 하는 것도 사실입니다.

그러나 자비와 지혜, 혹은 깨달음과 사랑은 선후나 우열로 나눌 수가 없는 가치입니다. 이는 이 세상 모든 존재는 '이것이 있으므로 저것이 있고 이것이 없으므로 저것이 없고, 이것이 발생하므로 저것이 발생한다'는 연기의 법칙에서도, 연기의 법칙이 지향하고 있는 분별과 대립, 차별의 해체에서도 지혜와 자비의 선후적 우열적 나눔은 허망한 분별입니다. 마치 평화 없이 자유가 있을 수 없고 자유 없이 평화로울 수 없으며, 존중 없이 평등이 있을 수 없고 평등 없이 상생이 있을 수 없는 이치와 같습니다. 자유와 평화, 존중과 평등과 상생이 다른 몸의 한 몸인 이치와 같이, 지혜와 자비는 그렇게 수행의 길에서 수레의 두 바퀴이며 새의 양 날개입니다.

문제는 우리가 자비를 동정과 베품의 영역으로 한정하고 '발심'의 차원으로는 깊이 생각하지 않는 데 있습니다. 발심은 바로 무엇을 해결하겠다는 문제의식입니다. "하늘 위 하늘 아래 나 홀로 존귀하다. 삼계의 모든 중생들이 고통에 덮여 있으니 내가 이들을 구제하리라." 싯다르타의 탄생 선언을 깊이 음미해 보면 중생의 고통에 대한 연민에서 구도가 시작됩니다. 또 싯다르타는 태자 시절 궁전에서 귀족과 시녀들이 사치와 향락, 감관에 매몰된 허망한 유희적 삶을 보고 회의와 동시에 연민의 마음을 갖습니다. 생로병사의 슬픔과 불안으로 고뇌하는 싯다르타와, 당시 더불어 살아가는 사람들의 온갖 고통에 연민하는 싯다르타를 우리는 동시에 보아야 합니다. 또 『유마경』에서는 보살의 병은 대비에서 생긴다고 말합니다. 『화엄경』 「보현행원품」에서 보살은 중생으로 인해 자비심을 일으키고 자비심으로 인해 구도심을 일으키고 구도심으로 인해 깨달음을 이룬다고 했습니다.

자비심은 또 존재의 법칙을 깨닫고 번뇌의 속박에서 벗어난 이가 마땅히 실현하는 삶의 방식입니다. 부처님은 전법선언에서 깨달음을 이룬 60명의 제자에게 이렇게 말했습니다. "비구들이여, 나는 모든 속박에서 벗어났다. 그대들도 모든 속박에서 벗어났다. 중생의 이익을 위하여, 중생의 안락을 위하여 길을 떠나라. 세상에 대한 연민을 가지고, 존재하는 모든 것들에 대한 자비심을 가지고, 신들과 인간의 이익과 행복을 위하여 길을 떠나라."

그렇습니다. 우리의 모든 수행은 자비심으로 모아집니다. 생각하고 말하고 행동하는 하나하나가 바로 자비의 행으로 피어나는 삶이 보살의 만행입니다.

행자님!

불교 수행의 목적이 무엇이냐고 물으면 대부분이 '깨달음'이라고 말합니다. 어떤 이는 자비의 실천이라고 말합니다. 또 어떤 이는 성불이라고 하며 정토세계의 장엄이라고 말하기도 합니다. 어느 것이 맞을까요. 모두가 맞는 말이라고 할 수 있습니다. 그러나 언어는 무엇을 규정하면서 동시에 배타하는 성격을 가지고 있습니다. 그래서 언어는 늘 오해와 모순을 불러일으킵니다. 가령 불교 수행의 목적이 깨달음이라고만 한다면 자비의 가치가 들어설 틈이 없게 됩니다. 또 자비의 실천이라고만 한다면 지혜의 가치가 사변적이 될 수 있습니다. 일상적인 실천만을 강조하면 깊고 본질적인 깨달음을 중요하게 생각하지 않을 수 있습니다.

지혜의 길 자비의 길을 가는 초발심 행자님!

행자님은 원만구족圓滿具足, 원융무애圓融無碍라는 말을 들어 보셨을 것입니다. 하나의 존재가 온전히 성립하고 빛나기 위해서는 모든 것들이 두루두루 갖추어져야 한다는 의미에서 원만구족을 말합니다. 그리고 그렇게 성립된 존재들이 삶의 역할을 주고받는 데 서로 장애가 없는 모습이 원융무애입니다. 마치 한 채의 온전한 집을 만들기 위해서는 지반, 주춧돌, 기둥, 벽, 대들보, 서까래, 지붕이 필요하고 설계자와 건축가의 노력이 두루 필요한 것과 같습니다. 여기서 아름답고 살아가기 편리한 집 한 채를 짓기 위하여 어느 것을 소홀히 할 수 있습니까.

그렇습니다. 행자님! 참된 삶의 성취와 실현에 있어서 어느 하나만이 필요하다고 주장하고, 어느 하나만으로 모든 목적과 가치를 획일적으로 규정한다면, 이는 존재가 성립할 수도 없고 설령 성립한다 해도 불완전할 것입니다.

간혹 이렇게 묻는 불자를 만납니다. "불교는 깨달음의 종교인가? 자비의 종교인가?"라고요. 나는 얼마 전에 스스로에게 이런 물음을 던졌습니다. "다종교 사회에서, 대다수 사회 사람들은 깨달음을 선택할까? 사랑을 선택할까?" 행자님은 어떻게 생각합니까. 세속의 많은 사람들에게 불교가 깨달음을 내걸고 그리스도교가 사랑을 내건다면 어느 쪽이 이길 것 같습니까. 사실 참 어리석은 질문입니다. 어설프기도 하고요. 하지만 이런 발상을 한 이유는 나름대로 까닭이 있습니다.

이렇게 생각해 보기로 하지요. 행자님! 사람의 몸에서 손이 중요한가요? 발이 중요한가요? 라고 물었을 때 손과 발 둘 다 중요한 것은 틀림없는 사실입니다. 그러나 음식을 만들고 물건을 옮기고자 할 때 우리는 손을 필요로 합니다. 손이 필수가 되고 발은 보조가 되지요. 만약 음식을 만들고 물건을 옮기고자 할 때 손을 주지 못하고 발을 준다고 한다면 어떻게 되겠습니까. 발이 몸에서 중요하기는 하지만 발을 거절하고 당연히 손을 선택하겠지요. 반대로 어디를 가고자 할 때 발이 필수가 되고 손이 보조가 됩니다.

세상 이치가 그렇습니다. 존재는 다양한 것들로 성립하지만 사람은 '그때' 필요한 것을 선택합니다. 책과 밥이 모든 사람에게 필요하지만 당장 배가 고픈 사람은 책보다는 밥을 선택합니다. 몸이 아픈 사람은 약과 의사를 선택합니다. 마음이 허전한 사람은 밥과 함께 책을 중요하게 선택 합니다.

그래서 수행자는 두루 갖추어야 합니다. 갖추어야 할 것을 마땅히 갖추었을 때 원만한 수행자가 되는 것입니다. 이는 무수히 쏟아지는 정보와 기능을 말하지 않습니다. 고결한 품성과 자질, 깊고 풍부한 안목, 다양한 교화방편을 말합니다. 행자님은 믿음만 갖추고 원력은 갖추지 않으시렵니까. 경전과 참선에만 힘쓰고 도덕과 윤리는 가볍게 대하시겠습니까. 하심의 품성만 기르고 당당한 용기는 저버리시겠습니까. 나아가 지혜는 갖추고 자비심은 소홀히 한다거나 자비심만을 생각하고 존재의 법칙을 탐구하는 노력과 자기 단련은 뒤로 하시겠습니까? 다시 한 번 원만구족 원융무애를 생각해야 할 것입니다.

그리고 두루 갖춘 수행자는 이웃이 원하는 것에 응해 주고 아픈 이웃이 있는 곳으로 달려가야 합니다. 두루 갖추고 사람이 부르면 달려가는 보현행자의 자세를 대웅전 주련에서 우리는 볼 수 있습니다.

부처님은 언제 어느 곳에 계시면서 　　佛身充滿於法界
널리 모든 중생의 앞에 나타나시네 　　普現一切衆生前
인연 따라 감응하지 않음이 없으나 　　隨緣赴感靡不周
항상 깨달음의 자리에서 벗어나지 않으시네. 　而恒處此菩提座

『화엄경』의 말씀입니다. 여기서 인연 따라 감응함이란 바로 이웃의 소리에 귀 기울이고 이웃의 요청에 손을 잡는 일입니다. 중생과 사회가 삶의 방향을 잘못 잡고 탐욕과 투쟁에 빠져 있으면 미망을 깨우는 지혜의 말씀이 필요합니다. 말씀이 필요할 때 대중은 지혜를 주는 쪽에 호응하고 선택합니다. 억압과 부조리가 있는 곳에는 정의와 위로의 손발이 필요합니다. 이럴 때 사람들은 사랑을 주는 쪽에 호응하고 선택합니다. 사람 사는 이치가 이러하므로 고유의 가치만을 금과옥조로 고집한다면 대중은 외면하게 됩니다. 1960년대에서 1980년대에 걸친 30년 동안 한국사회에서 불교와 그리스도교의 사회적 대응과 대중의 호응을 한 번 깊이 생각해 보기를 바랍니다.

이제 정리를 해 봅니다. 손과 발은 몸을 이루는 데 둘 다 필요하고 중요합니다. 손이 필요할 때는 손을, 발이 필요할 때는 발이 움직여야 합니다. 더불어 손과 발이 모두 필요할 때는 손과 발 모두가 움직여야 합니다. 지혜와 자비도 이와 같습니다. 자비와 지혜는 두 몸의 한 몸입니다.

오늘도 새는 한겨울 무한창공을 두 날개로 날고 있습니다.

마음 닦는 사람을 넘어 세상의 스승이 돼라
행자에게 보내는 편지4

행자님!

지난 4월 23일 몇 분의 스님들이 고등학교 선생님 두 분과 대학교 선생님 한 분을 모시고 그분들의 말씀을 듣는 자리를 마련했습니다. 나도 그 자리에 참석하였습니다. 모임을 연 취지는 '생각 있는' 많은 청년들을 출가수행자의 길로 안내하기 위해서입니다. 출가수행의 길은 무엇보다도 자신과 세상에 빛이요, 감로수로서 의미 있고 성스러운 길입니다. 진정한 삶을 고민하고 제3의 길을 찾는 청년들에게 출가수행자의 길을 안내하는 것도 우리들의 몫일 것입니다. 그래서 선생님들을 만나 어떻게 그들을 안내할 수 있을지에 대해 의논해 보았습니다.

먼저 선생님에게서 요즘 청년들이 불교와 절, 스님에 대해 어떻게 생각하는지 들어보았습니다. 뜻밖에도 청소년들이 절과 스님을 '무섭다'고 생각한다고 했습니다. 좀 의아했지만, 이유는 단순했습니다. 절 입구에 세워진 사천왕상과 탱화 등 상징물들이 무섭고, 스님들의 표정이 굳어 있어 인자한 모습이 느껴지지 않는다는 것입니다.

또 청소년들은 불교를 매우 '어려운' 종교로 생각한다고 했습니다. 경전은 한자투성이라 어렵고, 색즉시공 공즉시색 운운하는 염불도 알아들을 수 없고, 법문은 딴 세상 이야기인 것 같아 낯설기만 하다는 것입니다. 스님은 '힘들게 사시는 분'이라고 생각한다는 의견도 있었습니다. 즉 불교를 믿거나 스님의 길을 가게 되면 죽도록 고생만 하는 것이라고 생각하는 것이지요. 졸음을 참아 내야 하는 철야 정진과 장군죽비, 발우공양, 삼천 배, 새벽 3시 예불……. 이런 일들 때문에 스님 생활은 고행이며, 인간이 누려야 할 욕구와 행복을 포기하는 것이라 생각한다고 합니다.

우리는 잠시 할 말을 잃고 망연했습니다. 젊은이들의 인식과 지적이 바로 핵심을 찔렀기 때문입니다. 그들의 눈에 비친 불교와 절, 스님의 모습은 더도 덜도 말고 우리들 삶의 모습이었습니다. 그러나 한편으로 '너희들의 생각은 전적으로 오해야'라고 힘주어 항변하고 싶었습니다. 사천왕과 탱화는 무섭다고 느낄지 모르지만 스님들은 무섭지 않다. 부처님 말씀은 사람들의 고통을 소멸하고 행복과 안락을 주는 가르침이야, 스님의 생활은 쓸데없이 고생스러운 것이 아니고, 밝고 맑으며 의미 있고 보람되고 진짜로 행복한 것이야, 출가수행자가 되면 모든 구속과 집착으로부터 자유롭고, 하고 싶은 공부도 마음껏 할 수 있고, 자신의 능력을 펼치면서 사회의 신뢰와 존경을 받을 수 있어, 라고 말입니다.

그러나 이런 항변에 그들은 또 이렇게 물을지도 모릅니다. "스님, 그런데 왜 저희들 눈에는 그렇게 보이지 않는 것일까요?"

행자님! 이 시대 사람들이 '모두가 그렇게 생각하는 모습'이 우리들이라면, 그들의 지적을 인정하고 문제를 진단해야 합니다. 거울에 비친 우리들 모습은 본래의 승가상에서 많이 벗어나 있습니다. 뒤틀리고 꼬이고 일그러진 자화상을 보는 듯합니다. 우리가 항변하고 변명하기보다 오늘날 승가의 역할이 부족하고 편협함을 정직하게 반성해야 합니다.

그렇다면 행자님! 석가모니 붓다와 그 시대의 승가상은 어떤 것이었을까요. 승가상이란 무엇입니까. 출가수행자는 어떤 모습을 하고 어떤 역할을 수행하는 사람일까요. 나는 그 답을 먼저 석가모니 붓다에게서 찾고자 합니다. 대중이 붓다에게 부여하고 찬탄한 명호와 능력에서 승가상을 찾고, 붓다의 생애와 역할에서 이 시대의 승가상을 정립해 보고자 합니다.

행자님도 잘 알고 있는 '여래 십호'의 내용과 의미를 살펴보면 붓다의 역할과 대중의 요청을 잘 알 수 있습니다. 붓다는 늘 진리와 함께했고 번뇌와 욕망을 항복 받고 일체로부터 자유로웠습니다. 지혜와 자비행의 실천자였습니다. 세간의 삶을 잘 이해하고 중생의 고뇌를 해소하여 대중의 스승으로서 공경을 받았습니다. 당대의 왜곡된 세계관을 타파하고 연기와 무아의 진리로 대중의 눈을 열어 주었고. 팔정도의 실천으로 번뇌와 고통을 소멸하는 길을 열어 주었습니다. 사성계급의 차별을 부정하고 모든 사람은 평등하고 존귀한 존재라고 주장했습니다. 다툼이 있는 곳에는 중재자가 되었습니다. 세상 사람들에게 버림받은 살인마 앙굴리말라를 받아들였고, 외아들을 잃고 비탄에 빠진 키사 고타미의 고뇌를 해소해 주었습니다.

행자님!

이렇게 붓다의 역할을 숙고해 보면 붓다는 한 몸을 가진 여러 몸이었음을 알 수 있습니다. 계정혜 삼학을 구족하고 실천하였으며, 지혜와 자비를 구족하고 실천하였으며, 수행과 전법을 함께하였습니다. 그러므로 우리가 출가수행자를 정의할 때 단순하게 하나의 명칭으로 정의해서는 안 될 것입니다. 가령 "우리는 수행자이다", "우리는 도 닦는 사람이다", "우리는 마음 닦는 사람이다", "우리는 깨닫기 위해 정진하는 수행자이다."……. 이렇게 승가의 모습과 역할을 한정하고 그런 모습을 보여 주었기 때문에 오늘날 사람들은 스님을 편협한 시각으로밖에 보지 못하는 것이 아닐까요.

우리가 정말 주목해야 할 것은, 붓다는 승단의 스승을 넘어 세간의 스승으로서 역할을 하고, 세간의 존경을 받았다는 사실입니다. 왜 세간의 존경을 받았을까요. 세상 모든 사람에게 눈길을 주고 마음을 열었고 그들의 손을 잡아 주었기 때문입니다. 그러므로 우리가 이 시대의 승가의 모습과 역할을 결코 절과 승단, 그리고 불교 신도들의 울타리에 가두어서는 안 됩니다.

몇 해 전 위빠사나 수행자로 널리 이름이 알려진 미얀마의 고승에게 어느 분이 미얀마의 군부독재와 그로 인한 국민의 고통에 대해 불교와 수행자의 생각과 역할을 물었습니다. 그때 위빠사나 지도자는 이렇게 말했습니다. "수행자는 세상의 일에 관심을 주지 않습니다." 그 자리에 모인 사람들은 혼란스러웠습니다. 행자님도 이 상황을 깊이 생각해 보기 바랍니다. 석가모니 붓다는 세간과 사람들의 문제에 침묵하거나 무관심하지 않았습니다. 문제에 대해 '발언'했고 '답'을 주었으며, '대안'을 찾았습니다.

　　행자님, 승가는 무엇입니까. 붓다의 뜻을 확신하고 따르는 제자들의 무리이지요. 그렇다면 붓다의 가르침을 따르는 것은 승단을 넘어 세간에 이르기까지 지혜와 자비를 '구족'하고 '실천'하는 것입니다. 그것이 우리들이 실천해야 할 몫입니다.

　　또 다른 측면에서 승가상을 생각해 보기로 하지요. 출가자가 실천해야 할 수행의 항목이 무엇입니까. 부처님이 제시한 다양한 실천의 지침들이겠지요. 그 모든 것들을 실천하는 일이 바로 수행입니다. 세상을 연기와 공성으로 보는 정견의 구족과 실천, 일상의 언행을 진리에 합당하게 가져가는 일, 늘 사색하고 성찰하여 존재의 실상을 통찰하는 일, 자신의 변화와 성숙을 위하여 노력하는 일, 비움과 나눔을 실천하는 일, 모든 사회와 역사의 문제가 무엇인지를 이해하는 일, 대중의 고뇌와 요청에 대해 응답하겠다는 원력과 능력을 갖추는 일, 연민과 자애를 함께 나누는 일 등이 바로 '수행'이고 그런 불교적 실천을 하는 사람이 바로 출가수행자이고 승가상입니다.

요약하자면 도덕과 윤리의 실천자, 지혜의 구족과 실천자, 사회와 역사에 부응하는 자비의 실천자, 그것이 어느 시대 어느 삶터에서도 구현해야 할 보편적 승가상입니다. 그리고 각 시대와 사회의 여건에 따른 승가상이 필요합니다. 기아와 질병과 인권이 유린되는 사회에서 출가수행자는 어떤 역할을 해야 할까요. 경쟁과 성장의 틀에서 긴장과 압박에 시달리고 있는 산업자본주의 시대에는 어떤 역할이 필요할까요. 입시에 시달리고 자살이 늘어가고 있는 청소년들에게 우리는 어떻게 위로하고 힘을 주어야 할까요. 정보화시대에 우리는 어떻게 우리 자신을 다지고 지켜내고 성숙시켜야 할까요. 이 모든 당면한 상황 속에서 우리는 이 시대가 요구하는 승가상을 찾아야 할 것입니다.

행자님! 지금 행자님은 어떤 모습을 그리고 있고 어떤 역할을 준비하고 있습니까. 석가모니 붓다의 길을 따르고자 하는 초발심의 원력을 다시 새기고 시주의 은혜를 생각하면 우리의 모습과 역할이 보다 분명해질 것입니다.

검색의 시대, 사유의 회복

ⓒ 법인

2015년 3월 10일 초판 1쇄 발행
2023년 12월 22일 초판 9쇄 발행

글 법인
발행인 박상근(至弘) • 편집인 류지호 • 상무이사 김상기 • 편집이사 양동민
편집 김재호, 양민호, 김소영, 최호승, 하다해 • 디자인 쿠담디자인
제작 김명환 • 마케팅 김대현, 이선호 • 관리 윤정안
콘텐츠국 유권준, 정승채, 김희준
펴낸 곳 불광출판사 (03169) 서울시 종로구 사직로10길 17 인왕빌딩 301호
　　　 대표전화 02) 420-3200 편집부 02) 420-3300 팩시밀리 02) 420-3400
　　　 출판등록 제300-2009-130호(1979. 10. 10.)

ISBN 978-89-7479-095-0 (03190)

값 16,000원